맨 처음 토익

최신개정판

입문편

RC

저자 **박혜영**
(현) 한국외국어대학교 외국어연수평가원, 영어 전임 강사
(전) 세종대학교 국제 어학원 전임강사, 파고다 아카데미 연구원
박혜영 선생님은 미국 하와이 주립대에서 Second Language Studies(제2언어 습득론) 석사 과정을 마친 후에 토익, 청취, 문법 등의 영어 강의와 교재 집필 활동을 하고 있다. 영어를 배우고 가르치는 일이 좋아서 한국의 학습자에게 알맞은 강의와 교재 개발에 힘쓰고 있으며, 현재는 한국외국어대학교 외국어연수평가원 영어과 전임 강사로 재직 중이다.

저자 **전지원**
(현) 한국외국어대학교 외국어연수평가원, 영어 전임 강사
(현) YBM 원격평생교육원 운영 교수
(전) 성균관대학교 토익 강사
전지원 선생님은 미국 오리건 주립대에서 언어학(Linguistics) 석사 학위를 마친 후 현재 한국외국어대학교 외국어연수평가원 영어과 전임 강사로 재직 중이다. 다양한 집필 활동과 영어 강의를 통하여 학습자들에게 실생활에 적용할 수 있는 살아 숨쉬는 영어 지식을 전달하고자 노력하고 있다.

맨처음 토익 RC 입문편

지은이 박혜영·전지원
펴낸이 정규도
펴낸곳 ㈜다락원

개정2판 1쇄 발행 2022년 12월 1일
개정2판 2쇄 발행 2024년 3월 20일

책임 편집 홍인표
디자인 김나경, 윤지영, 윤현주

다락원 경기도 파주시 문발로 211
내용 문의 (02)736-2031 내선 551
구입 문의 (02)736-2031 내선 250~252
Fax (02)732-2037
출판 등록 1977년 9월 16일 제406-2008-000007호

ISBN 978-89-277-8043-4 14740
ISBN 978-89-277-0997-8 14740 (set)

http://www.darakwon.co.kr
다락원 홈페이지를 방문하시면 상세한 출판 정보와 함께 MP3 자료 등의 다양한 어학 정보를 얻으실 수 있습니다.

맨 처음 토익

박혜영 · 전지원 지음

최신개정판

입문편

RC

다락원

머리말

개정판을 펴내며

변화하는 토익 시장에서 〈맨처음 토익 RC 입문편〉을 개정하게 되어 매우 기쁜 마음입니다. 본 교재는 2011년에 초판을 출간한 이후로 지금까지 수많은 토익 학습자 여러분들의 사랑을 받아왔습니다. 그 덕분에 신토익이 시행된 2016년 첫 번째 개정에 이어, 이번에 두 번째 개정을 하게 되었습니다. 앞으로도 오래도록 여러분의 영어와 토익에 대한 자신감 향상에 도움이 되기를 바라는 마음으로 개정판을 준비하였습니다.

토익과 영어의 기본기

"영어 손 놓은 지 오래되었는데, 토익을 봐야해요." "영어랑 친하지 않은데 토익 점수가 급하게 필요해요." 영어 강의를 하다 보면 자주 받는 질문입니다. 이 질문에 대한 정답은 오직 한 가지뿐입니다. '기본에 충실하라!' 토익은 영어 실력을 평가하는 시험입니다. 시험을 위한 요령이 일부 필요한 것은 사실이지만, 영어 공부와 토익 공부가 따로 존재하는 것이 아닙니다. 여러분의 토익 고득점을 위한 필수 단계인 '영어 기본기 정복'을 본 교재를 통해 이루실 수 있습니다. 〈맨처음 토익 RC 입문편〉은 기본 영문법과 필수 어휘, 표현을 다져서 토익 시험에까지 응용할 수 있도록 도와주는 교재입니다.

토익 최신 경향을 반영한 개정판

본 개정판은 최신 기출 경향을 반영하기 위하여 기존 문제들을 최신 문제로 다수 교체하였습니다. 또한, 실제 토익 유형에 맞추어 내용을 보강하였고 토익 지문을 다양화였습니다. 본 교재가 실전 토익 대비에 좋은 동반자가 되기를 바랍니다.

마지막으로 두 번째 개정판이 탄생할 수 있도록 끊임없는 지원과 응원을 해 주신 다락원 출판사 여러분들께 감사의 말씀을 드립니다.

저자 일동

목차

이 책의 구성

PARTS 5·6 단문 공란 채우기 / 장문 공란 채우기

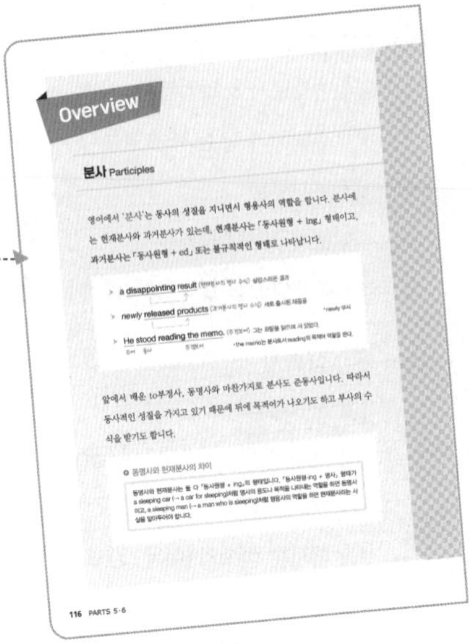

Overview

PART5 • 6의 각 유닛에서는 문법이 중심이 됩니다. 'Overview'에 정리된 문법 정리를 통해 해당 유닛에서 학습하게 될 내용을 확인할 수 있습니다.

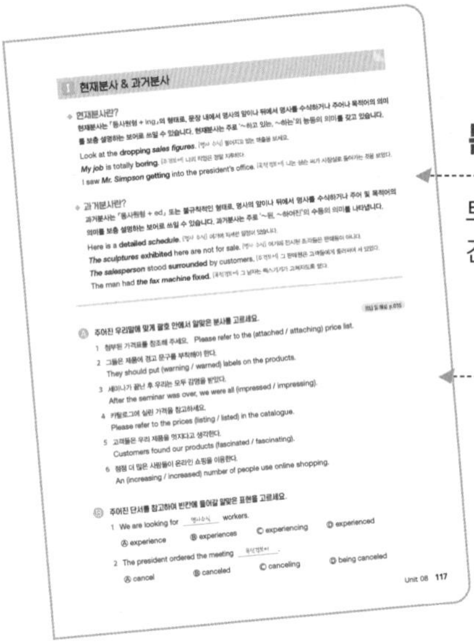

문법 포인트

토익 시험에 꼭 필요한 필수적인 문법 요소만을 선별하여, 핵심 내용만 간결하게 정리했습니다.

응용 문제

문법 포인트에서 학습한 내용을 문제 풀이를 통해 확인하는 코너입니다. 'A'는 문법 요소에 따라 제시되는 유형이 다릅니다. 'B'는 PART 5에 대비할 수 있는 문제들로 구성되어 있습니다.

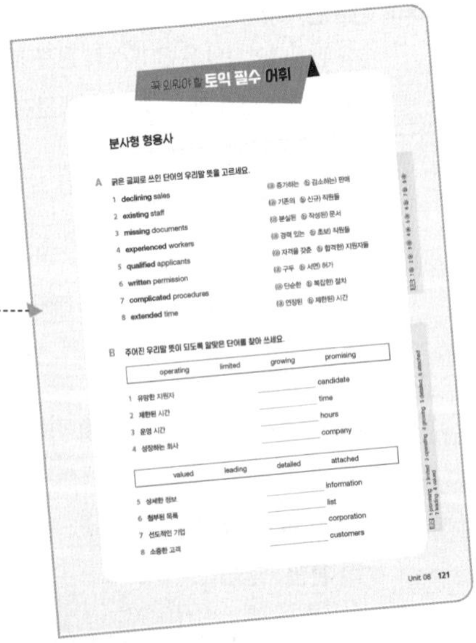

토익 필수 어휘

토익뿐만이 아니라 기본적인 어휘력을 향상시킬 수 있도록, 초급자들이 꼭 알아야 하는 필수 어휘와 어구를 정리했습니다. 간단한 문제를 풀면서 효과적으로 어휘를 학습할 수 있습니다.

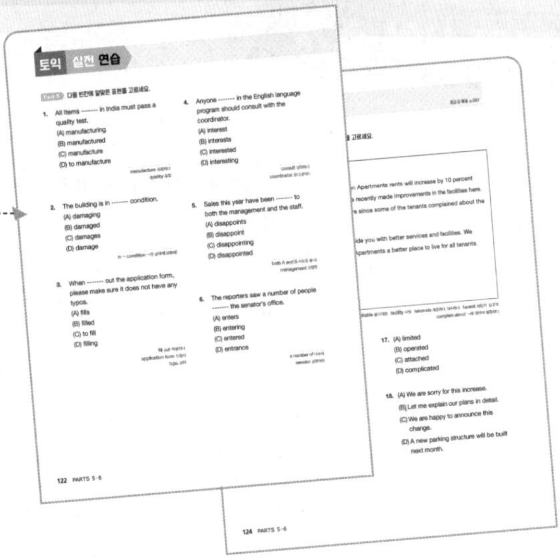

토익 실전 연습

해당 유닛에서 학습한 문법과 어휘를 종합한 문제들로 구성되어 있습니다. PART 5와 PART 6 유형의 문제가 수록되어 있어서, 실제 토익 시험에 대비할 수 있습니다.

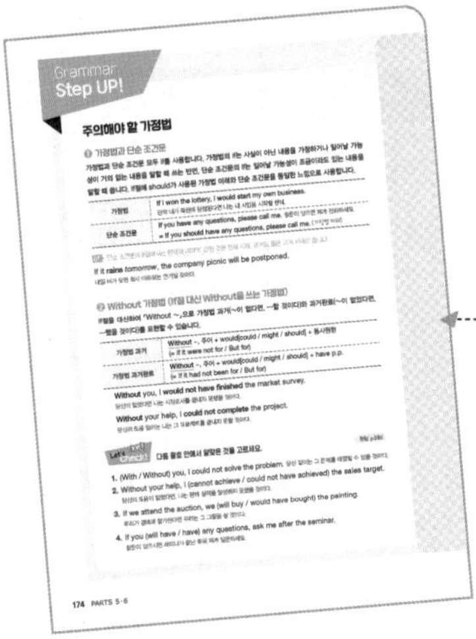

Grammar Step UP!

각 유닛에서 다루지 못한 기타 중요 문법 요소를 보충 설명하는 코너입니다. 더 심도 있는 문법 내용 설명을 통해 문법 지식을 확장할 수 있습니다.

PART 7 독해

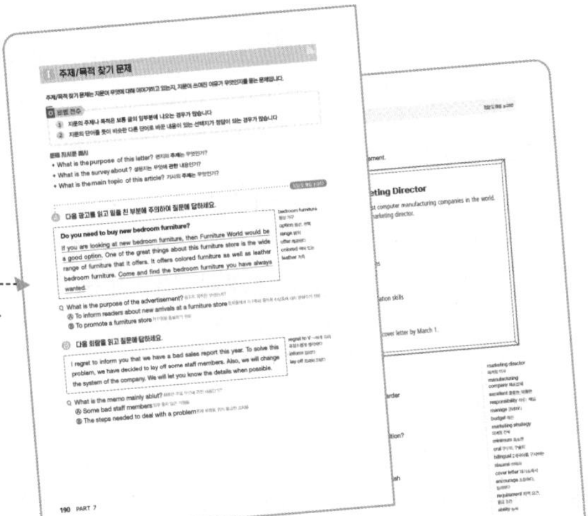

문제 유형별 연습

PART 7에 출제되는 문제 유형을 분류하여, 각 유형에 대한 간략한 설명 및 대비책과 함께 연습 문제가 수록되어 있습니다.

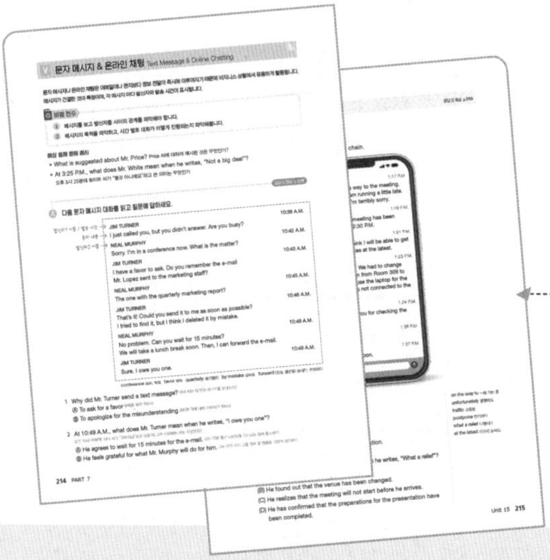

지문 유형별 연습

PART 7에 출제되는 대표적인 지문의 유형을 분류하여, 각 유형의 지문에 대한 간략한 설명 및 대비책과 함께 연습 문제가 수록되어 있습니다.

토익 시험 소개

토익(TOEIC)은 Test of English for International Communication의 약자로서, 영어를 모국어로 사용하지 않는 사람이 국제 환경에서 생활을 하거나 업무를 수행할 때 필요한 실용 영어 능력을 평가하는 시험입니다. 현재 한국과 일본은 물론 전 세계 약 60개 국가에서 연간 4백만 명 이상의 수험생들이 토익에 응시하고 있으며, 수험 결과는 채용 및 승진, 해외 파견 근무자 선발 등 다양한 분야에서 활용되고 있습니다.

시험 구성

<table>
<tr><th>구성</th><th>PART</th><th colspan="2">내용</th><th>문항 수</th><th></th><th>시간</th><th>배점</th></tr>
<tr><td rowspan="4">Listening Comprehension</td><td>1</td><td colspan="2">사진 묘사</td><td>6</td><td rowspan="4">100문제</td><td rowspan="4">45분</td><td rowspan="4">495점</td></tr>
<tr><td>2</td><td colspan="2">질의-응답</td><td>25</td></tr>
<tr><td>3</td><td colspan="2">대화문</td><td>39</td></tr>
<tr><td>4</td><td colspan="2">담화문</td><td>30</td></tr>
<tr><td rowspan="4">Reading Comprehension</td><td>5</td><td colspan="2">단문 공란 채우기</td><td>30</td><td rowspan="4">100문제</td><td rowspan="4">75분</td><td rowspan="4">495점</td></tr>
<tr><td>6</td><td colspan="2">장문 공란 채우기</td><td>16</td></tr>
<tr><td rowspan="2">7</td><td rowspan="2">독해</td><td>단일 지문</td><td>29</td></tr>
<tr><td>복수 지문</td><td>25</td></tr>
<tr><td colspan="4">Total</td><td colspan="2">200문제</td><td>120분</td><td>990점</td></tr>
</table>

출제 분야

토익의 목적은 일상 생활과 업무 수행에 필요한 영어 능력을 평가하는 것이기 때문에 출제 분야도 이를 벗어나지 않습니다. 비즈니스와 관련된 주제를 다루는 경우라도 전문적인 지식을 요구하지는 않으며, 아울러 특정 국가나 문화에 대한 이해도 요구하지 않습니다. 구체적인 출제 분야는 아래와 같습니다.

일반적인 비즈니스 (General Business)	계약, 협상, 마케팅, 영업, 기획, 회의 관련
사무 (Office)	사내 규정, 일정 관리, 사무 기기 및 사무 가구 관련
인사 (Personnel)	구직, 채용, 승진, 퇴직, 급여, 포상 관련
재무 (Finance and Budgeting)	투자, 세금, 회계, 은행 업무 관련
생산 (Manufacturing)	제조, 플랜트 운영, 품질 관리 관련
개발 (Corporate Development)	연구 조사, 실험, 신제품 개발 관련
구매 (Purchasing)	쇼핑, 주문, 선적, 결제 관련
외식 (Dining Out)	오찬, 만찬, 회식, 리셉션 관련
건강 (Health)	병원 예약, 진찰, 의료 보험 업무 관련
여행 (Travel)	교통 수단, 숙박, 항공권 예약 및 취소 관련
엔터테인먼트 (Entertainment)	영화 및 연극 관람, 공연 관람, 전시회 관람 관련
주택 / 법인 재산 (Housing / Corporate Property)	부동산 매매 및 임대, 전기 및 가스 서비스 관련

응시 방법

시험 접수는 한국 TOEIC 위원회 웹사이트(www.toeic.co.kr)에서 온라인으로 할 수 있습니다.
접수 일정 및 연간 시험 일정 등의 정보 또한 이곳에서 확인이 가능합니다.

시험 당일 일정

수험생들은 신분증과 필기구(연필 및 지우개)를 지참하고 고사장에 입실해야 합니다. 입실 시간은 오전 시험의 경우 9시 20분, 오후 시험의 경우 2시 20분까지입니다.

시간		
오전	9:30 – 9:45	**오리엔테이션** 답안지에 이름, 수험 번호 등을 표시하고 직업이나 응시 횟수 등을 묻는 설문에 응합니다.
오후	2:30 – 2:45	
오전	9:45 – 9:50	**휴식** 5분간의 휴식 시간 동안 화장실을 이용할 수 있습니다.
오후	2:45 – 2:50	
오전	9:50	**입실 마감** 50분부터 출입을 통제하므로 늦어도 45분까지는 고사장에 도착하는 것이 좋습니다.
오후	2:50	
오전	9:50 – 10:05	**신분증 검사** LC 시험 시작 전에 감독관이 신분증을 검사하고 답안지에 확인 서명을 합니다. RC 시험 시간에는 감독관이 돌아다니면서 다시 한 번 신분증을 검사하고 확인 서명을 합니다.
오후	2:50 – 3:05	
오전	10:05 – 10:10	**파본 검사** 받은 문제지가 파본이 아닌지 확인한 후 문제지에 수험 번호를 적고 답안지에 문제지 번호를 적습니다. 파본이 확인되더라도 시험이 시작되면 문제지를 교체해 주지 않으므로 이때 문제지를 빨리, 제대로 확인하는 것이 중요합니다.
오후	3:05 – 3:10	
오전	10:10 – 10:55	**LC 문제 풀이** 45분 동안 LC 문제를 풉니다.
오후	3:10 – 3:55	
오전	10:55 – 12:10	**RC 문제 풀이** 75분 동안 RC 문제를 풉니다.
오후	3:55 – 5:10	

성적 확인

TOEIC 홈페이지에 안내된 성적 발표일에 인터넷 홈페이지와 어플리케이션을 통해 성적을 확인할 수 있습니다. 성적표 발급은 시험 접수 시에 선택한 방법으로, 즉 우편이나 온라인으로 이루어집니다.

토익 기초력 측정하기

〈맨처음 토익 RC 입문편〉에 들어가기 전에 토익 학습을 위한 기초적인 문법과 어휘를 얼마나 알고 있는지 측정해 봅시다. 문제 유형은 토익의 Part 5와 동일합니다. 총 15문제로, 문법 13문제와 어휘 2문제로 구성되어 있습니다. 13개의 문법 문제 중에는 선택지에 제시되어 있는 어휘의 의미를 모르면 풀 수 없는 문제도 있습니다. 제한 시간 5분 이내에 모든 문제를 풀어야 합니다.

■ **다음 빈칸에 알맞은 표현을 고르세요.**

1. His speech was ------- than mine.
(A) long
(B) longest
(C) more long
(D) longer

2. Dr. Patel introduced ------- before the speech.
(A) him
(B) himself
(C) he
(D) his

3 A decision should ------- right away.
(A) make
(B) is made
(C) be made
(D) made

4 The management seems to be pleased ------- the outcomes.
(A) in
(B) to
(C) at
(D) with

5. All employees enjoyed ------- in the seminar.
(A) participate
(B) participated
(C) participating
(D) to participate

6. Either you or he ------- to fill out this form.
(A) need
(B) to need
(C) needing
(D) needs

7. Mr. Hank ------- for International Inc. since 2020.
(A) works
(B) has worked
(C) worked
(D) had worked

8. They ------- recommended the product.
(A) high
(B) higher
(C) highest
(D) highly

9. When ------- for the job, you should include at least three references.
(A) apply
(B) applying
(C) applied
(D) to apply

10. ------- I finish the meeting, I will call you.
(A) As soon as
(B) While
(C) Until
(D) Although

11. We look forward to ------- with you.
(A) working
(B) work
(C) worked
(D) be worked

12. We have to complete the project ------- the end of this year.
(A) at
(B) in
(C) by
(D) until

13. We talked about a man ------- quit the job two months ago.
(A) what
(B) which
(C) whom
(D) who

14. The accounting team has just finished the -------.
(A) analysis
(B) company
(C) increase
(D) workforce

15. The company is ------- a few employees.
(A) conducting
(B) recruiting
(C) beginning
(D) making

♥ 수고하셨습니다. 이제 뒷장으로 넘겨 답을 확인하고 자신의 실력을 확인하세요.

토익 기초력 측정하기

정답 및 해설

문항	1	2	3	4	5	6	7	8	9	10	11	12	13	14	15
정답	(D)	(B)	(C)	(D)	(C)	(D)	(B)	(D)	(B)	(A)	(A)	(C)	(D)	(A)	(B)

1 (D) 그의 연설은 내 것보다 길었다.
⋯› 형용사의 비교급을 묻는 문제입니다. 뒤에 나오는 than을 통해서 비교급 구문임을 알 수 있습니다. long은 1음절의 짧은 형용사이기 때문에 -er을 붙여 비교급을 만듭니다. ▶p.56

2 (B) 페이털 박사는 연설 전에 자신을 소개했다.
⋯› 재귀대명사를 묻는 문제입니다. 문장의 구조상 목적어가 나와야 하므로 선택지 중에서 주어인 Dr. Patel의 목적격인 (A) him을 답으로 생각하기 쉽습니다. 그러나 앞에 나온 주어와 목적어의 대상이 같을 때는 인칭대명사의 목적격이 아니라 그 목적격에 -self(복수는 -selves)를 붙인 재귀대명사를 대신 써줍니다. ▶p.43

3 (C) 결정이 당장 내려져야 한다.
⋯› 조동사가 사용된 문장의 수동태의 형태를 아는지 묻는 문제입니다. 조동사의 수동태는 「조동사 + be + 과거분사(p.p.)」의 형태입니다. 따라서 (C) be made가 답입니다. ▶p.83

4 (D) 경영진은 성과에 만족하는 것 같다.
⋯› 숙어처럼 쓰이는 수동태 관련 표현을 제대로 아는지 묻는 문제입니다. be pleased with는 '~에 기뻐하다[만족하다]'라는 뜻으로, 과거분사형인 pleased 뒤에 전치사 with가 온다는 사실을 기억해야 합니다. ▶p.85

5 (C) 모든 직원들이 세미나 참석을 즐겼다.
⋯› enjoy가 (동)명사를 목적어로 취하는 동사라는 사실을 아는지 묻는 문제입니다. 따라서 enjoy 뒤에 동사가 올 때는 「동사원형 + -ing」형으로 써야 합니다. ▶p.106

6 (D) 당신이나 그 중에 한 명이 이 양식을 작성해야 합니다.
⋯› 'A 또는 B'라는 의미를 가진 상관 접속사 「either A or B」의 수 일치를 묻는 문제입니다. 문장에 동사가 없기 때문에 빈칸에 동사가 들어가야 합니다. 따라서 (A) need와 (D) needs 둘 중의 하나가 답이 되는데, 「either A or B」는 B에 수를 일치시킵니다. 문장에서 B는 3인칭 단수인 he이므로 (D) needs가 답입니다. ▶p.180

7 (B) 행크 씨는 2020년부터 인터내셔널 사에서 일해 왔다.
⋯› 현재완료 시제에 관한 문제입니다. 현재완료란 과거부터 시작된 어떤 일이 현재에까지 계속되거나 영향을 미칠 때 쓰는 시제로, 「since + 시간」 또는 just, ever 등과 함께 많이 쓰입니다. ▶p.71~72

8 (D) 그들은 그 제품을 강력히 추천했다.
⋯› 올바른 부사를 선택할 수 있는지 묻는 문제입니다. 문장의 구조상 동사 recommended를 수식하는 부사가 나와야 하는데, 선택지에서 부사는 (A) high와 (D) highly입니다. high는 형용사이기도 하지만 '높이, 높게'라는 의미를 지닌 부사이기도 하고 highly는 '몹시, 대단히'라는 의미의 부사입니다. 문맥상 '몹시 추천했다'라는 의미가 되어야 하므로 (D) highly가 정답입니다. 문법적 지식뿐 아니라 기본적인 어휘 실력도 있어야 풀 수 있는 문제입니다. ▶p.54

9 (B) 그 일에 지원할 때는 추천서를 적어도 3개 포함시켜야 한다.
⋯› 분사구문에 대해 알고 있는지 묻는 문제입니다. 이 문장을 보고 콤마(,) 이후가 주절이며 그 앞은 접속사 when이 생략되지 않은 분사구문이라는 것을 알아야 합니다. 분사구문으로 바뀌기 전의 문장은 When you apply for the job, you should include at least three references.입니다. 부사절 주어와 주절의 주어가 you로 같으므로 부사절의 주어는 생략되고, 동사 apply를 동명사 -ing형으로 바꾸어 분사구문으로 만든 문장이라는 것을 알 수 있습니다. 따라서 (B) applying이 답입니다. 분사구문을 만들 때 흔히 접속사를 생략하지만 접속사의 의미를 강하게 살리고 싶은 경우 문제에서 볼 수 있듯 그대로 살려두기도 합니다. ▶p.119~120

10 (A) 미팅을 끝내자마자 당신에게 전화할게요.

→ 문맥에 들어갈 올바른 접속사를 알고 있는지 묻는 문제입니다. 이 중 (A)~(C)는 '시간/때'를 나타내는 접속사로 (A)의 As soon as은 '~하자마자', (B)의 While은 '~하는 동안에', (C)의 Until은 '~할 때까지'라는 의미입니다. (D)의 Although는 '양보'를 나타내는 접속사로 '~임에도 불구하고'라는 의미를 가집니다. 따라서 문맥상 가장 알맞은 접속사는 (A) As soon as입니다. ▶p.131

11 (A) 당신과 함께 일하게 될 것을 기대하고 있습니다.

→ '~하기를 고대하다'라는 의미의 look forward to 구문을 제대로 알고 있는지 묻는 문제입니다. look forward to 다음에는 항상 「동사원형 + -ing」형이 옵니다. ▶p.107

12 (C) 우리는 올해 말까지 그 프로젝트를 끝내야 한다.

→ 알맞은 시간 전치사를 묻는 문제입니다. 문맥상 '올해 말까지'란 의미가 되어야 하는데 '~까지'를 나타내는 시간 전치사로는 by와 until이 있습니다. by는 어떤 행위가 끝나는 '동작의 완료'에 초점을 맞추고 until은 동작의 상태가 '지속'되는 것에 초점을 맞춥니다. 올해 말까지 프로젝트를 끝내야 하는 '완료'의 의미가 강하므로 여기서는 (C) by를 써야 합니다.
▶p.141

13 (D) 우리는 두 달 전에 일을 그만둔 그 남자에 대해 이야기했다.

→ 올바른 관계대명사를 선택할 수 있는지 묻는 문제입니다. 관계대명사는 앞에 오는 명사를 수식하는 역할을 하는데, 이 문장에서는 선행사가 사람인 a man이고 관계대명사가 주어 역할을 하므로 (D) who를 써야 합니다. (A) what은 그 자체가 선행사를 포함하는 관계대명사이기 때문에 앞에 선행사 a man이 올 수 없습니다. (B) which는 선행사가 사물이나 동물일 쓰이고 (C) whom은 목적어 역할을 하는 관계대명사이므로 이 문장에 맞지 않습니다. ▶p. 153~154

14 (A) 회계팀은 막 분석을 마쳤다.

→ 빈칸에 들어갈 알맞은 명사 어휘를 찾아내는 문제입니다. 문맥상 동사 finish(끝내다)와 어울리는 명사는 (A) analysis 밖에 없음을 알 수 있습니다.

15 (B) 그 회사는 직원을 몇 명 모집하고 있다.

→ 빈칸에 들어갈 알맞은 동사 어휘를 찾아내는 문제입니다. 문맥상 '회사가 직원들을 모집하고 있다'라는 내용이 되어야 하므로 (B) recruiting이 나와야 합니다.

나의 토익 기초력 진단

Level	정답 문항 수	평가
상	12개 이상	영어의 품사 및 문장 구조에 대한 기본 지식을 갖추고 있는 것으로 보입니다. 또한 어느 정도의 어휘 실력이 있으며 문맥에 따라 알맞은 어휘를 유추해낼 줄 아는 능력도 있습니다. 쉬운 문장을 읽고 해석하는 데 큰 어려움을 느끼지 않으며, 문법과 어휘가 조금만 더 보강되면 단락 및 짧은 글을 읽고 해석하는 데 어려움이 없게 될 것입니다.
중	7~11개	영어 문법에 대한 세세한 지식이 있다고 말하기는 어렵지만 간단한 문장은 그 구조를 파악하고 올바르게 해석할 수 있습니다. 어휘가 더 보강되면 짧고 쉬운 문장과 짧은 단락 수준의 글 읽기를 큰 어려움 없이 수행할 수 있을 것으로 보입니다.
하	0~6개	영어에 대한 기초가 별로 없으시군요. 문법에 대한 기본 지식도 얕고, 기초 영단어도 많이 모르는 상태입니다. 하지만 실망하지 마세요. 〈맨처음 토익 RC 입문편〉을 학습하고 나면 자신도 모르는 사이에 문법과 어휘의 기초 실력이 향상되어 토익뿐 아니라 영어에 대해 '할 수 있다!'는 자신감을 갖게 될 것입니다.

학습 플랜

〈맨처음 토익 RC 입문편〉은 토익 RC를 빠르고 효과적으로 학습할 수 있도록, 토익 RC의 핵심적인 내용을 20일 동안 학습할 수 있는 분량으로 구성하였습니다. 아래에 제시된 플랜에 따라 학습을 마치고 나면 자신의 실력이 향상된 것을 확인하실 수 있을 것입니다.

추천 학습 플랜

1일	2일	3일	4일	5일
Unit 01 01 문장의 주요 구성 요소 ~ 04 문장의 형식 - 3형식	Unit 01 05 문장의 형식 - 4형식 ~ Grammar Step UP!	Unit 02 01 명사의 역할 ~ 04 명사의 종류	Unit 02 05 인칭대명사 ~ Grammar Step UP!	Unit 03 01 형용사의 역할과 자리 ~ 05 형용사와 부사의 원급비교
6일	**7일**	**8일**	**9일**	**10일**
Unit 03 06 형용사와 부사의 비교급 ~ Grammar Step UP!	Unit 04 01 현재 시제 ~ 04 현재진행 & 과거진행	Unit 04 05 현재완료 ~ Grammar Step UP!	Unit 05 01 능동태 vs. 수동태 ~ 03 조동사의 수동태와 완료 수동태	Unit 05 04 4형식과 5형식의 수동태 ~ Grammar Step UP!
11일	**12일**	**13일**	**14일**	**15일**
Unit 06 01 to부정사의 명사적 용법 ~ Grammar Step UP!	Unit 07 01 동명사의 역할 ~ Grammar Step UP!	Unit 08 01 현재분사 & 과거분사 ~ Grammar Step UP!	Unit 09 01 등위접속사 & 상관접속사 ~ Grammar Step UP!	Unit 10 01 시간의 전치사 ~ Grammar Step UP!
16일	**17일**	**18일**	**19일**	**20일**
Unit 11 01 관계대명사의 용법과 주격 관계대명사 ~ Grammar Step UP!	Unit 12 01 가정법 과거 ~ Grammar Step UP!	Unit 13 01 시제의 일치와 예외 ~ Grammar Step UP!	Unit 14 01 주제/목적 찾기 문제 ~ 07 문장 삽입 문제	Unit 15 01 편지 & 이메일 ~ 07 세 개의 지문

<맨처음 토익 RC 입문편>을 마치고…

- 〈맨처음 토익 RC 입문편〉을 며칠 만에 학습했나요?

  시작일 ______________________ 완료일 ______________________

- 학습 플랜대로, 또는 본인이 세운 학습 진도표에 맞춰 학습을 끝내지 못했다면 문제점은 무엇인가요? 또한, 문제점은 어떻게 해결할 것인가요?

  문제점 ______________________

  해결 방안 ______________________

My Study Plan

실제 자신의 학습 진도를 매일매일 기록하고, 보다 효과적인 토익 학습 일정을 계획해 보세요.
가능한 한 30일 이내에 이 책을 끝내는 것을 목표로 하세요. 학습 기간이 길어지면 도중에 포기해 버리기 쉽기 때문에, 학습 일수는 최대한 40일을 넘기지 않도록 하세요.

1일	2일	3일	4일	5일
시작 끝	시작 끝	시작 끝	시작 끝	시작 끝
6일	**7일**	**8일**	**9일**	**10일**
시작 끝	시작 끝	시작 끝	시작 끝	시작 끝
11일	**12일**	**13일**	**14일**	**15일**
시작 끝	시작 끝	시작 끝	시작 끝	시작 끝
16일	**17일**	**18일**	**19일**	**20일**
시작 끝	시작 끝	시작 끝	시작 끝	시작 끝
21일	**22일**	**23일**	**24일**	**25일**
시작 끝	시작 끝	시작 끝	시작 끝	시작 끝
26일	**27일**	**28일**	**29일**	**30일**
시작 끝	시작 끝	시작 끝	시작 끝	시작 끝
31일	**32일**	**33일**	**34일**	**35일**
시작 끝	시작 끝	시작 끝	시작 끝	시작 끝
36일	**37일**	**38일**	**39일**	**40일**
시작 끝	시작 끝	시작 끝	시작 끝	시작 끝

PARTS 5·6

단문 공란 채우기
장문 공란 채우기

Grammar

- 영어 문장의 구성 요소 및 구조, 문장의 형식 등에 대한 기초 지식이 있어야 본격적으로 문법을 학습할 수 있습니다. 위의 사항들을 묻는 문제가 토익 시험에서 직접 출제되지는 않지만, 가장 기본이 되는 바탕이므로 꼭 익혀두는 것이 좋습니다.
- 명사, 부사와 형용사, 비교급, 동사의 시제, 가정법, 수동태, to부정사, 분사, 동명사, 전치사, 접속사, 대명사의 격, 부정대명사, 관계대명사 관련 문제가 자주 출제됩니다.

Vocabulary

- Part 5와 6에서는 문법 문제 이외에도 빈칸에 알맞은 어휘를 묻는 문제가 출제됩니다. 상당히 어려운 어휘보다는 일상 생활이나 비즈니스 상황에서 많이 쓰이는 어휘가 출제되므로 매일 조금이라도 차근차근 어휘 공부를 해 두는 것이 좋습니다. 이 책에 등장하는 어휘를 꼼꼼히 암기하는 것이 도움이 될 것입니다.
- Part 6에서는 빈칸에 알맞은 단어뿐만 아니라 어울리는 문장을 고르는 문제도 출제됩니다. 따라서 빈칸의 앞뒤에 있는 문장을 정확하게 해석할 수 있어야 합니다. 또한 지문의 전체적인 맥락을 빠르고 정확하게 파악하는 연습도 같이 해두는 것이 도움이 됩니다.

Unit 01

문장의 구조

Overview

문장의 구조 Sentence Structure

영어 문장은 크게 다섯 종류로 나뉘는데, 이를 '영어 문장의 5형식' 이라고 부릅니다. 영어 문장의 주 요소인 **주어, 동사, 보어, 목적어** 등이 어떻게 결합하는가에 따라 영어 문장의 형식이 달라집니다. 문장의 형식은 영어를 이해하는 데 기본적인 지식이므로 꼼꼼하게 공부해 두는 것이 좋습니다.

- **1형식** 주어 + 동사
  I work. 나는 일한다.
- **2형식** 주어 + 동사 + 보어
  He is an engineer. 그는 기술자이다.
- **3형식** 주어 + 동사 + 목적어
  She read a report. 그녀는 보고서를 읽었다.
- **4형식** 주어 + 동사 + 간접목적어 + 직접목적어
  The company sent me a letter of apology.
  그 회사에서 나에게 사과의 편지를 보냈다.
- **5형식** 주어 + 동사 + 목적어 + 목적격보어
  My boss makes everything hard. 나의 상사는 모든 일을 어렵게 만든다.

I 문장의 주요 구성 요소

◆ 영어 문장의 구성 요소

영어 문장의 주요 구성 요소는 다음과 같습니다.

- **주어**: 우리말의 '~은/는/이/가'에 해당하는 부분으로 **동작이나 상태의 주체**가 되는 말입니다.
- **동사**: 주어의 **상태나 동작**을 나타내는 말로, 우리말의 '~하다, ~이다'에 해당합니다.
- **목적어**: 우리말의 '~을/를'에 해당하며 어떤 **동작의 대상**을 나타내는 말입니다.
- **보어**: 주어나 목적어의 **성질, 상태를 보충 설명**해주는 말입니다. 주어를 보충 설명하는 말을 주격보어, 목적어를 보충 설명하는 말을 목적격보어라고 합니다.
- **수식어(구)**: 문장을 구성하는 데 반드시 필요한 요소는 아니지만 문장의 의미를 풍부하게 합니다. 형용사 역할을 하는 수식어(구)와 부사 역할을 하는 수식어(구)가 있습니다.

이 중에서도 가장 필수적인 구성 요소는 주어와 동사입니다. 영어에서는 이러한 문장 구성 요소들이 어떻게 조합되는가에 따라 5가지 문장 형식이 만들어집니다.

I / like / him / very much. 나는 / 좋아한다 / 그를 / 매우
주어 / 동사 / 목적어 / 수식어구

The teacher / is / so / kind. 선생님은 / 이다 / 매우 / 친절한
주어 / 동사 / 수식어 / 주격보어

The man / called / me / Jack. 그 사람은 / 불렀다 / 나를 / 잭이라고
주어 / 동사 / 목적어 / 목적격보어

A 다음 문장에서 각각의 구성 요소가 무엇인지 쓰세요. 정답 및 해설 p.002

1 I / work / on Friday. ____________________
2 My brother / is / the manager. ____________________
3 I / found / the report / very / useful. ____________________
4 The chair / is / very / comfortable. ____________________
5 The secretary / writes / reports / every day. ____________________
6 I / cannot find / the file. ____________________

B 주어진 문장의 구성 요소를 참고하여 빈칸에 알맞은 표현을 고르세요.

1 The man ________ the marketing manager. marketing manager 마케팅 부장
(The man: 주어, the marketing manager: 주격보어)

Ⓐ is Ⓑ he Ⓒ very Ⓓ it

2 Your sales report is very ________. sales report 영업 보고서 interest 흥미, 관심
(Your sales report: 주어, is: 동사, very: 수식어)

Ⓐ them Ⓑ meeting Ⓒ interest Ⓓ interesting

Ⅱ 문장의 형식 - 1형식

◆ 1형식이란?

1형식 문장은 가장 간단한 문장 형식으로, 주어와 동사만으로도 완전한 문장이 이루어집니다. 대표적인 1형식 동사로는 go, work, live, come, arrive 등이 있습니다.

	주어 + 동사
1형식	Mr. White / came. 화이트 씨가 / 왔다
	The seminar / ended. 세미나가 / 끝났다
	The plane / arrived. 비행기가 / 도착했다

• 1형식 + 수식어(구)

문장이 1형식이라고 해서 주어와 동사 단 2가지의 구성 요소만으로 이루어지는 것은 아닙니다. 「주어 + 동사」의 구조에 다양한 수식어(구)가 붙으면 문장이 길어질 수 있습니다.

Some employees / work / at home. (주어 + 동사 + 수식어구) 몇몇 직원들은 / 일한다 / 집에서

The train / left / three hours ago. (주어 + 동사 + 수식어구) 기차는 / 떠났다 / 세 시간 전에

The museum / opens / every day. (주어 + 동사 + 수식어구) 박물관은 / 연다 / 매일

Ⓐ 다음 문장을 보고 주어에는 ○, 동사에는 △, 수식어(구)에는 □를 표시하세요. 정답 및 해설 p.002

1 The store closed 30 minutes ago. — close (문을) 닫다; (영업 등을) 휴업하다

2 I work near downtown. — near 가까운, 근처에 downtown 시내, 도심지, 중심가

3 Mr. Wilson returned from his business trip. — return 돌아오다; 되돌아가다 business trip 출장

4 The door opens automatically. — automatically 자동적으로

5 Ms. Johnson works for eight hours a day.

6 The bus leaves around noon. — leave 떠나다 around noon 정오 즈음에

Ⓑ 다음 문장 구조를 참고하여 빈칸에 들어갈 알맞은 표현을 고르세요.

1 The new employee (주어) ________ near the office. (수식어구) — employee 직원

Ⓐ he Ⓑ lives Ⓒ him Ⓓ living

2 The strategy meeting (주어) ________ in an hour. (수식어구) — strategy meeting 전략회의 in an hour 한 시간 후에

Ⓐ they Ⓑ in the room Ⓒ it Ⓓ starts

III 문장의 형식 - 2형식

◆ 2형식이란?

2형식 문장은 「주어 + 동사 + 주격보어」의 구조로 이루어진 문장입니다. 주격보어 자리에는 주로 형용사나 명사(구)가 옵니다. 2형식에서도 주요 구성 요소에 수식어(구)가 붙어서 문장이 길어질 수 있습니다.

	주어 + 동사 + 주격보어
2형식	She / is / the new manager. 그녀는 / 이다 / 새로운 관리자
	His speech / was / helpful. 그의 연설은 / 했다 / 유용한
	The project / seemed / impossible / at first. 그 프로젝트는 / 보였다 / 불가능해 / 처음에는

• 2형식의 대표적인 동사

대표적인 2형식 동사에는 be, become, look, seem 등이 있습니다.

동사	의미	예문
be / become	~이다 / ~되다	The job **became** easy. 그 일은 쉬워졌다.
look / sound / feel	~처럼 보인다 / 들린다 / 느껴진다	The report **looks** difficult. 그 보고서는 어려워 보인다.
seem	~인 것 같다	The new product **seems** expensive. 그 신제품은 비싼 것 같다.

A 다음 문장에서 주어와 주격보어를 찾아 주어에는 ○, 주격보어에는 △를 표시하세요. 정답 및 해설 p.002

1 The workshop sounds boring. workshop 워크숍 boring 지루한

2 They were customers. customer 고객, 단골

3 His idea seems useless. useless 쓸모 없는

4 Some items in the store looked expensive. item 물건, 아이템 expensive (값)비싼

5 Her presentation was very useful. presentation 발표 useful 유용한

6 Mr. Lee became the president of the company. president (회사의) 사장, 회장

B 다음 문장 구조를 참고하여 빈칸에 들어갈 알맞은 표현을 고르세요.

1 Mr. Kim's suggestion about the problem (주어) ________ practical. (주격보어) suggestion 제안 practical 실용적인

Ⓐ they Ⓑ seemed Ⓒ very Ⓓ useful

2 The relocation of the office (주어) wasn't (동사) ________ at first. (수식어구) relocation 재배치

Ⓐ easy Ⓑ easily Ⓒ seemed Ⓓ became

Ⅳ 문장의 형식 - 3형식

◆ 3형식이란?

3형식 문장은 「주어 + 동사 + 목적어」의 구조로 이루어진 문장입니다. 목적어 자리에는 대명사의 목적격이나 명사(구) 등이 올 수 있습니다.

	주어 + 동사 + 목적어
3형식	We / met / him / three days ago. 우리는 / 만났다 / 그를 / 3일 전에
	The team / finished / the project / last month. 그 팀은 / 끝냈다 / 그 프로젝트를 / 지난달에
	The conference room / has / three tables. 회의실은 / 갖고 있다 / 세 개의 테이블을

• **주의해야 할 3형식 동사**

attend, mention, discuss는 목적어를 바로 취합니다. 동사의 의미상 목적어 앞에 to나 about 등의 전치사가 들어갈 것 같지만 목적어가 바로 나옵니다.

동사	의미	예문
attend	~에 참석하다	He **attended** the meeting. (O) 그는 회의에 참석했다. He *attended to* the meeting. (X)
mention	~에 대해 언급하다	I **mentioned** it the other day. (O) 나는 며칠 전에 그것에 대해 언급했다. I *mentioned about* it. (X)
discuss	~에 대해 논의하다	They will **discuss** the problem. (O) 그들은 그 문제를 논의할 것이다. They will *discuss about* the problem. (X)

Ⓐ 주어진 우리말에 맞게 다음 단어들을 알맞게 배열하세요.

정답 및 해설 p.003

1 그들은 그 문제를 논의했다. ______________________ (they, the issue, discussed)

2 우리 팀은 그 계약을 종료했다. ______________________ (the contract, our team, finished)

3 인사팀장은 내 제안을 좋아했다. ______________________
(my suggestion, the HR manager, liked)

4 그린 씨는 몇 개의 소포를 보냈다. ______________________ (some packages, Mr. Green, sent)

5 우리는 어제 초대를 받았다. ______________________
(an invitation, received, yesterday, we)

Ⓑ 다음 문장 구조를 참고하여 빈칸에 들어갈 알맞은 표현을 고르세요.

1 TeleCom (주어) ________ cellular phones (목적어) at low prices. (수식어구)　　cellular phone 휴대폰

Ⓐ its　Ⓑ us　Ⓒ sells　Ⓓ selling

2 Some of the executives (주어) will discuss (동사) ________ later this week. (수식어구)　　executive 임원

Ⓐ they　Ⓑ them　Ⓒ doing　Ⓓ effective

V 문장의 형식 - 4형식

◆ 4형식이란?

4형식 문장은 「주어 + 동사 + 간접목적어 + 직접목적어」의 구조로 이루어진 문장입니다. 4형식에서는 목적어가 두 개로, 간접목적어는 '~에게'에 해당하는 말이고, 직접목적어는 '~을/를'에 해당하는 말입니다.

	주어 + 동사 + 간접목적어(~에게) + 직접목적어(~을/를)
4형식	The headquarters / sent / us / the form. 본사에서 / 보냈다 / 우리에게 / 그 양식을
	He / gave / her / a copy of the sales report. 그는 / 주었다 / 그녀에게 / 영업 보고서 사본을
	The secretary / offered / me / some help. 그 비서는 / 주었다 / 나에게 / 약간의 도움을

● **대표적인 4형식 동사**

대표적인 4형식 동사에는 **give, send, buy, offer, show, tell, lend** 등이 있습니다.

Dr. Steven **gave** them some advice. 스티븐 박사는 그들에게 몇 가지 조언을 해 주었다.

The man **showed** us the office. 그 남자는 우리에게 사무실을 보여주었다.

◆ 4형식 문장의 3형식 전환

4형식 문장은 간접목적어와 직접목적어의 순서를 바꾸고 간접목적어 앞에 전치사를 붙여서 3형식 문장으로 바꿔 쓸 수 있습니다.

- **전치사 to를 동반하는 동사:** give, send, offer, show, teach, tell 등
- **전치사 for를 동반하는 동사:** get, make, buy, find 등

A 주어진 우리말에 맞게 알맞은 표현을 고르세요. 정답 및 해설 p.003

1 그들은 우리에게 서류를 몇 개 주었다. They (gave us / us gave) some documents.

2 지니 일렉트로닉스는 그녀에게 그 직책을 제안할 것이다.
Genie Electronics will (she offer / offer her) the position.

3 그 회사에서 우리에게 의자 몇 개를 보내왔다. The company sent (us some chairs / some chairs us).

4 그 상점에서 새로운 고객들에게 무료 쿠폰을 제공한다.
The store offers (a free coupon new customers / new customers a free coupon).

5 내 동료는 내게 컴퓨터 언어를 가르쳐준다. My coworker teaches computer language (for me / to me).

B 다음 문장 구조를 참고하여 빈칸에 들어갈 알맞은 표현을 고르세요.

1 The sales clerk(주어) sold(동사) ________ the copy machine.(직접목적어) sales clerk 점원

Ⓐ hers Ⓑ our Ⓒ me Ⓓ he

2 The boss(주어) ________(간접목적어) his staff some helpful tips.(직접목적어) tip 조언; 비법

Ⓐ was Ⓑ gave Ⓒ provided Ⓓ talked

Ⅵ 문장의 형식 - 5형식

◆ 5형식이란?

5형식 문장은 「주어 + 동사 + 목적어 + 목적격보어」의 구조로 이루어진 문장입니다. 목적어 자리에는 목적격 대명사나 명사(구) 등이 올 수 있습니다. 목적격보어 자리에는 동사에 따라 형용사, 명사, to부정사, to 없는 원형부정사, 분사 등이 올 수 있습니다.

	주어 + 동사 + 목적어 + 목적격보어
5형식	The resort / makes / guests / very comfortable. 그 리조트는 / 만든다 / 손님들을 / 매우 편안하게
	They / called / it / a big success. 그들은 / 불렀다 / 그것을 / 큰 성공이라고
	The boss / made / us / work overtime. 상사는 / 만들었다 / 우리가 / 초과 근무를 하도록

● **5형식의 대표적인 동사**

대표적인 5형식 동사에는 make, let, have, keep, find 등이 있습니다.

동사	의미	예문
make / let / have	~하게 하다	The new policy will **make** the job ***hard***. 새로운 정책이 그 일을 어렵게 만들 것이다.
keep	(어떤 상태/관계에) 두다, ~하여 두다, 유지하다	We **keep** the desks ***clean***. 우리는 책상을 깨끗하게 해 놓는다.
find	~라고 생각하다[여기다], ~을 알다[깨닫다]	They **found** the machine ***useless***. 그들은 그 기계가 쓸모 없다는 것을 알았다.

Ⓐ 다음 문장이 몇 형식인지 쓰세요.

정답 및 해설 p.004

1 The chairs in the meeting room looked new. — meeting room 회의실 look ~으로 보이다[생각되다]

2 The engineer made his colleagues an effective device. — engineer 기술자 colleague 동료 device 장치

3 I found the discussion useful. — discussion 토의, 토론, 논의

4 The printer over there is not working. — over ~의 저쪽[저편]의 work (기계 등이) 움직이다, 작동하다

5 The company announced a new policy. — announce 발표하다, 알리다; 공고하다 policy 정책, 방침

6 The new cleaning company keeps the office clean every day. — cleaning company 청소업체

Ⓑ 문장 구조를 참고하여 빈칸에 들어갈 알맞은 표현을 고르세요.

1 He(주어) _______ the company(목적어) profitable(목적격보어). — profitable 이익이 되는, 벌이가 되는

Ⓐ looked Ⓑ was Ⓒ made Ⓓ seemed

2 The employee in the Accounting Department(주어) _______ the job(목적어) impossible(목적격보어).

Ⓐ seemed Ⓑ worked Ⓒ became Ⓓ found

꼭 외워야 할 **토익 필수 어휘**

동사 1

A 굵은 글씨로 쓰인 단어의 우리말 뜻을 고르세요.

1 **quit** a job　　일을 (ⓐ 그만두다　ⓑ 찾다)

2 **solve** a problem　　문제를 (ⓐ 일으키다　ⓑ 해결하다)

3 **participate** in an event　　이벤트에 (ⓐ 취소하다　ⓑ 참가하다)

4 **make** an appointment　　약속을 (ⓐ 어기다　ⓑ 정하다)

5 **return** from a business trip　　출장에서 (ⓐ 돌아오다　ⓑ 빠지다)

6 **fill out [in]** a form　　양식을 (ⓐ 작성하다　ⓑ 잃어버리다)

7 **pay for** a taxi　　택시비를 (ⓐ 분실하다　ⓑ 지불하다)

8 **apply for** a job　　직장을 (ⓐ 그만두다　ⓑ 지원하다)

정답 1 ⓐ 2 ⓑ 3 ⓑ 4 ⓑ 5 ⓐ 6 ⓐ 7 ⓑ 8 ⓑ

B 주어진 우리말 뜻이 되도록 알맞은 단어를 찾아 쓰세요.

transfer	contact	announce	promote

1 돈을 **이체하다[송금하다]**　　________ some money

2 사무실에 **연락을 취하다**　　________ the office

3 판매를 **촉진하다**　　________ sales

4 무엇인가를 **공지하다**　　________ something

repair	recommend	do	complete

5 차를 **수리하다**　　________ a car

6 프로젝트를 **끝내다**　　________ a project

7 사업[거래]을 **하다**　　________ business

8 강력히 **추천하다**　　highly ________

정답 1 transfer 2 contact 3 promote 4 announce 5 repair 6 complete 7 do 8 recommend

토익 실전 연습

Part 5 다음 빈칸에 알맞은 표현을 고르세요.

1. Mr. Smith decided to ------- for the job advertised in the newspaper.
(A) apply
(B) recommend
(C) do
(D) pay

decide 결정하다
advertise 광고하다, 선전하다

2. The company is going to run a new commercial to ------- sales.
(A) return
(B) quit
(C) transfer
(D) promote

run a commercial (상업)광고를 내보내다

3. Representatives in the Sales Department should ------- the online training session by next Friday.
(A) solve
(B) replace
(C) participate
(D) complete

representative 대표, 대리인
Sales Department 영업부

4. The director strongly ------- Mr. Watson for the job of manager.
(A) contacted
(B) recommended
(C) quit
(D) transferred

director 국장, 이사
strongly 강(경)하게

5. The board of directors will gather to ------- the problem next month.
(A) do
(B) participate
(C) solve
(D) apply

board of directors 이사회
gather 모이다

6. The revised handbook ------- a lot of useful information for new employees.
(A) contains
(B) is
(C) makes
(D) seems

7. The agency's proposal about promotional brochures looks -------.

(A) interest
(B) interests
(C) interesting
(D) interested

proposal 제안서
agency 대리점, 대행사
promotional 홍보의, 판촉의

8. The new manager made ------- work overtime without any exception.

(A) us
(B) we
(C) our
(D) ours

work overtime 초과 근무를 하다
without any exception 어떤 예외도 없이

9. Many people ------- in line in the lobby.

(A) made
(B) recommended
(C) wrote
(D) waited

10. Some of the managers ------- the evaluation system a bit inconvenient.

(A) became
(B) found
(C) turned
(D) appeared

evaluation 평가
inconvenient 불편한

11. The secretary ------- the convention center to check on its availability.

(A) called
(B) calling
(C) caller
(D) to call

availability 이용 가능성

12. The Madison Hotel ------- guests free coffee and drinks in the lobby.

(A) becomes
(B) finds
(C) offers
(D) keeps

13. Mr. Adelman's ------- looked complicated, but the board of directors decided to try it.

(A) suggest
(B) suggestion
(C) suggesting
(D) suggested

complicated 복잡한
board of directors 이사회

14. The factory manager sent a memo ------- all of the employees.

(A) of
(B) for
(C) in
(D) to

factory manager 공장장
memo 회람

Part 6 지문을 읽고 빈칸에 들어갈 가장 적절한 말을 고르세요.

Questions 15-18 refer to the following letter.

Dear Ms. Johnson,

I am -------(15.) with the invitation to give a speech to the National Association of Doctors. I am so sorry to say this, but I won't be able to -------(16.) the meeting on September 25. Currently, I am pretty busy with other projects, and I don't think I can spare any time for your presentation. In addition, I am afraid I don't have enough time -------(17.) for the speech because I received your invitation yesterday, September 18. -------(18.).

Best of luck with your conference.

Sincerely yours,

Bill Martins

give a speech 연설하다 association 협회 currently 현재 spare (시간, 돈을) 할애하다 presentation 발표

15. (A) regrettable
(B) pleased
(C) charged
(D) unfortunate

16. (A) go
(B) attend
(C) appear
(D) cancel

17. (A) prepared
(B) preparing
(C) prepares
(D) to prepare

18. (A) Please let me know if there are any changes in your association.
(B) I will be happy to give a speech at another time if given a chance.
(C) I regret to inform you I cannot show up at your conference.
(D) Thank you so much for your interest in our conference.

영어의 구와 절

❶ 구와 절

구는 두 개 이상의 단어가 모여 하나의 의미 단위를 이루는 것을 말합니다. 예를 들어, sales manager나 on the table 등이 구입니다. 반면, 절은 기본적으로 주어와 동사가 포함되어 있는 것을 말합니다.

The file is **on the desk.** (구) 그 파일은 책상 위에 있다.

To get a job is difficult. (구) 직업을 구하는 것은 어렵다.

I know **that some engineers made a great plan.** (절)
나는 몇몇 기술자들이 훌륭한 계획을 세웠다는 것을 알고 있다.

They will get a bonus **when the sales increase.** (절) 매출이 오르면 그들은 보너스를 받을 것이다.

❷ 명사구와 명사절

명사구나 명사절은 명사와 같은 역할을 합니다. 명사구와 명사절은 문장에서 명사처럼 쓰이면서 주어, 목적어, 보어의 역할을 합니다.

To increase a price is not a good idea. [명사구 = 주어] 가격을 올리는 것은 좋은 생각이 아니다.

His suggestion is **to increase a price.** [명사구 = 보어] 그의 제안은 가격을 올리는 것이다.

They don't want **to increase a price.** [명사구 = 목적어] 그들은 가격을 올리는 것을 원하지 않는다.

I know **that he is not ready.** [명사절 = 목적어] 나는 그가 준비가 되지 않았다는 것을 알고 있다.

The truth is **that they cannot afford it.** [명사절 = 보어] 진실은 그들이 그것을 살 여유가 없다는 것이다.

Let's Check! 다음 문장의 밑줄 친 부분이 구인지 절인지 쓰세요.

정답 p.007

1. The meeting will start **in the afternoon.** 회의는 오후에 시작할 것이다.
2. He knows **that the company produces electronic goods.**
그는 그 회사가 전자제품을 생산한다는 것을 안다.
3. We want **to leave the company**. 우리는 회사를 그만두기를 원한다.
4. Many people believe **that oil prices will go up**.
많은 사람들이 석유 가격이 올라갈 것이라고 믿는다.
5. **To work for the company** is not easy. 그 회사에서 일하는 것은 쉽지 않다.

Unit 02

명사 & 대명사

Overview

명사 & 대명사 Nouns & Pronouns

'**명사**'란 쉽게 말해 어떤 **사물, 사람, 혹은 장소 등의 '이름'**을 나타냅니다. 명사는 문장에서 **주어, 목적어, 보어** 역할을 합니다.

➤ A **doctor** helps **people.** 의사는 사람들을 돕는다.
(doctor: 주어, people: 목적어)

➤ **My father** is **a teacher.** 우리 아버지는 선생님이다.
(My father: 주어, a teacher: 보어)

'**대명사**'란 **명사를 대신해서 쓰는 말**입니다. 대명사는 인칭대명사(he, she, it 등), 지시대명사(this, that 등), 부정대명사(some, any 등), 그리고 재귀대명사(myself 등)가 있습니다. **인칭대명사**는 문장에서 언급된 사람이나 사물이 또 나올 때 대신 쓰입니다. **지시대명사**는 사람과 사물을 모두 대신할 수 있습니다. **부정대명사**는 사람이나 사물, 수를 막연하게 나타낼 때 씁니다. **재귀대명사**는 주어의 행동을 강조하거나 주어와 목적어가 같을 때 사용합니다.

➤ Sam has a meeting with **his** boss this afternoon. (인칭대명사) *his = Sam's
샘은 오늘 오후에 자신의 상사와 회의가 있다.

➤ The product is better than **that.** (지시대명사) 그 제품은 저것보다 낫다.

➤ I have **something** to tell you. (부정대명사) 당신에게 할 말이 있다.

➤ The president gave a speech **himself.** (재귀대명사) *강조: '직접, 스스로'
사장이 직접 연설을 했다.

I 명사의 역할

◆ 명사란?

명사란 사람, 사물, 직업, 장소 등의 '이름'을 나타내는 말입니다.

예 company 회사, computer 컴퓨터, puppy 강아지, Sam 샘, the Republic of Korea 대한민국, music 음악, kindness 친절, New York 뉴욕, hamburger 햄버거 등

◆ 명사의 역할

영어 문장에서 명사가 하는 역할은 다음과 같습니다.

명사의 역할	예문
주어 역할 (~은/는)	The **seminar** will end in a few minutes. 세미나는 몇 분 후에 끝날 것이다.
목적어 역할 (~을/를)	I enjoyed his **presentation.** 나는 그의 발표를 잘 들었다.
전치사의 목적어 역할	There was a complaint ***from*** the **customer.** 고객으로부터 불만이 있었습니다.
보어 역할 (~이다)	Mr. Danes will become the next **president.** 데인즈 씨가 차기 회장이 될 것이다.

A 괄호 안의 명사를 골라 문장을 완성한 후, 그 명사의 역할이 무엇인지 쓰세요.

정답 및 해설 p.007

1 The (meeting / meet) will be delayed. ____________. delay 연기하다, 지연시키다

2 The event was a huge (success / succeed). ____________. huge 거대한, 큰

3 What we need now is your (cooperation / cooperate). ____________. cooperate 협조하다

4 The (manager / manage) is not fulfilling his job. ____________. fulfill 수행하다

5 We need to arrange a (gathering / gather). ____________. arrange 주선[준비]하다

6 My boss is satisfied with his (employ / employees). ____________. be satisfied with ~에 만족하다

B 주어진 단서를 참고하여 빈칸에 들어갈 알맞은 표현을 고르세요.

1 Unfortunately, the __주어__ is out of order. unfortunately 안타깝게도 out of order 고장 난 copier 복사기

Ⓐ copier Ⓑ copy Ⓒ copying Ⓓ to copy

2 The R&D Department at Info Tech. is looking for __목적어__. look for ~을 찾다 specialize 전문화하다

Ⓐ special Ⓑ specialize Ⓒ specializing Ⓓ specialists

II 명사형 접미사

◆ 명사를 만드는 접미사

원래의 품사가 명사인 단어(예 article, book, flower, company 등)가 아니라, 동사나 형용사에 접미사가 붙어서 명사형이 되는 단어가 있습니다. 다음과 같은 명사형 접미사들이 동사나 형용사에 붙어서 명사를 만듭니다. (명사형 접미사는 아래의 예시 이외에도 많습니다.)

명사형 접미사	예	명사형 접미사	예
-ance / -ence / -ency	important – importance 중요성	-al	propose – proposal 제의, 제안
-ion / -sion / -tion / -ition / -ation	decide – decision 결정 define – definition 정의	-sis	analyze – analysis 분석
-ment	develop – development 발전	-ness	kind – kindness 친절
-ty / -ity / -ety	possible – possibility 가능성	-ure	fail – failure 실패

● **'사람'을 나타내는 명사형 접미사**

-ant, -or, -ee 등의 접미사가 동사에 붙으면 '~하는 사람'을 나타내는 명사가 됩니다.

-ant	-or / -er	-ee
account – accountant 회계사 participate – participant 참가자 apply – applicant 지원자 assist – assistant 조수	supervise – supervisor 감독관; 상사 contribute – contributor 기부자 contract – contractor 계약자 interview – interviewer 면접관	employ – employee 피고용인 train – trainee 견습 사원 interview – interviewee 면접자 refuge – refugee 난민; 망명자

A 주어진 단어의 알맞은 명사형을 고르세요. 정답 및 해설 p.007

1 **significant** → (significance / significature)
2 **fulfill** → (fulfilltion / fulfillment)
3 **invest** → (investition / investment)
4 **safe** → (safety / safer)
5 **arrive** → (arrivence / arrival)
6 **distribute** → (distributor / distributence)
7 **conduct** → (conductor / conductant)
8 **train** → (trainee / traintment)
9 **apply** → (applicant / applier)
10 **supervise** → (superviser / supervisor)

B 문장의 구조를 생각하여 빈칸에 들어갈 알맞은 표현을 고르세요.

1 ________ can get a brochure on the second floor. brochure 브로셔 on the second floor 2층에서

Ⓐ To participate Ⓑ Participate Ⓒ Participants Ⓓ Participating

2 ________ in computer courses has increased for the past few years.

enroll 등록하다 for the past few years 지난 수년간

Ⓐ To enroll Ⓑ Enrollment Ⓒ Enrolls Ⓓ Enrolled

III 명사의 자리

◆ 명사의 자리

영어 문장에서 명사는 관사, 형용사, 소유격 대명사, 전치사 뒤에 쓰입니다.

명사의 자리	예문
관사(a[an]), 정관사 the 뒤	I am looking for ***a* chair.** (관사 + 명사) 나는 의자를 찾고 있다.
형용사(nice, hard 등) 뒤	It is not an ***effective* way.** (형용사 + 명사) 그것은 효과적인 방법이 아니다
소유격 대명사(my, his, her 등) 뒤	James is ***my* coworker.** (소유격 대명사 + 명사) 제임스는 나의 동료이다.
전치사(of, at, in 등) 뒤	They offer a variety ***of* services.** (전치사 + 명사) 그들은 다양한 서비스를 제공한다.

A 주어진 우리말을 참고하여 제시된 단어가 들어갈 알맞은 위치를 고르세요. 정답 및 해설 p.008

1 그 지원자는 그 일에 적합하지 않다.
(applicant) The Ⓐ is not Ⓑ qualified Ⓒ for Ⓓ the job.

2 당신의 상사가 당신에게 다음 주에 알려줄 것이다.
(supervisor) Ⓐ Your Ⓑ will inform Ⓒ you Ⓓ next week.

3 공격적인 캠페인이 효과적일 것이다.
(campaign) An Ⓐ aggressive Ⓑ will Ⓒ be effective Ⓓ.

4 그 상점은 보수 공사 때문에 문을 닫았다.
(renovations) The Ⓐ shop Ⓑ is closed Ⓒ for Ⓓ.

5 경력 있는 회계사가 곧 고용될 것이다.
(accountant) An Ⓐ experienced Ⓑ will Ⓒ be hired Ⓓ soon.

6 우리는 당신이 만족하실 때까지 문제를 해결하도록 노력할 것입니다.
(satisfaction) We will try Ⓐ to solve your Ⓑ problem Ⓒ to your Ⓓ.

B 굵은 글씨로 된 부분을 참고하여 빈칸에 들어갈 알맞은 표현을 고르세요.

1 An **early** ________ is required, especially in this kind of situation. early 이른 be required 요구되다

Ⓐ decide Ⓑ decision Ⓒ to decide Ⓓ decided

2 We are looking for someone with two years **of** ________ in the marketing field.
experience 경험; 경험하다 field 분야

Ⓐ experiencing Ⓑ to experience Ⓒ experience Ⓓ experienced

Ⅳ 명사의 종류

◆ 명사의 종류

명사는 크게 셀 수 있는 명사와 셀 수 없는 명사로 나눌 수 있습니다.

- **셀 수 있는 명사 (가산명사): 보통명사**(예 article 기사, company 회사, discount 할인), 사람이나 사물의 집합체를 나타내는 일반적인 **집합명사**(예 family 가족, committee 위원회)
- **셀 수 없는 명사 (불가산명사):** 형태가 없는 물질을 나타내는 **물질명사**(예 air 공기, salt 소금), 추상적인 개념을 나타내는 **추상명사**(예 advice 충고, satisfaction 만족, diligence 근면), 사람 또는 사물의 고유한 이름을 나타내는 **고유명사**(예 America 미국, Monday 월요일, Mr. Johnson 존슨 씨)

- **셀 수 있는 명사:** 「관사(a[an], the) + 단수 명사」 또는 「(the) + 복수 명사」 형태로 씀
- **셀 수 없는 명사:** 원칙적으로는 관사(a[an])가 붙거나 복수형을 만들 수 없음. 「(the) + 단수 명사」형은 가능

셀 수 있는 명사	셀 수 없는 명사
an[the] office – (the) offices a[the] discount – (the) discounts	(the) information (O) – an information (X) – informations (X) (the) diligence (O) – a diligence (X) – diligences (X)

- **혼동하기 쉬운 셀 수 있는 명사, 셀 수 없는 명사**

셀 수 있는 명사		셀 수 없는 명사	
purpose 목적	challenge 도전	machinery 기계류, (기계) 장치	advice 충고
attempt 시도	agreement 협정; 동의	information 정보	clothing 의류
day 일, 날	survey 조사	luggage 수하물	furniture 가구
meeting 회의	problem 문제	research 연구, 조사	equipment 장비

Ⓐ 주어진 우리말을 참고하여 괄호 안에서 알맞은 표현을 고르세요.

정답 및 해설 p.008

1 그 책은 건강에 관한 일반적인 정보를 제공한다.
The book provides general (information / informations) on health.

2 당신의 국가는 협정을 체결해야 한다. Your country should sign (agreement / an agreement).

3 나의 상사는 항상 회의에 늦는다. My boss is always late for (meeting / meetings).

4 당신은 많은 짐을 가지고 다닐 수 없다. You cannot carry a lot of (luggages / luggage).

Ⓑ 주어진 우리말을 참고하여 빈칸에 들어갈 알맞은 표현을 고르세요.

1 You need to wear protective ________ at the construction site.
당신은 공사 현장에서 방호복을 착용해야 한다.

Ⓐ cloth　Ⓑ clothe　Ⓒ clothings　Ⓓ clothing

2 The research shows that this ________ can cause big noise problems.
그 연구는 이 기계가 큰 소음 문제를 일으킬 수 있다는 것을 보여준다.

Ⓐ some machineries　Ⓑ machineries　Ⓒ machinery　Ⓓ a machinery

V 인칭대명사

◆ 인칭대명사란?

인칭대명사는 '당신' '그' '그것'처럼 사람이나 사물을 가리키는 대명사입니다. 인칭대명사에는 주격, 소유격, 목적격, 소유 대명사가 있습니다. 주격 대명사는 주어 자리, 목적격은 목적어 자리, 그리고 소유격은 명사를 수식하는 자리에 씁니다.

● **인칭대명사의 종류**

수	인칭	주격 (은/는/이/가)	소유격 (~의)	목적격 (을/를/~에게)	소유 대명사 (~의 것)
단수	1인칭	I	my	me	mine
	2인칭	you	your	you	yours
	3인칭	he she it	his her its	him her it	his hers —
복수	1인칭	we	our	us	ours
	2인칭	you	your	you	yours
	3인칭	they	their	them	theirs

A 주어진 우리말을 참고하여 괄호 안에서 알맞은 인칭대명사를 고르세요. 정답 및 해설 p.008

1 Please give (I / me) some advice. — advice 충고

2 (You / Me) should submit your résumé by Friday. — submit 제출하다 résumé 이력서

3 Do you have (his / him) contact information? — contact information 연락처

4 Here is my identification, and now I need to see (your / yours). — identification 신분증

5 (Our / Us) new software program has become popular. — popular 인기 있는

6 They are going to make some changes in (you / your) proposal. — make changes 수정하다 proposal 제안서

B 주어진 우리말을 참고하여 빈칸에 들어갈 알맞은 표현을 고르세요.

1 I finished writing up my report, but Ms. Davis hasn't finished ________ yet.
나는 보고서 작성을 끝냈지만 데이비스는 아직 자신의 보고서를 끝내지 못했다.

Ⓐ her Ⓑ his Ⓒ hers Ⓓ him

2 Please inform ________ of any schedule changes. 일정상의 변경 사항을 저에게 알려주세요.

Ⓐ I Ⓑ my Ⓒ mine Ⓓ me

VI 부정대명사 some과 any

◆ some과 any

some과 any는 '몇 개', '얼마(간)', '어떤 것/사람들'이라는 정해지지 않은 수량을 나타내는 부정대명사입니다. some과 any는 다음과 같은 특징을 가지고 있습니다.

- **some과 any는 단독으로 쓰일 수도 있고, 다른 일반 명사와 함께 쓰일 수도 있습니다. some과 any 뒤에 명사가 바로 나오게 되면 이때의 some과 any는 부정수량형용사입니다.**

  There were 100 people in the gathering. **Some** didn't enjoy it very much. [some = some people]
  모임에는 사람들이 100명의 사람들이 있었다. 어떤 사람들은 모임을 그다지 즐기지 않았다.

  Some people complained about overtime work. [some + 명사]
  몇몇 사람들은 초과 근무에 대해서 불평했다.

- **some과 any는 셀 수 있는 명사, 셀 수 없는 명사와 함께 쓸 수 있습니다.**

  Some candidates were not present at the campaign event. 몇몇 후보자들은 선거유세 행사에 참가하지 않았다.

  I need **some advice** from you. 나는 당신의 조언이 필요합니다.

  You cannot use **any services** without my permission. 당신은 제 허락 없이는 어떠한 서비스도 이용할 수 없습니다.

- **some은 주로 긍정문에서, any는 부정문, 의문문, 조건문에서 쓰입니다.**

  I ***have*** **some** questions to ask you. 당신에게 몇 가지 질문할 것이 있습니다.

  I ***don't have*** **any** questions. 저는 아무런 질문이 없습니다.

  If you ***have*** **any** problems, let me know. 문제가 있으면 저에게 알려주세요.

Ⓐ 다음 빈칸에 some 또는 any를 써서 문장을 완성하세요.

정답 및 해설 p.009

1 ________ companies make a lot of profits in this economic situation. make profits 수익을 올리다

2 The management doesn't want to fire ________ employees next year.
management (the ~) 경영진 fire 해고하다

3 Do you have ________ concerns about your new job? concern 걱정

4 Our office needs ________ equipment before we start a new project. equipment 장비, 설비

5 You should not touch ________ furniture in this lobby. touch 만지다 furniture 가구

6 Mr. Norris found ________ mistakes in the final report. mistake 실수 final report 최종 보고서

Ⓑ 굵은 글씨로 된 부분을 참고하여 다음 빈칸에 알맞은 표현을 고르세요.

1 The trainees **didn't have** ________ questions about the new system. trainee 견습생

Ⓐ theirs Ⓑ any Ⓒ some Ⓓ a

2 The engineers reported that ________ **machinery has** critical problems.
machinery 기계류 critical 결정적인, 심각한

Ⓐ they Ⓑ some Ⓒ any Ⓓ a

VII 재귀대명사

◆ 재귀대명사의 종류

재귀대명사는 인칭대명사의 목적격이나 소유격에 -self(복수일 때는 -selves)를 붙인 형태로, '자기 자신'이라는 의미를 가집니다.

I – myself	you – yourself	he – himself	she – herself
it – itself	we – ourselves	they – themselves	you – yourselves

재귀대명사는 **앞에 나온 주어와 목적어가 같은 대상일 때, 또는 주어나 목적어를 강조할 때** 쓰입니다.

Dr. Patel introduced **himself** before the speech. 페이털 박사는 연설 전에 자신을 소개했다. [Dr. Patel = himself]

I completed it **myself.** 나는 그것을 직접 완성했다. [주어 강조]

- **재귀대명사의 관용 표현**

by oneself 혼자서, 직접　　for oneself 자신의 힘으로　　in itself 원래, 그 자체로　　of oneself 저절로

A 밑줄 친 부분과 주어진 우리말을 참고하여 괄호 안에서 알맞은 표현을 고르세요. 정답 및 해설 p.009

1 부장님은 직접 지원자들에게 연락을 취할 것이다.
The manager will contact the applicants (herself / myself).

2 사장은 직접 그 문서를 전달했다.
The president delivered the document by (himself / themselves).

3 그녀는 자기 힘으로 호텔을 예약해야 한다.
She has to reserve a hotel (on herself / for herself).

4 산체스 씨가 직접 공장을 견학시켜 줄 것이다.
Ms. Sanchez will give a tour of the factory (himself / herself).

5 갑자기 새 복사기가 저절로 작동하기 시작했다.
Suddenly, the new copy machine started to work of (yourself / itself).

6 마사와 케빈은 직접 그 계획을 수립했다.
Martha and Kevin made up the plan (them / themselves).

B 굵은 글씨로 된 부분을 참고하여 빈칸에 들어갈 알맞은 표현을 고르세요.

1 **Jennifer Lee** said that **she** prefers traveling **by** ________ to traveling with lots of people.

prefer A to B B보다 A를 더 좋아하다

Ⓐ herself　　Ⓑ himself　　Ⓒ itself　　Ⓓ her

2 **The executives of the board** ________ decided to conduct the analysis.

executive 임원, 간부　board 이사회　conduct 시행하다　analysis 분석

Ⓐ himself　　Ⓑ herself　　Ⓒ themselves　　Ⓓ their

꼭 외워야 할 토익 필수 어휘

명사

A 굵은 글씨로 쓰인 단어의 우리말 뜻을 고르세요.

1 **account** information — (ⓐ 계약 ⓑ 계좌) 정보
2 **customer** satisfaction — (ⓐ 고객 ⓑ 직원) 만족
3 a reliable **analysis** — 믿을 만한 (ⓐ 분석 ⓑ 통계)
4 safety **measures** — 안전 (ⓐ 조치 ⓑ 측정)
5 a **production** schedule — (ⓐ 소비 ⓑ 생산) 일정
6 **interest** rates — (ⓐ 이자 ⓑ 흥미)율
7 a computer **technician** — 컴퓨터 (ⓐ 기술자 ⓑ 생산자)
8 a **keynote** speaker — (ⓐ 기조 ⓑ 객원) 연설자

정답 1 ⓑ 2 ⓐ 3 ⓐ 4 ⓐ 5 ⓑ 6 ⓐ 7 ⓐ 8 ⓐ

B 주어진 우리말 뜻이 되도록 알맞은 단어를 찾아 쓰세요.

appointment	organization	renovations	contract

1 **약속**을 잡다 — make a(n) ________
2 **보수 공사**를 하기 위해 닫다 — close for ________
3 **계약**을 맺다 — make a(n) ________
4 **기구**를 설립하다 — establish a(n) ________

convenience	agreement	transportation	consultant

5 당신에게 **편리한** 때에 — at your ________
6 대중 **교통** — public ________
7 **합의**에 이르다 — reach a(n) ________
8 **자문**으로 일하다 — work as a(n) ________

정답 1 appointment 2 renovations 3 contract 4 organization 5 convenience 6 transportation 7 agreement 8 consultant

토익 실전 연습

Part 5 다음 빈칸에 알맞은 표현을 고르세요.

1. Ms. Nora decided to find a solution for the problem by -------.
(A) her
(B) hers
(C) herself
(D) she

decide 결정하다

2. Please make sure you bring ------- work ID if you want to get a parking permit.
(A) you
(B) your
(C) yours
(D) yourself

parking permit 주차증

3. ------- for the position should have at least 2 years of experience in the field.
(A) Applying
(B) Apply
(C) To apply
(D) Applicants

applicant 지원자
field 분야

4. The clients asked if we could provide them with ------- tips on investing.
(A) any
(B) much
(C) little
(D) neither

5. We would once again like to express our thanks for your -------.
(A) cooperation
(B) cooperating
(C) cooperate
(D) to cooperate

cooperate 협력하다
cooperation 협력

6. The recent ------- conducted by *Today's Report* showed some surprising results.
(A) researching
(B) research
(C) to research
(D) researched

recent 최근의
conduct 시행하다
surprising 놀라운

7. The ------- will inform the staff of any changes happening around the company.
(A) manage
(B) to manage
(C) management
(D) managing

inform 알리다

8. It takes a lot of money to conduct a(n) ------- to find out customers' needs.
(A) office
(B) ourselves
(C) survey
(D) equipment

take (돈·노력 등이) 필요하다, 걸리다
find out 발견하다, 알아내다
customers' needs 소비자[고객] 요구

9. We asked Ms. Lee if ------- wants to come back later.
(A) she
(B) her
(C) hers
(D) herself

if ~인지 아닌지

10. The assistant decided to deal with the problem by -------.
(A) he
(B) him
(C) his
(D) himself

deal with 다루다, 처리하다

11. The ------- was established in 1977 to help poor children in the world.
(A) consultant
(B) agreement
(C) transportation
(D) organization

be established 설립되다

12. Using public ------- is usually faster than driving a car during rush hour.
(A) transportation
(B) convenience
(C) appointment
(D) agreement

rush hour 교통이 혼잡한 시간대
convenience 편의

13. The company is going to hire a ------- to help us with our management problems.
(A) consultant
(B) trainee
(C) candidate
(D) contractor

hire 고용하다
management 경영

14. You can make a call or send an e-mail to make a(n) ------- with Dr. Stewart.
(A) development
(B) possibility
(C) renovation
(D) appointment

make a call 전화하다

Part 6 지문을 읽고 빈칸에 들어갈 가장 적절한 말을 고르세요.

Questions 15-18 refer to the following memo.

To: All Sales Representatives

From: Regional Manager

Subject: Rescheduling of Monthly Sales Meeting

As you know, there is construction going on in -------(15.) company's building this week. Due to this, I am afraid we may have to reschedule this month's sales meeting. -------(16.) meeting on Thursday, January 15, we will meet on Wednesday, January 20, at 11:00 A.M. in the conference room on the third floor. -------(17.).

I am so sorry about the sudden -------(18.) in the schedule.

sales representative 판매 대리인, 영업 사원 regional 지역의 reschedule 일정을 다시 잡다 monthly 월간의 sales meeting 영업 회의 construction 공사 due to ~ 때문에 accordingly 그에 맞춰

15. (A) us
(B) ours
(C) our
(D) ourselves

16. (A) Thanks to
(B) Rather than
(C) Instead of
(D) Despite

17. (A) Please mark your calendars accordingly.
(B) Don't forget to submit the agenda as soon as possible.
(C) The conference room will be under construction.
(D) I look forward to hearing from you.

18. (A) changing
(B) to change
(C) change
(D) changeable

Grammar Step UP!

명사와 관련해 꼭 알아두어야 할 것

❶ 항상 복수형으로만 쓰이는 명사

바지, 안경, 가위 등과 같이 원래 두 개의 짝으로 이루어진 물건들은 항상 복수형으로 씁니다. 이 명사들은 항상 복수 취급하고 복수 동사를 씁니다.

glasses 안경　　pants 바지　　scissors 가위　　jeans 청바지

❷ 맨 뒤에 -s가 붙어서 복수형으로 착각하기 쉬운 명사

'-s'로 끝나는 학문, 게임, 질병, 그 밖에 기타 명사들은 단수 명사로 취급합니다.

mathematics 수학　　billiards 당구　　headquarters 본사　　news 소식

❸ 단수형과 복수형이 같은 명사

다음 명사는 단수형과 복수형이 같습니다.

a means 한 가지 수단[방법] — a lot of means 여러 수단들
a species 하나의 종족 — many species 여러 종
a series 하나의 시리즈 — three series 세 개의 시리즈

❹ 셀 수 있는 명사일 때와 셀 수 없는 명사일 때 의미가 달라지는 명사

어떤 명사는 셀 수 있는 명사로 쓰였을 때와 셀 수 없는 명사로 쓰였을 때 의미가 달라지기도 합니다.

셀 수 있는 명사로 쓰였을 때	셀 수 없는 명사로 쓰였을 때
a room 방	enough room 충분한 공간
many times 여러 번	time 시간
a fire 화재	fire 불

Let's Check! 다음 괄호 안에서 알맞은 것을 고르세요. 정답 p.012

1. Mathematics (is / are) useful for my job. 수학은 나의 일에 도움이 된다.
2. I need to buy a pair of (glass / glasses). 나는 안경을 하나 사야 한다.
3. English is one of the (means / mean) of communication. 영어는 하나의 의사소통 수단이다.
4. There (aren't / isn't) enough room here. 이곳에는 공간이 충분하지 않다.
5. We discussed the matter three (time / times). 우리는 그 문제에 관해 세 번 논의했다.

Unit 03

형용사 & 부사

Overview

형용사 & 부사 Adjectives & Adverbs

'형용사'란 사물의 성질이나 상태 등을 나타내는 말입니다. 형용사는 명사 앞에 위치하여 명사의 의미를 수식해 주거나, 주어나 목적어의 보어로 쓰여 주어나 목적어의 의미를 보충 설명해 줍니다.

- a **successful** project (명사 수식) 성공적인 프로젝트
- The project is **successful.** (주격보어 역할) 그 프로젝트는 성공적이다.
- I found it **easy.** (목적격보어 역할) 나는 그 일이 쉽다고 생각했다.

'부사'는 어떤 상황이나 동작 등에 대해 부가적인 의미를 더해 주는 말입니다. 흔히, 형용사에 -ly를 붙여 부사로 만듭니다. (예 careful – carefully 주의 깊게) 부사는 동사, 형용사, 부사, 문장 전체를 수식하는 역할을 합니다.

- I **completely** forgot about the meeting. (동사 수식)
  나는 회의에 대해 완전히 잊고 있었다.
- That was **very** useful. (형용사 수식) 그것은 매우 유용했다.
- Thank you **very** much. (부사 수식) 정말 고맙습니다.
- **Unfortunately**, I couldn't make it. (문장 전체 수식)
  안타깝게도 나는 제대로 수행하지 못했다.

> *cf.* -ly로 끝나는 단어가 모두 부사일 것이라고 생각하면 안 됩니다. 명사에 -ly가 붙으면 형용사가 됩니다. (예 friend 친구 – friendly 친근한 / love 사랑 – lovely 사랑스러운)

I 형용사의 역할과 자리

◆ 형용사의 역할

형용사는 문장 내에서 두 가지 역할을 합니다.

- **명사 수식**

  a **difficult** *decision* 어려운 결정 [형용사 difficult가 명사 decision을 수식]

- **보어 역할**: 주어나 목적어를 보충 설명

  The service was very **good**. 서비스가 매우 좋았다. [형용사 good이 주어인 the service를 보충 설명]

◆ 형용사의 자리

형용사의 자리	예문
명사 앞에서 명사를 수식	We made a **special** *plan* for you. 우리는 여러분을 위해 특별한 계획을 마련했습니다.
be, become, seem, look, feel 다음에 주격보어로	Job searches are *becoming* **hard** nowadays. 요즘에 구직이 어려워지고 있다.
keep, find, make 다음에 목적격보어로	Many of the employees *find* the new system **inconvenient**. 많은 직원들이 새로운 시스템을 불편하다고 생각한다.

A 주어진 우리말을 참고하여 제시된 형용사가 들어갈 알맞은 위치를 고르세요. 정답 및 해설 p.012

1 다양한 회사들이 박람회에 참석했다. (various) Ⓐ Companies Ⓑ attended Ⓒ the Ⓓ fair.

2 이 팜플렛은 온라인 쇼핑에 관한 유용한 정보를 제공한다. (useful)
This Ⓐ pamphlet gives Ⓑ information on Ⓒ online Ⓓ shopping.

3 그 일이 매우 어려워졌다. (difficult) The Ⓐ work Ⓑ became Ⓒ very Ⓓ.

4 나는 그것이 유용하다고 생각했다. (useful) Ⓐ I Ⓑ found Ⓒ it Ⓓ.

5 그 일을 하는 편리한 방법을 찾으세요. (convenient) Find Ⓐ a Ⓑ way Ⓒ to do Ⓓ the work.

6 H&P사는 비싼 물건을 판다. (expensive) Ⓐ H&P Co. Ⓑ sells Ⓒ products Ⓓ.

B 굵은 글씨로 된 부분에 주의하여 빈칸에 들어갈 알맞은 표현을 고르세요.

1 Everybody knows that it is a __________ **market**.

Ⓐ compete Ⓑ competitive Ⓒ competitively Ⓓ competition

2 All the staff members **were** __________ during the workshop. staff member 직원 during ~ 동안

Ⓐ cooperate Ⓑ cooperation Ⓒ cooperative Ⓓ cooperatively

II 반드시 알아야 할 형용사 표현

◆ 혼동하기 쉬운 형용사

considerable 상당한	considerate 사려 깊은
successful 성공적인	successive 연속하는
terrible 끔찍한	terrific 훌륭한
favorite 매우 좋아하는	favorable 호의적인
awful 끔찍한	awesome 멋진, 훌륭한

◆ 토익에 자주 출제되는 형용사 표현

be aware of ~을 알다
be eligible for ~할 자격이 있다
be able to ~할 수 있다
be capable of ~에 능숙하다, ~할 능력이 있다
be likely to ~일 것 같다
be ready to ~할 준비가 되다
be responsible for ~에 책임이 있다
be subject to ~하기 쉽다; ~할 수 있다

A 주어진 우리말에 맞게 괄호 안에서 알맞은 표현을 고르세요. 정답 및 해설 p.012

1 우리 팀은 끔찍한 성과에 직면해야 했다. My team had to face the (awesome / awful) results.

2 직원 교육은 꽤 성공적이었다. The employee training was quite (successive / successful).

3 당신은 이 변화의 위험성에 대해 인지하고 있어야 한다.
You should be (capable / aware) of the danger of this change.

4 그는 사임할 것 같다. He is (likely / ready) to step down.

5 스콧 씨는 승진할 자격이 없다. Ms. Scott is not (able / eligible) for the promotion.

6 이 일정은 공지 없이 변경될 수 있다. This schedule is (subject / capable) to change without notice.

B 주어진 우리말을 참고하여 빈칸에 들어갈 알맞은 표현을 고르세요.

1 A __________ number of people attended the conference.
상당한 수의 사람들이 회의에 참석했다.

Ⓐ consider Ⓑ considerate Ⓒ considerable Ⓓ consideration

2 Mr. Tanaka is __________ of dealing with unexpected problems in the office.
타나카 씨는 사무실 내의 예기치 않은 문제들을 처리하는 데 능숙하다.

Ⓐ ready Ⓑ responsible Ⓒ awesome Ⓓ capable

III 부사의 역할과 자리

◆ 부사의 역할

부사는 흔히 「형용사 + ly」형태입니다. 부사는 동작이나 상황 등의 의미를 강조하고 수식하는 역할을 합니다.

- **동사 수식**: They **highly** ***recommended*** the product. (부사 + 동사) 그들은 그 제품을 강력히 추천했다.
- **형용사 수식**: That was a **very** ***creative*** idea. (부사 + 형용사) 그것은 매우 창의적인 생각이었다.
- **다른 부사 수식**: All of the employees worked **very** ***hard***. (부사 + 부사) 모든 직원들이 매우 열심히 일했다.
- **문장 전체 수식**: **Unfortunately**, ***the tickets are sold out***. (부사 + 문장) 안타깝게도 표가 매진되었다.

◆ 부사의 자리 예문

부사의 자리	예문
형용사 앞	That is a **very** ***useful*** solution. 그것은 매우 유용한 해결책이다.
일반동사 앞 혹은 뒤	I **strongly** ***agree*** with it. 저는 그것에 전적으로 동의합니다. He ***spoke*** **clearly**. 그는 명확하게 말했다. She ***read*** the manual **loudly**. 그녀는 설명서를 큰 소리로 읽었다.
문장 맨 앞 혹은 뒤	**Yesterday**, ***I came across my ex-coworker***. 어제 나는 예전 동료를 우연히 만났다.

A 주어진 우리말에 맞게 괄호 안에서 알맞은 표현을 고르세요. 정답 및 해설 p.013

1 점원은 이 제품을 강력히 추천했다. The sales clerk (high / highly) recommended this item.

2 복사기는 현재 고장 난 상태이다. The copy machine is (currently / current) out of order.

3 안타깝게도 그는 지금 여기에 없습니다. (Unfortunately / Unfortunate), he is not available now.

4 컴퓨터가 제대로 작동하지 않았다. The computer was not working (properly / proper).

5 연구개발팀은 그 프로젝트를 성공적으로 끝냈다.
The R&D team (successfully / successful) completed the project.

6 비가 올 때는 조심해서 운전해야 한다. When it rains, you should drive (careful / carefully).

B 굵은 글씨로 된 부분에 주의하여 빈칸에 들어갈 알맞은 표현을 고르세요.

1 The new policy was ________ **difficult** to implement. policy 정책 implement 실시하다, 이행하다

Ⓐ extreme Ⓑ extremes Ⓒ extremely Ⓓ to extreme

2 The vice president ________ **retired** as of last Monday.
vice president 부사장, 부통령 as of last Monday 지난 월요일 부로

Ⓐ office Ⓑ official Ⓒ officially Ⓓ offices

IV 반드시 알아야 할 부사

◆ 빈도를 나타내는 부사

빈도부사는 조동사/be동사 뒤에, 일반동사 앞에 씁니다.

always 항상, 언제나, 늘	sometimes 때때로
usually 보통, 대개	rarely / seldom / hardly 거의 ~않다
often 종종, 자주	never 결코 ~않다

The meeting **usually lasts** 90 minutes. [일반동사 앞] 회의는 보통 90분간 지속된다.

Mr. Kim ***is*** **rarely** late for work. [be동사 뒤] 김 씨는 회사에 지각하는 경우가 거의 없다.

They ***will*** **never** care about it. [조동사 뒤] 그들은 그것에 대해 전혀 신경 쓰지 않을 것이다.

◆ 혼동하기 쉬운 부사

다음은 -ly가 붙어서 의미가 완전히 달라지는 부사입니다.

high 높이 – highly 매우, 몹시	late 늦게 – lately 최근에
near 가까이 – nearly 거의	hard 열심히 – hardly 거의 ~않다

◆ 형용사와 형태가 같은 부사

late ㉠ 늦은 / ㉡ 늦게	hard ㉠ 힘든 / ㉡ 열심히	fast ㉠ 빠른 / ㉡ 빨리

This is a **hard** task for her to handle. [형용사] 이것은 그녀가 감당하기에는 힘든 일이다.

We are trying **hard** to increase the sales figures. [부사] 우리는 판매 실적을 늘리기 위해 열심히 노력하고 있다.

Ⓐ 주어진 우리말에 맞게 괄호 안에서 알맞은 표현을 고르세요.

정답 및 해설 p.013

1 그는 인포테크에서 거의 10년간 일했다. He worked for Info. Tech for (near / nearly) ten years.

2 내 상사는 아파서 못 온다고 전화하는 적이 한 번도 없다. My boss (never / hardly) calls in sick.

3 홍보부 직원들은 열심히 일한다. Employees in the Public Relations Department work (hard / hardly).

4 일부 대주주들이 늦게 도착했다. Some major stockholders arrived (late / lately).

5 그는 회의장 근처에 있는 은행에 갔다. He went to a bank (near / nearly) the conference hall.

Ⓑ 굵은 글씨로 된 부분에 주의하여 빈칸에 들어갈 알맞은 표현을 고르세요.

1 Car prices have **decreased** ________ due to low demand. due to ~때문에 low demand 낮은 수요

Ⓐ last Ⓑ lateness Ⓒ lately Ⓓ late

2 My coworker ________ comes in late. **He is always on time.**

come in late 늦게 출근하다 on time 정시에

Ⓐ never Ⓑ always Ⓒ usually Ⓓ sometimes

V 형용사와 부사의 원급비교

◆ 원급비교

형용사와 부사의 원급비교는 「as + 형용사/부사 + as」의 형태로, '~만큼 …한'이라는 의미입니다.

This train is **as** ***slow*** **as** that one. [as + 형용사 + as] 이 열차는 저 열차만큼이나 느리다.

Fill out this form **as** ***quickly*** **as** possible. [as + 부사 + as] 가능한 한 빨리 이 양식을 작성해 주세요.

● **「as + 형용사 + as」 vs. 「as + 부사 + as」**

as ~ as 구문이 문장 내에서 **보어 역할**을 할 때는 as ~ as 사이에 **형용사**가 필요하고, as ~ as 구문이 문장에서 **동사나 문장을 수식하는 역할**을 할 때는 **부사**가 필요합니다.

구문	역할
as + 형용사 + as ~만큼 …한	문장에서 보어 역할
as + 부사 + as ~만큼 …하게	동사나 문장 전체 수식

The new machine is **as expensive as** the old one. [the new machine의 보어 역할]
새 기계는 예전 것만큼이나 비싸다.

Please ***respond*** to this e-mail **as promptly as** you can. [동사 respond를 수식]
가능한 한 신속하게 이 이메일에 답장해 주세요.

Ⓐ 주어진 우리말에 맞게 괄호 안에서 알맞은 표현을 고르세요. 정답 및 해설 p.013

1 새 프린터는 예전 것만큼 효과적이다. The new printer is as (effective / effectively) as the old one.

2 그의 제안은 내 것만큼이나 창의적이었다. His suggestion was as (creatively / creative) as mine.

3 그들은 암스트롱 씨만큼이나 이 일에 적임이다.
They are as (qualified / qualify) as Mr. Armstrong for this work.

4 그 계획은 우리가 생각했던 것만큼 잘 진행되고 있다.
The plan is going as (smooth / smoothly) as we thought.

5 톰슨 씨는 가능한 한 조용히 회의실에 들어왔다.
Mr. Thomson entered the meeting room as (quiet / quietly) as he could.

6 이 고객 불만 사항들을 가능한 한 빨리 처리하세요.
Please deal with these customer complaints as (fastly / fast) as you can.

Ⓑ 굵은 글씨로 된 부분에 주의하여 빈칸에 들어갈 알맞은 표현을 고르세요.

1 You should ***hand in*** the sales report to the boss **as** __________ **as** possible.
Ⓐ quick Ⓑ quickly Ⓒ quicker Ⓓ quickest

2 ***This year's salary increase*** is **as** __________ **as** that of last year.
Ⓐ largely Ⓑ larger Ⓒ largest Ⓓ large

VI 형용사와 부사의 비교급

◆ 형용사와 부사의 비교급

형용사와 부사의 비교급은 형용사/부사에 -er을 붙이거나 「more + 형용사/부사」로 만듭니다. 1음절의 비교적 짧은 단어에는 흔히 -er을 붙이고, 2음절 이상의 긴 단어에는 단어 앞에 more를 붙입니다. 비교의 대상이 같은 문장에 있을 때 '~보다'라는 의미의 부사 than과 함께 쓰입니다.

His speech was **longer than** ***mine***. 그의 연설은 나의 것보다 길었다.

The damage was **more serious than** ***we had thought***. 손실은 우리가 생각했던 것보다 더 심각했다.

You should speak **more clearly**. 당신은 더 명확하게 말해야 한다.

- **〈비교급의 불규칙형〉 다음 형용사/부사는 불규칙한 비교급 형태를 취합니다.**
  good / well – better　　bad / badly – worse　　much / many – more　　little – less

◆ 비교급을 강조하는 부사들

비교급을 강조하는 부사에는 even, much, still, far, a lot이 있습니다. 이 부사들은 비교급 바로 앞에서 '훨씬'이라는 의미로 쓰입니다.

The marketing strategy is **much** ***better than*** we expected. 그 마케팅 전략은 우리가 예상한 것보다 훨씬 더 좋다.

A 주어진 우리말에 맞게 제시된 단어를 활용하여 문장을 완성하세요. 정답 및 해설 p.014

1 비용은 그들이 말했던 것보다 더 높았다. (high) The cost was ____________ they had said.

2 회의는 우리가 생각했던 것보다 더 빨리 끝났다.
(soon) The meeting finished ________ than we had thought it would.

3 당신은 그 보고서를 더 주의 깊게 검토해야 한다.
(carefully) You should review the report ________________.

4 수출이 우리가 예상했던 것보다 더 많이 증가했다.
(greatly) The exports increased ________________ than we had expected.

5 석유 가격이 지금보다 더 빨리 오를 것이다.
(fast) The oil prices are going to increase _______________ now.

6 교통 체증이 전보다 훨씬 더 심각하다.
(much, serious) The traffic jam is ________________________ before.

B 굵은 글씨로 된 부분에 주의하여 빈칸에 들어갈 알맞은 표현을 고르세요.

1 The productivity of the factory became ________ **than** before. productivity 생산성

Ⓐ low　Ⓑ much low　Ⓒ lower　Ⓓ as lower

2 The usage of the device was ________ **more difficult than** I had thought.

Ⓐ a lot　Ⓑ very　Ⓒ many　Ⓓ so

VII 형용사와 부사의 최상급

◆ 형용사와 부사의 최상급

형용사와 부사의 최상급은 형용사/부사에 -est를 붙이거나 「most + 형용사/부사」로 만듭니다. 주로 1음절의 비교적 짧은 단어에는 -est을 붙이고, 2음절 이상의 긴 단어에는 단어 앞에 most를 붙입니다. 최상급 앞에는 반드시 정관사 the를 씁니다.

This store has **the widest** selection of CDs in the town.
이 상점은 이 동네에서 가장 많은 종류의 CD를 보유하고 있다.

Dream Co. is **the most important** client. 드림 사는 가장 중요한 고객이다.

The company produces **the best** mobile phone in the world. 그 회사는 세상에서 가장 좋은 휴대폰을 생산한다.

- **〈최상급의 불규칙형〉 다음 형용사/부사는 불규칙한 최상급 형태를 취합니다.**
  good / well – best　　bad / badly – worst　　much / many – most　　little – least

◆ 최상급 관용 표현

at least 적어도	at the latest 늦어도	at most 기껏해야	at best 잘해야, 기껏해야

Ⓐ 주어진 우리말에 맞게 제시된 단어를 활용하여 문장을 완성하세요. 정답 및 해설 p.014

1 그 회사는 세계에서 가장 작은 노트북을 개발했다.
(small) The company developed ______________ laptop computer in the world.

2 그것은 가장 인상 깊은 발표였다. (impressive) That was ______________ presentation.

3 적어도 그녀는 그 회사에서 가장 많이 일했다.
(much) At least she worked ______________ at the company.

4 우리는 올해 최악의 영업 실적을 기록했다. (bad) We had ______________ sales record this year.

5 내 생각에는 그가 가장 효율적으로 일한다. (efficiently) I think he works ______________.

6 그들은 이 나라에서 최상 품질의 해산물을 제공하고 있다.
(good) They offer ______________ quality seafood in the country.

Ⓑ 주어진 우리말을 참고하여 빈칸에 들어갈 알맞은 표현을 고르세요.

1 Ms. Pitt is the ________ employee in the Sales Department.
피트 씨는 영업부에서 가장 신뢰할 수 있는 직원이다.

Ⓐ reliable　　Ⓑ most reliable　　Ⓒ more reliable　　Ⓓ reliablest

2 You should submit it by Friday at the ________. 당신은 늦어도 금요일까지 그것을 제출해야 한다.

Ⓐ late　　Ⓑ latest　　Ⓒ later　　Ⓓ most

VIII 원급비교 · 비교급 · 최상급 관용 표현

◆ 반드시 암기해야 하는 원급비교/비교급/최상급 표현

구문	의미
… not as[so] 형용사/부사 as ~	~만큼 …하지는 않은
the + 비교급, the + 비교급	~하면 할수록 더 …하다
one of the 최상급 + 복수 명사	가장 ~한 것 중 하나
the 최상급 + 명사 + 주어 + have[has] + ever + 과거분사(p.p.)	~한 중에 가장 …한

His suggestion was **not so** effective **as** that of the manager. 그의 제안은 부장의 제안만큼 효과적이지는 않았다.

The more we know about the problem, **the more** difficult it becomes.
우리가 그 문제에 대해 알면 알수록 더 어려워진다.

That is **one of the most expensive products.** 그것은 가장 비싼 제품들 중 하나이다.

This is **the biggest automobile factory I have ever seen.** 이곳은 내가 본 가장 큰 자동차 공장이다.

A 주어진 우리말에 맞게 괄호 안에서 알맞은 표현을 고르세요.

정답 및 해설 p.015

1 힐튼 호텔은 세계에서 가장 큰 호텔 중 하나이다.
The Hilton Hotel is one of the (largest / large) hotels in the world.

2 직원들은 돈을 더 많이 벌면 벌수록 더 열심히 일한다.
The more employees earn, (the harder / the hardest) they work.

3 코잇 타워는 이 도시에서 가장 높은 건물 중 하나이다.
Coit Tower is one of the (tallest / tall) buildings in the city.

4 새 컴퓨터는 예전 컴퓨터만큼 비싸지 않았다.
The new computer was not so expensive (as / than) the old one.

5 스티븐은 내가 만난 사람들 중 가장 열심히 일하는 직원이다.
Steven is (the most / the more) hardworking employee I have ever met.

6 그 일이 어려워지면 질수록 더 흥미로워지는 것 같다.
The more difficult the work gets, the (much / more) interesting it seems.

B 굵은 글씨로 된 부분에 주의하여 빈칸에 들어갈 알맞은 표현을 고르세요.

1 **One of the** ________ international **conferences** will be held in this country.

international conference 국제 학회 be held 개최되다

Ⓐ bigger Ⓑ as big Ⓒ most biggest Ⓓ biggest

2 The cost of living was **not so** ________ **as** we had expected. cost of living 생활비

Ⓐ high Ⓑ higher Ⓒ highest Ⓓ as high

꼭 외워야 할 **토익 필수 어휘**

형용사

A 굵은 글씨로 쓰인 단어의 우리말 뜻을 고르세요.

1 **various** attempts (ⓐ 다양한 ⓑ 제한된) 시도들

2 a **prominent** businessman (ⓐ 저명한 ⓑ 실패한) 사업가

3 **proper** actions (ⓐ 어려운 ⓑ 적당한) 행동

4 a **permanent** job (ⓐ 영구적인 ⓑ 임시적인) 직업

5 a **significant** difference (ⓐ 사소한 ⓑ 중요한) 차이

6 **entire** staff (ⓐ 전체 ⓑ 일부) 직원

7 an **essential** factor (ⓐ 상당한 ⓑ 필수적인) 요소

8 an **innovative** plan (ⓐ 혁신적인 ⓑ 어려운) 계획

정답 1 ⓐ 2 ⓐ 3 ⓑ 4 ⓐ 5 ⓑ 6 ⓐ 7 ⓑ 8 ⓐ

B 주어진 우리말 뜻이 되도록 알맞은 단어를 찾아 쓰세요.

legal	competitive	impressive	productive

1 **인상적인** 연설 a(n) __________ speech

2 **생산적인** 제안 a(n) __________ suggestion

3 **법적인** 조건들 __________ conditions

4 **경쟁적인** 시장 a(n) __________ market

complimentary	formal	public	official

5 **정장** __________ clothes

6 **공식적인** 보고서 a(n) __________ report

7 **대중적인** 관심 __________ attention

8 **무료** 식사 a(n) __________ meal

정답 1 impressive 2 productive 3 legal 4 competitive 5 formal 6 official 7 public 8 complimentary

토익 실전 연습

Part 5 다음 빈칸에 알맞은 표현을 고르세요.

1. A ------- survey shows that our market share increased by 10 percent during the last quarter.
(A) various
(B) legal
(C) recent
(D) late

survey 설문조사
market share 시장 점유율

2. The Security Department will take ------- action with regard to the issue.
(A) proper
(B) permanent
(C) competitive
(D) complimentary

3. The president said that it was the ------- meeting he has ever had.
(A) more productive
(B) productive
(C) most productive
(D) productivity

productive 생산적인

4. The team leader made a public speech in such an ------- way.
(A) impress
(B) impressive
(C) impressed
(D) impressively

make a speech 연설하다

5. We need to finish the report by next Friday at the -------.
(A) later
(B) late
(C) latest
(D) lately

by next Friday 다음 금요일까지

6. If you have any further questions, you should go ------- to the admin office.
(A) direct
(B) directly
(C) direction
(D) directive

further 추가의
admin office 행정실

7. We found the manual absolutely ------- in dealing with customer complaints.
(A) importantly
(B) importance
(C) important
(D) importing

absolutely 정말로, 절대적으로
deal with 다루다, 처리하다
customer complaints 고객 불만

8 The more motivated the workers are, the ------- the productivity becomes.
(A) high
(B) higher
(C) highly
(D) more highly

motivated 동기부여가 된
productivity 생산성

9. We recommend you read the instructional manual as ------- as possible.
(A) careful
(B) carefully
(C) most carefully
(D) more carefully

recommend 추천하다
instructional manual 교육용 매뉴얼

10. The budget cut made our project ------- more difficult.
(A) many
(B) very
(C) so
(D) even

budget cut 예산 삭감

11. When you travel abroad, make sure you have all the ------- documents with you.
(A) need
(B) necessary
(C) necessarily
(D) needs

12. They ------- renovated the stores in order to attract more customers.
(A) late
(B) recently
(C) likely
(D) hard

renovate 개보수하다, 수리하다
attract (관심, 손님 등을) 끌다

13. We will discuss who is ------- for the position.
(A) afraid
(B) aware
(C) eligible
(D) subject

discuss 논의하다

14. The solar panels were not so ------- as we had anticipated.
(A) efficient
(B) efficiently
(C) more efficient
(D) most efficient

solar panel 태양열 전지판
efficient 효율적인
anticipate 예상하다, 기대하다

정답 및 해설 p.015

Part 6 지문을 읽고 빈칸에 들어갈 가장 적절한 말을 고르세요.

Questions 15-18 refer to the following advertisement.

Job Opportunities

Alo Tech is looking for an energetic and -------- (15.) talented sales representative to join our sales team in Chicago. -------- (16.).

Applicants must have at least two years of experience in the field. A bachelor's degree is a plus but is not -------- (17.). All applications can be sent to the address written below no later than the 10th of December.

E-mail applications are also -------- (18.). Send your cover letter and résumé to jobapplications@bestmail.com.

energetic 열정적인 talented 재능 있는 applicant 지원자 at least 적어도 a bachelor's degree 학사 학위
application 지원, 지원서 no later than 늦어도 ~까지

15. (A) high
(B) highly
(C) height
(D) higher

16. (A) The job includes selling products and taking care of customers.
(B) Applicants should have submitted their applications a few days ago.
(C) More information about the applicants can be found on the Web site.
(D) We are planning to close down some of the stores in Chicago.

17. (A) necessity
(B) necessary
(C) necessarily
(D) necessitate

18. (A) welcome
(B) adjustable
(C) portable
(D) decisive

Grammar
Step UP!

다양한 부사

❶ 접속 부사

접속 부사는 두 개의 문장을 의미상 자연스럽게 연결하는 역할을 합니다. 접속 부사는 주로 이어지는 문장의 바로 앞에 위치하거나 문장의 중간에 위치합니다.

접속 부사의 종류		
however 그러나	moreover 게다가	therefore 그래서
nevertheless 그럼에도	furthermore 게다가	thus 그래서

❷ 시간의 부사

yesterday, last night, now 처럼 직접적으로 '시간'을 나타내는 부사 이외에도 다음과 같은 시간의 부사가 많이 쓰입니다.

already 이미, 벌써	yet 아직(까지) (~않다) (부정문, 의문문) / 이미, 벌써 (의문문)	still 아직, 여전히

The meeting has **already** started. 회의가 벌써 시작되었다.

I haven't received the letter **yet**. 나는 아직 편지를 받지 못했다.

Have you read the letter **yet**? 그 편지를 이미 읽으셨나요?

We are **still** expecting a pay raise. 우리는 여전히 임금 인상을 기대하고 있다.

❸ 부정의 부사

아래의 부사들은 이미 부정의 의미를 포함하고 있기 때문에 not이나 never와 같은 부정어와 함께 쓰일 수 없습니다.

seldom 좀처럼 ~않다	hardly 거의 ~않다	rarely 거의 ~않다

Let's Check! 다음 괄호 안에서 알맞은 것을 고르세요. 정답 p.017

1. The chairman hasn't signed the contract (already / yet).
회장은 아직 그 계약서에 서명하지 않았다.

2. Their office supplies are good. (However / Furthermore), they are cheap.
그들의 사무용품은 좋다. 게다가 가격도 싸다.

3. They (seldom / not) have problems with the product. 그 제품에는 거의 문제가 생기지 않는다.

4. We were short of money. (Nevertheless / Moreover), we decided to develop a new product. 우리에겐 자금이 부족했다. 그럼에도 불구하고 우리는 신제품을 개발하기로 결정했다.

Unit 04

동사의 시제

Overview

동사의 시제 Tenses

영어에는 단순 시제, 진행 시제, 완료 시제 등이 있습니다. 동사의 시제를 통해 어떤 상황이나 동작이 언제 일어났는지를 나타낼 수 있습니다.

	현재	과거	미래
단순	현재 시제 I work. She works.	과거 시제 I worked. She worked.	미래 시제 I will work. She will work.
진행	현재진행 시제 I am working. She is working.	과거진행 시제 I was working. She was working.	미래진행 시제 I will be working. She will be working.
완료	현재완료 시제 I have worked. She has worked.	과거완료 시제 I had worked. She had worked.	미래완료 시제 I will have worked. She will have worked.

I 현재 시제

◆ 현재 시제

영어의 기본 시제 중 하나인 현재 시제는 반복되는 행동이나 일, 현재 상태, 현재 사실, 일반적 사실/진리를 표현합니다. 현재 시제를 나타내기 위해서는 일반동사의 원형을 씁니다. 하지만 3인칭 단수 주어의 경우에는 동사원형에 -s/-(i)es를 붙입니다. be동사의 경우에는 주어에 따라 is / am / are를 씁니다.

They / start / their work / at 9:00 in the morning. 그들은 / 시작한다 / 그들의 업무를 / 아침 9시에 [반복되는 습관]

Mr. Parker / is busy / now. 파커 씨는 / 바쁘다 / 지금 [현재의 상태]

◆ 미래에 일어날 일을 나타낼 때 쓰는 현재 시제

- **(교통 수단 등의) 시간표나 (영화, 행사, 경기 등의) 일정 등을 말할 때 현재 시제를 주로 씁니다.**

  According to ***this schedule***, the presentation **starts** at 7:00. 이 일정표에 따르면 발표는 7시에 시작한다.

  The workshop **ends** in an hour. 워크숍은 1시간 후에 끝날 것이다.

- **시간(when, before 등)과 조건(if)의 부사절에서는 미래 시제 대신 현재 시제를 씁니다.**

  Before you **submit** it, you should check it once again. (will submit: X)
  제출하기 전에 그것을 한 번 더 확인해야 한다.

  If they **complete** the project tomorrow, they will have a party. (will complete: X)
  내일 그 프로젝트를 끝마치면 그들은 파티를 열 것이다.

A 주어진 우리말에 맞게 제시된 단어를 알맞은 형태로 써서 문장을 완성하세요. 정답 및 해설 p.017

1 그는 언제나 8시에 출근한다. (get) He always __________ to work at 8 o'clock.

2 그들은 컨설턴트로 일하고 있다. (work) They __________ as consultants.

3 부장님은 매달 출장을 간다. (go) The manager __________ on a business trip every month.

4 그녀가 보고서를 검토하면 당신에게 그것을 가져다 줄 것이다.
(review) When she __________ the report, she will bring it to you.

5 우리 회사의 크리스마스 파티는 오늘 밤 9시에 시작한다.
(start) My company's Christmas party __________ at nine tonight.

6 주식시장에 대한 분석 보고서는 당신의 책상 위에 있다.
(be) An analysis report __________ on the stock market on your desk.

B 다음 문장의 문맥을 생각하면서 빈칸에 들어갈 알맞은 표현을 고르세요.

1 The sales meeting usually __________ at five. sales meeting 영업 회의

Ⓐ begins Ⓑ begin Ⓒ beginning Ⓓ will begin

2 If he __________ the team, we will start the project right away. join 합류하다 right away 곧, 곧바로

Ⓐ join Ⓑ joins Ⓒ joined Ⓓ will join

II 과거 시제

◆ 과거 시제

과거 시제는 과거의 어느 특정 시점에 일어나는 일을 표현합니다. 과거 시제는 규칙형의 경우 「동사원형 + (e)d」의 형태로 나타냅니다.

I / **received** / your order sheet. 나는 / 받았다 / 당신의 주문서를 [과거의 특정 시점에 일어난 일]

The price / **went** up. 가격이 / 올랐다 [go는 불규칙 동사임]

● **불규칙 과거 동사**

현재	과거	현재	과거	현재	과거	현재	과거
go	went	make	made	leave	left	give	gave
take	took	cut	cut	write	wrote	quit	quit

● **과거 시제와 함께 쓰이는 표현**

과거 시제는 다음과 같은 부사 혹은 부사구와 함께 자주 쓰입니다.

yesterday 어제	The audit **ended** ***yesterday*.** 어제 감사가 끝났다.
[day / week / month / year] + ago ~전에	Thomas **quit** his job ***three months ago***. 토마스는 3개월 전에 퇴사했다.
last + night[week / year] 어젯밤 / 지난주 / 작년	He **left** the company ***last year***. 그는 작년에 퇴사했다.

A 주어진 우리말에 맞게 제시된 단어를 알맞은 형태로 써서 문장을 완성하세요. 정답 및 해설 p.018

1 나는 어제 밤새도록 일했다. (work) I ________ all night long yesterday.

2 회장님은 어제 연설을 했다. (give) The president ________ a speech yesterday.

3 그들은 거래를 끝냈다. (close) They ________ the deal.

4 이사회는 나의 제안을 좋아했다. (like) The executive board ________ my suggestion.

5 나는 지난달에 항의 서한을 썼다. (write) I ________ a letter of complaint last month.

6 그 회사는 3개월 전에 직원을 찾기 시작했다.
(start) The firm ________ looking for workers three months ago.

B 굵은 글씨로 된 부분에 주의하여 빈칸에 들어갈 알맞은 표현을 고르세요.

1 My boss ________ on a business trip **last Friday.** go on a business trip 출장 가다

Ⓐ go Ⓑ went Ⓒ goes Ⓓ going

2 **Last week**, he successfully ________ the project. successfully 성공적으로

Ⓐ finishes Ⓑ finish Ⓒ finished Ⓓ will finish

III 미래 시제

◆ 미래 시제

미래 시제는 앞으로 일어날 일에 대한 추측, 의지, 계획 등을 나타내는 시제로, '~일 것이다, ~할 것이다'라는 의미입니다. 미래 시제는 「will + 동사원형」 혹은 「be going to + 동사원형」의 형태로 나타냅니다.

They / **will begin** / the project. 그들은 / 시작할 것이다 / 프로젝트를

He / **is going to sign** / the contract. 그는 / 사인할 것이다 / 계약서에

● **미래 시제와 함께 쓰이는 표현**

tomorrow 내일	He **is going to attend** the seminar ***tomorrow***. 그는 내일 그 세미나에 참석할 것이다.
next + week[month / year] 다음 주 / 다음 달 / 내년	The price **is going to increase** *next year*. 내년에 가격이 오를 것이다.
in + a month[week / year] 한 달 / 1주 / 1년 후에	The meeting **will end** *in a few minutes*. 회의가 몇 분 후에 끝날 것이다.

A 주어진 우리말을 참고하여 괄호 안에서 알맞은 표현을 고르세요. 정답 및 해설 p.018

1 그 쇼는 내일 시작될 것이다. The show (began / will begin) tomorrow.

2 사장님은 내년에 퇴임할 것이다. The president (is going to retire / will retired) next year.

3 그는 다음 달에 마케팅 팀에 합류할 것이다.
He (is going to join / are going to joining) the marketing team next month.

4 그는 몇 시간 후에 LA 지점을 방문할 것이다.
He (is going to visited / will visit) the L.A. branch in a few hours.

5 이 속도라면 루크는 다음 주 중에 그 프로젝트를 끝낼 것이다.
At this rate, Luke is going to (completed / complete) the project sometime next week.

6 그 기술자는 다음 주 금요일에 당신의 사무실을 들를 것이다.
The engineer (will drop / are going to dropping) by your office next Friday.

B 굵은 글씨로 된 부분에 주의하여 빈칸에 들어갈 알맞은 표현을 고르세요.

1 Helen is going to __________ A&T Communications **next week.**

Ⓐ leave Ⓑ to leave Ⓒ left Ⓓ will leave

2 Hopefully, the package __________ **in a few days.** hopefully 다행히도 package 소포

Ⓐ arrive Ⓑ arrived Ⓒ will arrive Ⓓ arriving

IV 현재진행 & 과거진행

◆ 현재진행

현재진행 시제는 현재 진행 중인 동작을 나타내는 시제입니다. 「be동사 현재형(am / is / are) + 동사원형 + ing」의 형태로 나타내고 '~하는 중이다'라는 의미입니다. 가까운 미래에 계획된 일을 나타낼 때 현재진행 시제를 사용하기도 합니다.

The company / **is recruiting** / a few employees. 그 회사는 / 모집하고 있는 중이다 / 몇몇의 직원들을

We / **are conducting** / research. 우리는 / 실시하고 있는 중이다 / 연구를

I / **am meeting** / my client / this evening. 나는 / 만날 것이다 / 고객을 / 오늘 저녁에

◆ 과거진행

과거의 특정 시점에 진행되고 있던 일을 나타내는 시제입니다. 「be동사 과거형(was / were) + 동사원형 + ing」의 형태로 나타내며 '~하고 있었다'라는 의미입니다.

Mr. Kerr / **was preparing** / his speech. 커 씨는 / 준비하고 있었다 / 자신의 연설을

They / **were having** / a sales meeting. 그들은 / 하고 있었다 / 영업 회의를

A 주어진 우리말을 참고하여 괄호 안에서 알맞은 표현을 고르세요. 정답 및 해설 p.018

1 나는 어젯밤에 발표 준비를 하고 있었다.
I (am preparing / was preparing) a presentation last night.

2 그 전문가들은 그 문제를 자세히 논의하고 있다.
The experts (discussing / are discussing) the matter in detail.

3 기술자들이 컴퓨터를 고치고 있었다.
The technicians (was fixing / were fixing) the computers.

4 위원회는 지금 그의 지원서를 검토하고 있다.
The committee (is reviewing / be reviewing) his application form now.

5 몇몇 직원들은 세미나에 참석 중이었다.
Some of the staff members (was participating / were participating) in the seminar.

6 그들은 한 시간 전에 고객들과 연회를 열고 있었다.
They (have / were having) a reception with their clients an hour ago.

B 굵은 글씨로 된 부분에 주의하여 빈칸에 들어갈 알맞은 표현을 고르세요.

1 Sam ________ for a job, but there **were** not many. look for ~을 찾다

Ⓐ is looking Ⓑ are looking Ⓒ was looking Ⓓ were looking

2 The executives ________ an argument **at the moment**. at the moment 현재, 지금

Ⓐ had Ⓑ are having Ⓒ were having Ⓓ having

V 현재완료

◆ 현재완료

현재완료 시제는 과거의 어떤 상황이나 행동이 현재에도 영향을 미치고 있거나 관련이 있을 때 쓰는 시제입니다. 현재완료 시제는 계속, 완료, 결과, 경험의 4가지 의미로 쓰이며, 「have[has] + 과거분사」의 형태로 나타냅니다. just, since, over the past year, for the past[last] year, so far 등의 시간의 부사(구)와 함께 자주 쓰입니다.

현재완료의 의미		예문
계속	과거에 시작한 것이 현재까지 계속되고 있음을 나타낼 때	Johnson **has worked** for this company for three years. 존슨은 이 회사에서 3년간 일해 왔다.
완료	과거에 시작된 일이 현재에 완료되었음을 나타낼 때	The accounting team **has** just **finished** the analysis. 회계팀은 막 분석을 끝냈다.
결과	과거에 일어난 일이 현재에 어떠한 결과를 남길 때	The role of team leader **has changed** a lot over the past year. 팀장의 역할이 지난해 동안 많이 바뀌었다.
경험	과거부터 현재까지의 경험을 나타낼 때	I **have visited** the website to download a new program before. 나는 예전에 새 프로그램을 다운로드 받기 위해 그 웹사이트를 방문한 적이 있다.

A 주어진 우리말을 참고하여 괄호 안에서 알맞은 표현을 고르세요. 정답 및 해설 p.019

1 그녀는 그 일을 막 끝냈다. She (has just completed / have just completed) the work.

2 석유 가격이 지난 2년 동안 많이 올랐다.
Oil prices (increase / have increased) a lot for the past two years.

3 그들은 이미 지원을 마무리했다.
They (has already finalized / have already finalized) the application.

4 우리는 회의에 참석하기 위해 그 도시를 세 번 방문했다.
We (visit / have visited) the city three times to attend conferences.

5 팸 인터내셔널은 지난 2년간 직원을 10퍼센트 늘렸다.
Pam International (increases / has increased) its workforce by 10 percent over the last two years.

6 지난 여름 이후로 대니얼은 유럽으로 세 번 출장을 갔다 왔다.
Since last summer, Daniel (has taken / took) three business trips to Europe.

B 굵은 글씨로 된 부분에 주의하여 빈칸에 들어갈 알맞은 표현을 고르세요.

1 **Since last winter**, they ________ financial difficulty. financial difficulty 경제적 어려움, 재정적 곤란

Ⓐ has experienced Ⓑ experienced Ⓒ have experienced Ⓓ experiencing

2 Mr. Jackson ________ for the firm **for ten years.**

Ⓐ has worked Ⓑ have worked Ⓒ works Ⓓ working

VI 현재완료 vs. 과거 시제

◆ 현재완료 시제

현재완료 시제는 과거에 시작해서 현재까지 계속되는 일을 나타내거나 과거에 일어난 일이 현재까지 계속 영향을 미치는 경우에 쓰입니다. 보통 부사 ever, never, already, just, for, since 등과 함께 쓰입니다.

The company's sales / **have increased** / ***for the past year***. 그 회사의 매출은 / 증가해 왔다 / 작년 동안

Mr. Hank / **has worked** / for International, Inc. / ***since 2020***.
행크 씨는 / 일해 왔다 / 인터내셔널 사에서 / 2020년부터

◆ 과거 시제

과거 시제는 과거의 어느 시점에 일어난 일이나 상태를 나타낼 때만 씁니다. 즉, 현재와의 연관성은 없습니다. 주로 yesterday, last month, ago, last year 등 과거의 특정 시점만을 나타내는 부사(구)와 함께 쓰입니다.

They / **ordered** / a new laptop computer / ***yesterday***. 그들은 / 주문했다 / 새로운 노트북 컴퓨터를 / 어제

The team / **made** a plan / to promote sales / ***a few days ago***.
그 팀은 / 계획을 세웠다 / 판매를 촉진하기 위해서 / 며칠 전에

A 굵게 표시된 부사구에 주의하여 제시된 동사의 형태를 알맞게 고치세요. 정답 및 해설 p.019

1 (conduct) **Last August**, they ______________ a survey. conduct 시행[실시]하다 survey 조사

2 (try) They ______________ to complete the report **since last Monday**. complete 완성하다

3 (quit) He ______________ his job **two months ago**. quit 그만두다

4 (work) Steve ______________ for this firm **since 2018**. firm 회사

5 (finish) The team ______________ the investigation **a few days ago**. investigation 조사, 연구

5 (worry) Customers ______________ about the service **for the past few years**.
customer 고객 worry 걱정하다

B 굵은 글씨로 된 부분에 주의하여 빈칸에 들어갈 알맞은 표현을 고르세요.

1 The job fair ___________ place in Chicago **last month**. job fair 취업 박람회 take place 일어나다, 발생하다

Ⓐ takes Ⓑ take Ⓒ took Ⓓ has taken

2 **Since last September**, they ___________ a lot of profit. profit 이익

Ⓐ make Ⓑ will make Ⓒ made Ⓓ have made

VII 과거완료 & 미래완료

◆ 과거완료

과거완료 시제는 과거의 한 시점보다 더 이전에 나타난 행동이나 상태를 나타낼 때 쓰는 시제입니다. 과거완료는 「had + 과거분사」의 형태로 나타냅니다.

The man / **had lived** / in Los Angeles / ***before he moved*** to Boston.
그 남자는 / 살았었다 / 로스앤젤레스에 / 보스턴에 이사오기 전에

◆ 미래완료

미래완료 시제란 미래의 어떤 시점보다 이전에 일어난 일이 그 시점이 되면 완료될 것임을 나타내는 시제입니다. '(미래의 그 시점에는) ~하였을 것이다, ~한 셈이 된다'라는 의미로 쓰입니다. 미래 완료는 「will have + 과거분사」의 형태로 나타냅니다.

As of next week, / I / **will have worked** / for this company / for ten years.
다음 주 부로 / 나는 / 일한 셈이 된다 / 이 회사에서 / 10년을

A 주어진 우리말을 참고하여 괄호 안에서 알맞은 표현을 고르세요. 정답 및 해설 p.020

1 짐은 여기 오기 전에 컨설팅 회사에서 일했었다.
Jim (has worked / had worked) for a consulting firm before he came here.

2 그들은 누군가 그들의 파일을 훔쳐갔다는 것을 몰랐다.
They didn't realize that somebody (had stolen / has stolen) their files.

3 다음 달이면 우리가 이 프로젝트를 진행한지 10개월이 된다.
As of next month, we (will work / will have worked) on this project for 10 months.

4 나는 누군가가 나의 사무실에 침입했었다는 것을 몰랐다.
I didn't know that somebody (has broken / had broken) into my office.

5 2030년이 되면 그는 이 업계에 20년을 종사한 셈이 된다.
By 2030, he (has been / will have been) in this business for 20 years.

6 다음 주까지 우리는 연차보고서를 완성하게 될 것이다.
By next week, we (will have completed / had completed) the annual report.

B 굵은 글씨로 된 부분에 주의하여 빈칸에 들어갈 알맞은 표현을 고르세요.

1 **As of next February**, the accounting manager ________ away for two years.
as of next February 다음 2월 부로 accounting manager 회계 부장

Ⓐ has been Ⓑ will have been Ⓒ had been Ⓓ been

2 **Before they submitted the proposal**, they ________ lot of research for it. submit 제출하다

Ⓐ has done Ⓑ had done Ⓒ will have done Ⓓ done

동사 2

A 굵은 글씨로 쓰인 단어의 우리말 뜻을 고르세요.

1 **book** a flight	비행기를 (ⓐ 취소하다 ⓑ 예약하다)
2 **reduce** investment costs	투자 비용을 (ⓐ 줄이다 ⓑ 유지하다)
3 **complain** about its service	서비스에 대해 (ⓐ 칭찬하다 ⓑ 항의하다)
4 **decrease** in sales	판매가 (ⓐ 증가하다 ⓑ 감소하다)
5 **order** a product	제품을 (ⓐ 주문하다 ⓑ 개발하다)
6 **launch** a new product	신제품을 (ⓐ 출시하다 ⓑ 취소하다)
7 **request** a refund	환불을 (ⓐ 거절하다 ⓑ 요청하다)
8 **afford** to buy a car	차를 살 (ⓐ 여유가 있다 ⓑ 부족하다)

정답 1ⓑ 2ⓐ 3ⓑ 4ⓑ 5ⓐ 6ⓐ 7ⓑ 8ⓐ

B 주어진 우리말 뜻이 되도록 알맞은 단어를 찾아 쓰세요.

renew	reserve	submit	confirm

1 비자를 **갱신하다**	____________ a visa
2 보고서를 **제출하다**	____________ the report
3 자리를 **예약하다**	____________ a table
4 나의 예약을 **확인하다**	____________ my reservation

postpone	review	introduce	attract

5 관광객을 **끌다**	____________ tourists
6 새로운 제도를 **도입하다**	____________ a new system
7 자료를 **검토하다**	____________ the data
8 회의를 **연기하다**	____________ the meeting

정답 1 renew 2 submit 3 reserve 4 confirm 5 attract 6 introduce 7 review 8 postpone

토익 실전 연습

Part 5 다음 빈칸에 알맞은 표현을 고르세요.

1. ICD Co. announced that it would ------- a new product next year.
(A) remain
(B) conduct
(C) launch
(D) renew

announce 발표하다, 알리다

2. The travel agent ------- a flight ticket and arranged hotel rooms for us.
(A) booked
(B) complained
(C) increased
(D) met

arrange 배열하다; 준비하다

3. The company decided to ------- the workforce in the Maintenance Department.
(A) afford
(B) reserve
(C) postpone
(D) reduce

workforce 인력; 직원
Maintenance Department 관리부

4. Mr. O'Brien ------- a monthly report last Friday.
(A) submitted
(B) submit
(C) submits
(D) submission

5. We ------- a new model to the China market in a month.
(A) introduce
(B) introduced
(C) will introduce
(D) were introducing

introduce 소개하다, 도입하다

6. A few years ago, the HR Department ------- employee training sessions every month.
(A) held
(B) holds
(C) holding
(D) will hold

토익 실전 연습

7. There ------- increased concern about our competitors for the last year.
(A) have been
(B) has been
(C) was
(D) be

increased concern 높아진[증가된] 우려
competitor 경쟁사, 경쟁 상대

8. The board of directors ------- the new marketing strategy at the moment.
(A) was reviewing
(B) is reviewing
(C) reviews
(D) reviewed

marketing strategy 마케팅 전략
at the moment 지금

9. By next year, Ms. Murray ------- as president for 5 years.
(A) serve
(B) has been serving
(C) has served
(D) will have served

10. Ms. Sanderson ------- for a marketing firm before she came here.
(A) has worked
(B) works
(C) working
(D) had worked

marketing firm 마케팅 회사
before ~ 전에

11. Ms. Kimberly ------- out of the country until next Tuesday.
(A) was
(B) is
(C) will be
(D) has been

until ~까지

12. The team leader asked if there ------- any visitors while she was away.
(A) is
(B) are
(C) had been
(D) has been

13. By 2030, the demand for the electric cars ------- twofold.
(A) will increase
(B) has increased
(C) will have increased
(D) increases

demand 수요
twofold 두 배

14. If managers ------- their employees to work overtime, they will have to pay them more money.
(A) want
(B) will want
(C) wants
(D) have wanted

work overtime 초과 근무를 하다

정답 및 해설 p.020

Part 6 지문을 읽고 빈칸에 들어갈 가장 적절한 말을 고르세요.

Questions 15-18 refer to the following announcement.

We are pleased to ------- (**15.**) the appointment of Annabel Hart to the position of Executive Director of Marketing.

Ms. Hart ------- (**16.**) with us as a marketing manager for the last 10 years and has been highly successful at marketing our products to a wider audience. Before she joined our company, she ------- (**17.**) her master's degree in business administration.

A special banquet has been prepared to celebrate her promotion. ------- (**18.**).

I look forward to seeing you all there.

be pleased to ~하게 되어 기쁘다 announce 알리다, 발표하다 appointment 임명 Executive Director of Marketing 마케팅 전무 이사 banquet 파티, 연회 celebrate 축하하다 promotion 승진 look forward to ~할 것을 고대하다

15. (A) announce
(B) spread
(C) welcome
(D) appreciate

16. (A) is
(B) has been
(C) have been
(D) will have been

17. (A) earns
(B) earned
(C) has earned
(D) will earn

18. (A) Please note that she will not attend the ceremony.
(B) I am sorry that the event has been delayed due to this change.
(C) We hope you all join us in congratulating her on her promotion.
(D) Please let me know if you are not eligible for the promotion.

Grammar Step UP!

주장, 요청, 제안, 충고를 나타내는 문장에서의 시제 일치의 예외

주장, 요청, 제안, 충고 등을 나타내는 동사 뒤에는 시제에 관계 없이 항상 동사원형을 씁니다. 이는 동사 앞에 should(~해야 한다)가 생략되어 있기 때문입니다.

주어 +	insist 주장하다 recommend 권하다 demand 요구하다 suggest 제안하다 advise 충고하다 request 요청하다	+ that + 주어 + (should) + **동사원형**

The doctor **suggested** that he ***quit*** smoking for his health.
의사는 그가 건강을 위해 담배를 끊을 것을 제안했다.

They **requested** that the guests ***refrain*** from making any noise.
그들은 손님들에게 떠드는 것을 삼가달라고 요청했다.

She **insisted** that Mike ***make*** a presentation this time.
그녀는 이번에 마이크가 프레젠테이션을 해야 한다고 주장했다.

Let's Check! 다음 괄호 안에서 알맞은 것을 고르세요.

정답 p.022

1. The manager suggested that we (hired / hire) more secretaries.
경영자는 우리가 더 많은 비서를 고용해야 한다고 제안했다.

2. My boss demanded that we (worked / work) even on weekends.
내 상사는 우리가 심지어 주말에도 일해야 한다고 요구했다.

3. The accountant recommended that I (uses / use) the new accounting program.
회계사는 나에게 새로운 회계 프로그램을 사용할 것을 권했다.

4. I advised that he (quits / quit) complaining about his boss.
나는 그가 상사에 관해 불평하는 것을 그만두어야 한다고 충고했다.

Unit

05

능동태와 수동태

Overview

능동태와 수동태 Active and Passive Voices

'능동태'는 주어가 어떤 동작을 스스로 했을 때 쓰이고, '수동태'는 주로 주어가 당한 행위를 강조하고 싶을 때 씁니다. 영어에서 수동태는 「be동사 + 과거분사(p.p.)」의 형태로 나타냅니다. 시제에 따라 be동사는 is, was, will be 등으로 달라집니다.

능동태 He manages the department 그가 부서를 관리한다.

수동태 The department is managed by him. 부서는 그에 의해 관리된다.

주어 be동사 + p.p. by + 행위자

수동태의 행위자가 대명사일 경우는 항상 목적격으로 표현합니다. 행위자가 일반적인 사람이거나 명확하지 않을 때, 또는 행위자에 대해 굳이 알 필요가 없을 경우 「by + 행위자」를 종종 삭제한다는 것도 알아둡니다.

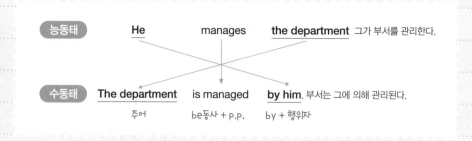

I 능동태 vs. 수동태

◆ 능동태

능동태는 「주어 + 동사 + 목적어」의 형태로 '주어가 ~을 (능동적으로) 행하다'라는 의미를 표현할 때 씁니다. 이때 주어와 동사 사이에는 '능동'의 관계가 성립됩니다.

The lady cleans the office every morning. 그 여자는 매일 아침 사무실을 청소한다.

They broke the rules. 그들이 규칙을 어겼다.

◆ 수동태

수동태는 「주어+be동사+과거분사(p.p.)+by 행위자(목적격)」의 형태로 '주어가 (행위자)에 의해 ~이 되었다'라는 의미를 나타낼 때 씁니다. 이때 주어와 동사의 사이에는 '수동'의 관계가 성립됩니다.

The lady cleans the office every morning. (능동태)

The office is cleaned by the lady every morning. (수동태)

A 주어진 우리말에 맞게 괄호 안에서 알맞은 표현을 고르세요. 정답 및 해설 p.022

1 그 보고서는 나의 상사에 의해 검토된다. The report (reviews / is reviewed) by my boss.

2 그들은 한 달에 한 번 회의를 연다. They (are held / hold) a conference once a month.

3 사무실의 모든 창문이 깨져 있다. All the windows in the office (break / are broken).

4 그 도서 박람회는 매년 독일에서 열린다.
The book fair (takes / is taken) place in Germany every year.

5 새로운 소프트웨어는 그 팀에 의해 정기적으로 설치된다.
A new software (install / is installed) regularly by the team.

6 일년에 한 번 편지가 회장에 의해 모든 직원에게 보내진다.
A letter (sends / is sent) to all the employees by the president once a year.

B 주어진 우리말을 참고하여 빈칸에 들어갈 알맞은 표현을 고르세요.

1 Any news related to my company ________ on the bulletin board every week.
우리 회사와 관련된 뉴스는 매주 게시판에 게시된다.

Ⓐ posts Ⓑ posted Ⓒ is posted Ⓓ are posted

2 Computer technicians ________ the program on a regular basis.
컴퓨터 기술자들이 정기적으로 프로그램을 설치한다.

Ⓐ install Ⓑ is installed Ⓒ are installed Ⓓ installing

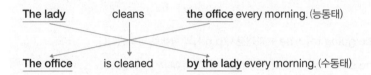

II 현재 · 과거 · 미래의 수동태

◆ 현재 시제의 수동태

현재 시제의 수동태는 「be동사의 현재형(am / is / are) + 과거분사(p.p.)」의 형태로 나타냅니다.

The memo **is sent** to all employees. 그 회람은 모든 직원에게 보내진다.

The computers **are checked** by the technician. 그 컴퓨터들은 그 기술자에 의해 점검된다.

◆ 과거 시제의 수동태

과거 시제의 수동태는 「be동사의 과거형(was / were) + 과거분사(p.p.)」의 형태로 나타냅니다.

The job **was advertised** on the paper. 그 일자리는 신문에 광고되었다.

The reports **were reviewed** by the manager. 그 보고서들은 부장에 의해 검토되었다.

◆ 미래 시제의 수동태

미래 시제의 수동태는 「will[be going to] + be + 과거분사(p.p.)」의 형태로 나타냅니다.

The sales meeting **will be held** next week. 영업 회의가 다음 주에 열리게 될 것이다.

They **are going to be hired** soon. 그들은 곧 고용될 것이다.

A 우리말을 참고하여 제시된 단어를 알맞은 수동태 바꾸어 문장을 완성하세요. 정답 및 해설 p.023

1 그 프로젝트는 연기되었다. (postpone) The project ______________.

2 사무실이 내일 청소될 것이다. (clean) The office ______________ tomorrow.

3 많은 관심이 그 프로젝트에 기울여진다. (pay) A lot of attention ______________ to the project.

4 그것 때문에 회사 내에서 많은 변화들이 일어날 것이다.
(make) Many changes ______________ in the office because of it.

5 직원 안내서는 모든 신입사원들에게 배부된다.
(distribute) The employee handbook ______________ to all newcomers.

6 7번가의 건설 작업은 다음 주 금요일까지 완료될 것이다.
(complete) The construction work on Seventh Avenue ______________ by next Friday.

B 굵은 글씨로 된 부분에 주의하여 다음 빈칸에 알맞은 표현을 고르세요.

1 An agreement ________ at the meeting **last week.**

agreement 합의; 협약

Ⓐ made Ⓑ are made Ⓒ was made Ⓓ makes

2 The assistant position ________ **no later than next month.**

assistant position 조수 직 fill 채우다 no later than~ 늦어도 ~까지

Ⓐ will be filled Ⓑ be filled Ⓒ was filled Ⓓ filled

III 조동사의 수동태와 완료 수동태

◆ 조동사의 수동태

조동사의 수동태는 「조동사 + be + 과거분사(p.p.)」의 형태입니다. 조동사 다음에는 반드시 be동사의 원형인 be를 쓴다는 것에 유의해야 합니다.

A decision **should be made** right away. 결정이 당장 내려져야 한다.

The problem **will be taken** care of by us. 그 문제는 우리에 의해 처리될 것이다.

◆ 현재완료의 수동태

현재완료의 수동태는 「have[has] been + 과거분사(p.p.)」의 형태로 나타냅니다.

More than ten applications **have been reviewed** so far. 지금까지 10개 이상의 지원서가 검토되었다.

The photo **has been taken** by an amateur photographer. 그 사진은 아마추어 사진작가에 의해 찍혔다.

A 주어진 우리말을 참고하여 밑줄 친 부분을 올바르게 고치세요. 정답 및 해설 p.023

1 그 제안서는 수요일까지 검토되어야 한다.
The proposal <u>has to review</u> by Wednesday. ____________

2 그 행사는 폭우 때문에 취소될 수도 있다.
The event <u>may canceled</u> due to the heavy rain. ____________

3 그 문제는 큰 어려움 없이 처리되었다.
The problem <u>has taken care of</u> without much difficulty. ____________

4 지금까지 수백 통의 격려 편지가 우리에게 보내졌다.
Hundreds of encouraging letters <u>send</u> to us so far. ____________

5 그 제품은 10년 이상 젊은 사람들에게 사랑을 받아 왔다.
The product <u>loved</u> by young people for more than 10 years. ____________

6 고객님의 주문을 처리하기 위해서는 주문서가 사무실로 제출되어야 합니다.
The order form <u>should is submitted</u> to the office to process your order. ____________

B 굵은 글씨로 된 부분에 주의하여 빈칸에 들어갈 알맞은 표현을 고르세요.

1 Many modifications ________ to the report **so far**. modification 수정 so far 지금까지

Ⓐ made Ⓑ is made Ⓒ have been made Ⓓ has been made

2 A new secretary **ought to** ________ right away. ought to ~해야 한다 right away 당장

Ⓐ hiring Ⓑ hire Ⓒ is hired Ⓓ be hired

IV 4형식과 5형식의 수동태

◆ 4형식의 수동태

목적어가 2개인 4형식의 문장은 두 종류의 수동태 문장을 만들 수 있습니다. 직접목적어가 수동태의 주어로 쓰일 때는 간접목적어 앞에 to나 for 같은 전치사가 붙습니다.

They **offered** (동사) me (간접목적어) a managerial position. (직접목적어) 그들은 나에게 관리직을 제의했다.

→ I **was offered** a managerial position by them. [간접목적어가 수동태 문장의 주어가 되는 경우]
나는 그들에게 관리직을 제의 받았다.

→ A managerial position **was offered** ***to*** me by them. [직접목적어가 수동태 문장의 주어가 되는 경우]
관리직은 그들에 의해 나에게 제의되었다.

◆ 5형식의 수동태

5형식 문장에서는 목적어를 수동태 문장의 주어로 만들고, 목적격보어 부분을 동사 뒤에 씁니다.

They **called** (동사) it (목적어) a failure. (목적격보어) 그들은 그것을 실패라고 불렀다.

→ It **was called** a failure by them. 그것은 그들에 의해 실패라고 불려졌다.

We **asked** (동사) the applicant (목적어) to speak (목적격보어) in English. 우리는 그 지원자에게 영어로 말해달라고 요청했다.

→ The applicant **was asked** to speak in English by us. 그 지원자는 우리에게 영어로 말할 것을 요청 받았다.

A 주어진 우리말에 맞게 괄호 안의 단어들을 알맞게 배열하세요. 정답 및 해설 p.024

1 무료 선물이 모든 고객에게 주어졌다. (all, a free gift, to, was given, the customers)

____

2 그들은 회의실에서 나가달라는 요청을 받았다. (they, to leave, the conference room, were asked)

____

3 그 제품은 아이들에게 메가테크라고 불린다. (MegaTech, the product, young children, by, is called)

____

4 공식 서한이 모든 참가자들에게 발송될 것이다. (will, an official letter, all, to, be sent, the participants)

____

B 주어진 우리말을 참고하여 빈칸에 들어갈 알맞은 표현을 고르세요.

1 Some of the part-timers ________ to leave the company. 몇몇 시간제 근로자들은 퇴사 요청을 받았다.

Ⓐ is asked Ⓑ were asked Ⓒ asked Ⓓ ask

2 A few days ago, the package ________ to us by the mailman. 소포는 며칠 전에 우체부에 의해 배달되었다.

Ⓐ is delivered Ⓑ delivered Ⓒ delivers Ⓓ was delivered

V 주의해야 할 수동태 표현

다음은 토익 시험에 자주 출제되는 수동태 관련 표현이므로 잘 외워두도록 합시다.

be interested in ~에 흥미를 갖다	be engaged in ~에 종사하다
be covered with ~로 덮여 있다	be faced with ~에 직면하다
be filled with ~로 가득 차다	be confused with ~에 대해 혼동되다
be satisfied with ~에 만족하다	be accustomed to ~에 익숙하다
be pleased with ~에 기뻐하다, ~에 만족하다	be involved in ~에 연루되다
be dedicated to ~에 전념하다	be related to ~에 관련되다
be devoted to ~에 전념하다[헌신하다]	be committed to ~에 헌신하다[전념하다]

The customers **are** not **satisfied with** the quality of the product.
소비자들은 그 제품의 품질에 만족하지 않는다.

The management seems to **be pleased with** the outcomes. 경영진은 성과에 만족하고 있는 것 같다.

A 주어진 우리말에 맞게 괄호 안에서 알맞은 것을 고르시오.

정답 및 해설 p.024

1 우리는 경제적 어려움에 직면해 있다. We are faced (with / of / in) some economic difficulties.

2 그들은 새로운 프로그램을 개발하는 데 전념하고 있다.
They are dedicated (at / to / with) developing a new program.

3 이 일은 그의 실수와는 관계가 없다. This matter is not related (about / of / to) his mistake.

4 야마모토 씨는 범죄에 연루되어 있다. Mr. Yamamoto is involved (to / by / in) the crime.

5 그 대리점은 더 많은 컨설턴트를 고용하는 데 관심을 가졌다.
The agency was interested (at / in / with) hiring more consultants.

6 회의실은 새로 고용된 직원들로 가득 차 있다.
The conference room is filled (of / with / in) newly hired employees.

B 주어진 우리말을 참고하여 빈칸에 들어갈 알맞은 표현을 고르시오.

1 The new employee is not accustomed ________ working with lots of people.
그 새로운 직원은 많은 사람들과 일하는 데 익숙하지 않다.

Ⓐ about Ⓑ to Ⓒ with Ⓓ in

2 We are committed ________ providing high-quality service to our customers.
우리는 고객들에게 고품격 서비스를 제공하는 일에 전념하고 있다.

Ⓐ to Ⓑ with Ⓒ in Ⓓ of

꼭 외워야 할 **토익 필수 어휘**

동사 3

A 굵은 글씨로 쓰인 단어의 우리말 뜻을 고르세요.

1 **announce** a plan	계획을 (ⓐ 발표하다 ⓑ 미루다)
2 **participate** in a seminar	세미나를 (ⓐ 취소하다 ⓑ 참석하다)
3 **renovate** a hotel	호텔을 (ⓐ 건설하다 ⓑ 보수 공사하다)
4 **cancel** a meeting	미팅을 (ⓐ 취소하다 ⓑ 미루다)
5 **recharge** batteries	배터리를 (ⓐ 재충전하다 ⓑ 바꾸다)
6 **refrain** from taking photos	사진 찍는 것을 (ⓐ 허락하다 ⓑ 금하다)
7 **hesitate** to call	전화하는 것을 (ⓐ 꺼리다 ⓑ 좋아하다)
8 **facilitate** language learning	언어 학습을 (ⓐ 방해하다 ⓑ 촉진하다)

정답 1ⓐ 2ⓑ 3ⓑ 4ⓐ 5ⓐ 6ⓑ 7ⓐ 8ⓑ

B 주어진 우리말 뜻이 되도록 알맞은 단어를 찾아 쓰세요.

relocate	evaluate	address	enclose

1 성과[실적]를 **평가하다**	________ a performance
2 사무실을 **이전하다**	________ the office
3 수표를 **동봉하다**	________ a check
4 문제를 **해결하다**	________ the issue

examine	replace	reach	summarize

5 제품을 **검사하다**	________ the product
6 부품을 **교체하다**	________ parts
7 결론에 **다다르다**	________ a conclusion
8 강의를 **요약하다**	________ a lecture

정답 1 evaluate 2 relocate 3 enclose 4 address 5 examine 6 replace 7 reach 8 summarize

토익 실전 연습

Part 5 다음 빈칸에 알맞은 표현을 고르세요.

1. Several mistakes ------- in the sales report.
(A) were found
(B) found
(C) find
(D) be found

sales report 판매 보고서

2. When Mr. Clark was faced ------- the evidence, he had to admit his guilt.
(A) in
(B) from
(C) with
(D) on

be faced with ~에 직면하다
admit 인정하다
guilt 유죄

3. The annual conference ------- in the Chicago Convention Center.
(A) holding
(B) holds
(C) is held
(D) to hold

annual conference 연례 회의

4. A new messenger will ------- within a couple of weeks.
(A) be hired
(B) is hired
(C) hires
(D) hire

5. This marketing position ------- at least two years of experience in a related field.
(A) require
(B) requiring
(C) requires
(D) is required

at least 적어도
related field 관련 분야

6. The training is going to ------- place in the seminar room at 1:00 P.M.
(A) took
(B) is taken
(C) taking
(D) take

training 훈련, 교육

7. The Clark Consulting Group is dedicated ------- helping public sector organizations.
(A) to
(B) within
(C) of
(D) in

be dedicated to ~에 헌신하다
organization 기구, 조직

8. Many changes ------- to the construction plan because the president did not like it.
(A) have made
(B) have been made
(C) made
(D) are made

construction plan 건설 계획
president 사장, 회장

9. The president ------- after he had worked for the company for 30 years.
(A) retired
(B) retiring
(C) was retired
(D) retirement

retire 퇴임하다, 은퇴하다

10. Office supplies ------- to your office sometime next week.
(A) delivered
(B) will deliver
(C) delivering
(D) will be delivered

office supplies 사무 용품

11. Some customers are not accustomed ------- returning their purchase online.
(A) in
(B) with
(C) to
(D) at

purchase 구매

12. The company technicians ------- to fix the broken computers.
(A) asks
(B) is asking
(C) was asking
(D) were asked

technician 기술자
fix 고치다, 수리하다
broken 고장 난

13. The R&D team is going to ------- the new product.
(A) examine
(B) relocate
(C) solve
(D) refrain

R&D team 연구 개발팀

14. We need to discuss it in detail before we ------- any kind of conclusion.
(A) replace
(B) quit
(C) reach
(D) fill

discuss 토의하다, 논의하다
in detail 자세히
conclusion 결론

Part 6 지문을 읽고 빈칸에 들어갈 가장 적절한 말을 고르세요.

Questions 15-18 refer to the following invitation.

Franco Films, Inc.

2341 Port Avenue, Seattle

In a few weeks, Franco Films -------(15.) its new feature film, *The Hours*, starring Nicolas Simmons. This is his first appearance on screen in 10 years.

The preview of the movie is solely for close friends and VIP guests of Franco Films. It -------(16.) on December 24, at 7:00 P.M. at the Hyatt Regency Club.

-------(17.). Enclosed is your ticket, which you need for -------(18.). After the showing, refreshments and a lucky draw will follow.

release 개봉하다 appearance 출현, 나타남 preview 시사회 enclose 동봉하다 admission 입장 showing 상영 refreshment 다과 lucky draw 경품 추첨

15. (A) releases
(B) is released
(C) will release
(D) will be released

16. (A) hold
(B) be held
(C) will hold
(D) will be held

17. (A) Your comment and suggestions about the showing are welcome.
(B) You are cordially invited to attend this special preview.
(C) Free tickets are no longer available for VIP guests.
(D) The date and venue for this event have not been confirmed yet.

18. (A) submission
(B) admission
(C) supervision
(D) appreciation

Grammar
Step UP!

주의해야 할 「수동태 + to 동사원형」 표현

다음의 「수동태 + to 동사원형」 표현은 토익 시험에 자주 출제되므로 꼭 기억해 둡시다.

be asked to ~하도록 요청을 받다	be required to ~하라고 요구를 당하다
be allowed to ~하도록 허락을 받다	be advised to ~하라고 충고를 듣다
be scheduled to ~하도록 예정되다	be reminded to ~하도록 상기되다
be forced to ~하도록 강요당하다	be expected to ~할 것으로 예상되다[기대되다]
be told to ~하라는 말을 듣다	be intended to ~하도록 의도되다
be supposed to ~하기로 되어 있다	be encouraged to ~하도록 장려되다

They **were forced to** leave the company. 그들은 회사를 그만두도록 강요당했다.

You are **not allowed to** use the computer. 당신은 컴퓨터를 사용할 수 없습니다.

They **were told to** attend the seminar. 그들은 세미나에 참석하라는 얘기를 들었다.

The event **is scheduled to** take place next month. 그 행사는 다음 달에 열릴 예정이다.

Let's Check! 다음 우리말에 맞게 빈칸에 알맞은 말을 쓰세요. 정답 p.027

1. 참가자들은 호텔을 직접 예약하도록 요청 받았다.
Participants ____________________ make hotel reservations themselves.

2. 행사는 1시간 후에 시작할 예정이다.
The event ____________________ start in an hour.

3. 영업사원들이 곧 도착할 것으로 예상된다.
The sales representatives ____________________ arrive soon.

4. 회장님이 여기에 오시기로 되어 있다.
The president ____________________ be here.

Unit 06

to부정사

Overview

to부정사 to-infinitive

'to부정사'를 준동사라고 합니다. 준동사란 말 그대로 '**동사에 준한다**'는 뜻으로, 동사는 아니지만 동사가 지니는 성질을 그대로 유지합니다. to부정사, 동명사, 분사를 준동사라고 하며, 셋 다 동사로부터 만들어졌지만 동사가 아닌 다른 품사의 역할을 합니다.

to부정사는 「to + 동사원형」의 형태로 쓰이며, 명사와 형용사, 부사의 역할을 합니다.

➤ To go on a trip is always fun. (주어: 여행을 가는 것)
명사적 용법
여행을 가는 것은 언제나 즐겁다.

➤ Can I get you something to drink? (something을 꾸미는 형용사 역할)
형용사적 용법
뭐라도 마실 것을 갖다 드릴까요?

➤ You should study hard to pass the exam. (동사 study를 수식. '목적'을 나타냄)
부사적 용법
시험에 합격하려면 열심히 공부해야 한다.

I to부정사의 명사적 용법

◆ to부정사란?

to부정사는 준동사로, 「to + 동사원형」의 형태를 가지며, 문장에서 동사가 아닌 명사, 형용사, 부사의 역할을 합니다.

The CEO decided **to go** on a business trip. (to부정사) 그 CEO는 출장을 가기로 결정했다.

cf. The CEO **goes** on a business trip every month. (동사) 그 CEO는 매달 출장을 간다.

◆ to부정사의 명사적 용법

to부정사는 문장 내에서 명사의 역할을 할 수 있습니다. 즉 주어, 목적어, 주격보어, 목적격보어의 역할을 하고 '~하는 것, ~하기'로 해석합니다. to부정사가 주어로 쓰일 때는 단수 동사가 옵니다.

주어	**To recruit** good employees is difficult. 좋은 직원들을 채용하는 것은 어렵다.
목적어	She wants **to quit** her job. 그녀는 일을 그만두기를 원한다.
주격보어	The goal is **to increase** sales. 목표는 매출을 올리는 것이다.
목적격보어	He advised me **to apply** for the job. 그는 내게 그 일에 지원하라고 충고했다.

A 문장을 해석하고, 밑줄 친 to부정사가 어떤 역할을 하는지 쓰세요.

정답 및 해설 p.027

1 To succeed in finding a job is not easy. — succeed (in) 성공하다

_______________ 역할: _______________

2 The manager encourage the employees to work hard. — encourage 격려하다, 장려하다

_______________ 역할: _______________

3 My dream is to work for the HD Corporation.

_______________ 역할: _______________

4 The manager wanted to interview three applicants. — applicant 지원자

_______________ 역할: _______________

5 Jean helped me to complete the report. — complete 완성하다, 끝마치다

_______________ 역할: _______________

B 주어진 우리말을 참고하여 빈칸에 들어갈 알맞은 표현을 고르세요.

1 The SL Company needs __________ more people. SL 사는 더 많은 사람을 고용할 필요가 있다.

Ⓐ to hire Ⓑ hire Ⓒ to hiring Ⓓ hired

2 The purpose of the meeting is __________ the issue. 회의의 목적은 그 사안을 논의하기 위함이다.

Ⓐ discussion Ⓑ discuss Ⓒ to discuss Ⓓ discussed

II to부정사의 형용사적/부사적 용법

◆ to부정사의 형용사적 용법

to부정사는 형용사처럼 명사를 뒤에서 수식할 수 있습니다. 해석은 '~하는, ~할'로 합니다.

He has a lot of ***work* to do.** 그에게는 해야 할 많은 일이 있다.

Ms. Smith has a ***business call* to make.** 스미스 씨는 업무상 전화를 걸어야 한다.

◆ to부정사의 부사적 용법

to부정사는 문장에서 부사 역할을 하며 목적, 감정의 원인, 판단의 근거, 결과의 의미 등을 나타냅니다.

목적	**To pass** the bar exam, Steve studied hard. 변호사 시험에 합격하기 위해서 스티브는 열심히 공부했다.
감정의 원인	We were very pleased **to hear** the news. 우리는 그 소식을 들어서 매우 기뻤다.
판단의 근거	The owner must be stupid **to say** such a thing. 그런 말을 하다니 그 주인은 어리석은 게 틀림 없다.
결과	The boss advised her only **to offend** her. 상사는 그녀에게 충고했다가 그녀의 마음만 상하게 했다.

A 문장을 해석하고, 밑줄 친 to부정사의 용법을 쓰세요. 정답 및 해설 p.027

1 They made a plan to visit the office in Chicago.

_______________ 용법: _______

2 He exercises regularly to keep in shape. keep in shape 몸매를 유지하다

_______________ 용법: _______

3 The first thing to do is to have a meeting with the staff. staff 직원

_______________ 용법: _______

4 I am so glad to hear the news.

_______________ 용법: _______

5 The company downsized the workforce only to decrease its productivity. workforce 인력, 직원

_______________ 용법: _______

B 주어진 우리말을 참고하여 빈칸에 들어갈 알맞은 표현을 고르세요.

1 Mr. Kim worked hard _______ a promotion. 김 씨는 승진하기 위하여 열심히 일했다.

Ⓐ to get Ⓑ getting Ⓒ got Ⓓ get

2 All the staff members were surprised _______ the bad news. 모든 직원들은 그 나쁜 소식을 듣고 매우 놀랐다.

Ⓐ heard Ⓑ hear Ⓒ hearing Ⓓ to hear

III to부정사의 의미상의 주어 · 부정

◆ to부정사의 의미상의 주어

문장의 주어와 to부정사의 주어가 일치하지 않을 경우, to부정사의 의미상의 주어를 따로 표시합니다. 일반적으로 to부정사 바로 앞에 「for + 목적격」으로 나타냅니다. (의미상의 주어가 일반인일 경우는 흔히 생략합니다.)

It is impossible **for us** to read her handwriting. 그녀의 손 글씨를 우리가 읽는 것은 불가능하다.

단, 감정이나 사람에 대한 평가를 나타내는 형용사(kind, nice, smart, silly, foolish)가 나올 경우,「of + 목적격」으로 표시합니다.

It is so ***nice*** **of you** to visit us. 저희를 방문해 주시다니 참 친절하시군요.

◆ to부정사의 부정

to부정사의 부정은 to부정사 앞에 not을 넣습니다.

The management decided **not *to expand*** the business. 경영진은 사업을 확장하지 않기로 결정했다.

A 주어진 우리말에 맞게 괄호에서 알맞은 표현을 고르세요.

정답 및 해설 p.027

1 가난한 사람들을 도와주다니 친절하시군요.
It is very kind (you / of you) to help the poor.

2 한국 사람들이 영어를 배우는 것은 어렵다.
It is difficult (for Koreans / of Koreans) to learn English.

3 내 상사는 나에게 직장에 늦지 말라고 말했다.
My boss told me (to be not / not to be) late for work.

4 제프가 그 제의를 재고하다니 참 현명하구나.
It is wise (by Jeff / of Jeff) to reconsider the offer.

5 존슨 씨가 그 질문에 대답하는 것은 쉽지 않다.
It is not easy (for Mr. Johnson / of Mr. Johnson) to answer the question.

6 당신의 직무 능력을 향상시키기 위해 그 강좌에 등록하는 것이 좋다.
It is good (for you / in you) to sign up for the course to improve your job skills.

B 주어진 우리말을 참고하여 빈칸에 들어갈 알맞은 표현을 고르세요.

1 It is dangerous for workers __________ safety gear. 작업자들이 안전 장비를 착용하지 않는 것은 위험하다.

Ⓐ not wear   Ⓑ to not wear   Ⓒ not to wear   Ⓓ to wear not

2 It was difficult __________ to explain the reasons for the decision.
그 결정의 이유를 설명하는 것은 그에게는 어려운 일이었다.

Ⓐ him   Ⓑ of him   Ⓒ as him   Ⓓ for him

Ⅳ to부정사를 취하는 동사 · 명사 · 형용사

◆ to부정사를 취하는 동사

want to V ~하기를 원하다	refuse to V ~하기를 거절하다	wish to V ~하기를 바라다	manage to V ~하는 것을 해내다
hope to V ~하기를 희망하다	propose to V ~하기를 제안하다	offer to V ~하는 것을 제공하다	ask to V ~하는 것을 요청하다
plan to V ~하기로 계획하다	expect to V ~하기를 기대하다	need to V ~하는 것이 필요하다	decide to V ~하기를 결정하다
fail to V ~하지 못하다	afford to V ~을 할 여유가 있다	agree to V ~하는 것을 동의하다	promise to V ~하기를 약속하다

◆ to부정사를 취하는 명사

ability to V ~할 능력	plan to V ~할 계획	time to V ~할 시간	chance/opportunity to V ~할 기회
right to V ~할 권리	effort to V ~할 노력	way to V ~할 방법	decision to V ~할 결정

◆ to부정사를 취하는 형용사

be able to V ~할 수 있다	be willing to V 기꺼이 ~하다	be pleased to V ~하니 기쁘다	be easy/difficult to V ~하기 쉽다/어렵다
be eager to V 매우 ~하고 싶다	be likely to V ~할 것 같다	be about to V 막 ~하려고 하다	be ready to V ~할 준비가 되다

Ⓐ 주어진 우리말을 참고하여 빈칸에 각 단어의 알맞은 형태를 쓰세요.

정답 및 해설 p.028

1 그 CEO는 계약서에 사인하는 것에 동의했다.
(sign) The CEO agreed ________ the contract.

2 당신은 검사 항목을 검토할 시간을 가지셔도 좋습니다.
(review) You can take your time ________ the checklists.

3 이자율은 1사분기에 상승할 것 같다.
(increase) The interest rates are likely ________ in the first quarter.

Ⓑ 굵은 글씨로 된 부분에 주의하여 빈칸에 들어갈 알맞은 표현을 고르세요.

1 We **are eager** ________ you and to talk about the issue.

Ⓐ to meet　Ⓑ meeting　Ⓒ meet　Ⓓ met

2 I don't think many people will have a **chance** ________ for the job.

Ⓐ for applying　Ⓑ applying　Ⓒ to applying　Ⓓ to apply

V too ~ to / enough to

◆ too ~ to V

「too + 형용사/부사 + to부정사」는 '~하기에는 너무 …하다', '너무 ~해서 …할 수 없다'로 해석합니다.

This training program is **too *difficult*** for me **to follow**. 이 교육 프로그램은 내가 따라가기에 너무 어렵다.

These issues are **too *hard* to resolve**. 이 사안들은 너무 어려워서 해결할 수 없다.

◆ enough to V

「형용사/부사 + enough to부정사」는 '~할 수 있을 정도로 충분히 …하다'로 해석합니다.

The digital camera is ***easy* enough** for customers **to use**.
이 디지털 카메라는 고객들이 사용하기에 충분히 쉽다.

He is ***smart* enough to make** the right choice for the company.
그는 회사를 위해 옳은 결정을 내릴 만큼 충분히 똑똑하다.

A 우리말에 맞게 문장의 틀린 부분을 알맞게 고치세요. 정답 및 해설 p.028

1 그 제품은 내가 사기에는 너무 비싸다.
The product is too expensive for me buying. ____________________

2 스텔라는 승진 시험을 통과할 만큼 충분히 영리하다.
Stella is enough clever to pass the promotion test. ____________________

3 나는 그녀가 그 문제를 처리할 수 있을 정도로 충분히 강하다고 생각한다.
I think she is strong enough handling the problem. ____________________

4 그 후보는 대통령으로 선출되기에는 너무 오만했다.
The candidate was too arrogant be elected president. ____________________

5 회의에 참가하기에는 우리가 너무 피곤했다.
We were tired too to attend the conference. ____________________

6 잭은 미국에서 우수한 기업들 중 하나에 들어갈 수 있을 정도로 충분히 똑똑하다.
Jake is smart enough getting a job at one of the top companies in the U.S.
____

B 굵은 글씨로 된 부분에 주의하여 빈칸에 들어갈 알맞은 표현을 고르세요.

1 This place is ***quiet* enough** for the staff __________ on the project. quiet 조용한 staff 직원(들)

Ⓐ work Ⓑ works Ⓒ worked Ⓓ to work

2 This year's sales target was ***too* high** for us __________. sales target 매출 목표 achieve 달성하다

Ⓐ achieve Ⓑ achieving Ⓒ to achieve Ⓓ to be achieved

동사 어구

A 다음 표현의 우리말 뜻을 고르세요.

1 account for (ⓐ ~을 지지하다 ⓑ ~을 차지하다)

2 concentrate on (ⓐ ~에 집중하다 ⓑ ~을 포기하다)

3 remind A of B (ⓐ A가 B를 고소하다 ⓑ A에게 B를 상기시키다)

4 fill A with B (ⓐ A를 B로 채우다 ⓑ A와 B를 비교하다)

5 take advantage of (ⓐ 행동을 취하다 ⓑ ~을 이용하다)

6 inform A of B (ⓐ A에게 B를 숨기다 ⓑ A에게 B를 알리다)

7 get over (ⓐ 포기하다 ⓑ 극복하다)

8 comment on[about] (ⓐ ~에 대해 말하다 ⓑ ~에 대해 관찰하다)

정답 1ⓑ 2ⓐ 3ⓑ 4ⓐ 5ⓑ 6ⓑ 7ⓑ 8ⓐ

B 주어진 우리말 뜻이 되도록 알맞은 단어를 찾아 쓰세요.

look	prevent	bid	work

1 ~을 고대하다 ________ forward to

2 재택 근무하다 ________ from home

3 A가 ~하는 것을 막다 ________ A from doing

4 ~에 입찰하다 ________ for

take	apologize	deal	take

5 조치를 취하다 ________ steps

6 ~을 다루다[처리하다] ________ with

7 ~을 교대로 하다 ________ turns

8 ~에 대해 사과하다 ________ for

정답 1 look 2 work 3 prevent 4 bid 5 take 6 deal 7 take 8 apologize

토익 실전 연습

Part 5 다음 빈칸에 알맞은 표현을 고르세요.

1. We called the mall ------- out whether the products were sold out.

(A) to finding
(B) for finding
(C) to find
(D) find

whether ~인지 아닌지
sold out 품절된, 매진된

2. Mr. Taylor has the ability ------- people.

(A) persuading
(B) persuade
(C) to persuade
(D) persuasion

persuade 설득하다
ability 능력

3. All the participants are asked ------- out an application form.

(A) fill
(B) filled
(C) filling
(D) to fill

participant 참가자
application form 지원서

4. Ms. Watson tried hard to help the customer only ------- her.

(A) upset
(B) have upset
(C) upsetting
(D) to upset

upset 화나게 하다

5. ------- sales, we decided to advertise our products in the local newspapers.

(A) Increase
(B) Increasing
(C) Increased
(D) To increase

advertise 광고하다
local newspaper 지역 신문

6. Our new product has failed ------- more customers.

(A) to attract
(B) attract
(C) attracting
(D) to be attracted

7. The company made every effort ------- customer satisfaction.
(A) boost
(B) boosting
(C) to boost
(D) for boosting

make an effort ~하려고 노력하다
customer satisfaction 고객 만족

8. I am pleased ------- you that the new fitness center has now opened.
(A) to inform
(B) inform
(C) to be informed
(D) information

9. The purpose of this meeting is ------- an agreement on our marketing strategy.
(A) to reach
(B) reach
(C) reached
(D) to reaching

reach an agreement 합의에 도달하다
strategy 전략

10. It is unfortunate that my coworker is never ready ------- me when I am in trouble.
(A) to help
(B) helping
(C) to be helped
(D) helped

unfortunate 불운한

11. You have the right ------- for a refund.
(A) asking
(B) to ask
(C) of asking
(D) ask

ask for 요청하다, 요구하다
right 권리 refund 환불

12. They tried to ------- the disease from spreading.
(A) deal
(B) comment
(C) prevent
(D) apologize

disease 질병
spread 퍼지다

13. Many companies took ------- of the recent rising oil prices to raise the prices of their products.
(A) point
(B) exposure
(C) advantage
(D) means

rising 올라가는, 오르는
raise 올리다

14. The manager is going to take ------- to deal with customer complaints.
(A) steps
(B) footsteps
(C) care
(D) look

deal with ~를 다루다
complaints 불만

Part 6 지문을 읽고 빈칸에 들어갈 가장 적절한 말을 고르세요.

Questions 15-18 refer to the following letter.

Dear Ms. Lorant

I am glad -------(15.) the information you requested regarding Craig Adler, who was a sales clerk at my store for 5 years.

Craig Adler worked with such great enthusiasm and energy, and he was always willing -------(16.) odd hours, including weekends and holidays. During the five years that he worked for us, he certainly proved himself to be a sincere and hardworking employee. -------(17.). I hope the information I provided here will help you make a better -------(18.).

Sincerely yours,

Loretta Cortland

Store manager

regarding ~에 관해서 enthusiasm 열정 be willing to ~ 기꺼이 ~하다 odd 특이한; 뜻밖의 certainly 확실히 prove 입증하다 sincere 성실한 hardworking 열심히 하는

15. (A) provide
(B) providing
(C) to provide
(D) to be provided

16. (A) work
(B) working
(C) to work
(D) worked

17. (A) I am uncertain that he will be a positive asset for your company.
(B) Please note that the information you requested is not correct.
(C) I can assure you that he is prepared to work with you.
(D) I hope you will consider applying for the job.

18. (A) decision
(B) notice
(C) announcement
(D) modification

Grammar
Step UP!

5형식 문장에서 목적격보어로서의 to부정사와 원형부정사

❶ to부정사를 목적격보어로 취하는 동사

5형식 구조에서 to부정사를 목적격보어로취하는 동사를 알아두도록 합시다.

want, would like, advise, allow, encourage, force, ask, order, tell, invite, require, expect	+ 목적어 + 목적격보어(to부정사)

Mr. Han **is expecting** me to attend the seminar. 한 씨는 내가 세미나에 참석하기를 바란다.

They **asked** him to wait outside. 그들은 그에게 밖에서 기다려달라고 부탁했다.

❷ 원형부정사(동사원형)를 목적격보어로 취하는 동사

사역동사와 지각동사는 5형식 구조에서 원형부정사를 목적격보어로 취합니다.

I **had** the mechanic fix my car. (사역동사)
나는 그 정비사에게 내 차를 고치게 했다.

My coworker **helped** me (to) finish the report. (준사역동사)
나의 동료는 내가 보고서를 끝내도록 도와 주었다.

I **saw** Jim talk with his boss yesterday. (지각동사)
나는 어제 짐이 자신의 상사와 이야기하는 것을 보았다.

Let's Check! 다음 밑줄 친 부분을 올바르게 고치세요.

정답 p.031

1. My boss made me to do the work.
   나의 상사는 나에게 그 일을 하도록 시켰다.
2. He listened to people to talk about their experiences.
   그는 사람들이 그들의 경험에 대해 이야기하는 것을 들었다.
3. They invited me coming to the party.
   그들은 나를 파티에 오라고 초대했다.
4. The president ordered us develop a new plan.
   회장님은 우리에게 새로운 기획을 세울 것을 지시했다.

Unit 07

동명사

Overview

동명사 Gerund

'동명사'는 「동사원형 + ing」의 형태로, 동사의 성질을 지니면서 명사의 역할을 합니다. 문장 내에서 주어, 목적어, 보어로 쓰입니다.

- **Making** (주어) a plan is important. 계획을 세우는 것은 중요하다.
- He enjoys **pointing** (목적어) out mistakes in my reports.
  그는 내가 작성한 보고서에 있는 실수들을 지적하는 것을 즐긴다.
- My hobby is **traveling** (보어) abroad. 나의 취미는 외국으로 여행하는 것이다.

동명사는 to부정사와 마찬가지로 준동사이기 때문에 동사적 성질도 가집니다. 따라서 동명사 뒤에 목적어가 나오기도 하고, 부사의 수식을 받기도 합니다.

- He enjoys answering **my questions** (목적어). 그는 내 질문에 답하는 것을 즐긴다.
- My vacation plans involve traveling **abroad** (부사).
  내 휴가 계획에는 외국으로 여행 가는 것이 포함된다.

I 동명사의 역할

동명사는 「동사원형 + ing」의 형태로, 문장에서 주어, 보어, 목적어 역할을 할 수 있습니다.

◆ 주어 역할을 하는 동명사

Working overtime is sometimes unnecessary. 초과 근무를 하는 것은 때때로 불필요하다.

Speaking English well will help you get a good job. 영어를 잘 구사하는 것은 좋은 직업을 얻는 데 도움이 될 것이다.

◆ 보어 역할을 하는 동명사

His concern is **expanding** his business quickly. 그의 관심사는 사업을 빨리 확장시키는 것이다.

◆ 목적어 역할을 하는 동명사

All of the employees ***enjoyed*** **participating** in the seminar. [동사의 목적어] 모든 직원들이 세미나 참석을 즐겼다.

Thank you ***for*** **answering** my question. [전치사의 목적어] 저의 질문에 답변해 주셔서 감사합니다.

Tip 동명사는 명사와 달리 바로 뒤에 목적어를 취할 수 있습니다.

Explaining the concept was hard. (O) 그 개념을 설명하는 것은 어려웠다.
Explanation the concept was hard. (X)

A 괄호 안에서 알맞은 표현을 고른 후, 문장 내에서 어떤 역할을 하는지 쓰세요. 정답 및 해설 p.031

1 They suggested (get / getting) a new office. ____________ suggest 제안하다

2 (Test / Testing) a new device is always fun. ____________ test 테스트하다, 검사하다 device 기기, 장치

3 (Solving / Solve) the problem took lots of time and money. ____________
solve 풀다 take 걸리다; 필요로 하다

4 You can make a reservation by (to call / calling) the hotel. ____________ make a reservation 예약하다

5 (Reduction / Reducing) the costs was more difficult than we had expected. ____________
cost 비용 expect 예상하다

B 주어진 우리말을 참고하여 빈칸에 들어갈 알맞은 표현을 고르세요.

1 Her job is ____________ phone calls from customers. 그녀의 일은 고객에게서 온 전화를 응대하는 것이다.

Ⓐ answered Ⓑ answering Ⓒ to answering Ⓓ answer

2 Many employees in the office are interested in ____________ medical checkups.
사무실의 많은 직원들이 건강 검진을 받는 데 관심이 있다.

Ⓐ get Ⓑ to get Ⓒ getting Ⓓ gotten

II 동명사를 목적어로 취하는 동사

◆ 반드시 동명사를 목적어로 취하는 동사

다음은 동명사를 목적어로 취하는 대표적인 동사들입니다. 이 동사들 다음에 동사를 쓸 때는 반드시 「동사원형 + ing」 형태로 써야 합니다.

enjoy 즐기다	deny 부정하다	practice 연습하다	postpone 미루다
mind 꺼리다, 싫어하다	avoid 피하다	suggest 제안하다	recommend 추천하다
consider 고려하다	risk 위험을 무릅쓰다	admit 받아들이다	give up 포기하다
finish 끝내다	keep 계속하다	miss 놓치다	put off 미루다

They are ***considering*** **renovating** the cafeteria. 그들은 구내식당을 보수하는 것에 대해 고려 중이다.

James ***suggested*** **getting** new office furniture. 제임스는 새로운 사무용 가구를 구입할 것을 제안했다.

A 다음 문장에서 틀린 부분을 찾아 문장을 올바르게 다시 쓰세요. 정답 및 해설 p.031

1 They put off to have a meeting. meeting 회의

______

2 Have you ever considered quit your job? quit 그만두다

______

3 I don't mind worked overtime. work overtime 초과 근무하다, 잔업하다

______

4 You should avoid to use cell phones while working. cell phone 휴대폰

______

5 The mayor kept to insist on increasing tax revenues. mayor 시장 tax revenue 세수

______

6 The technician suggested to get rid of a few computers in the office.

______

B 굵은 글씨로 된 부분에 주의하여 빈칸에 들어갈 알맞은 표현을 고르세요.

1 They **postponed** ______ a new branch in San Diego. postpone 미루다 branch 지사, 지부

Ⓐ open Ⓑ to open Ⓒ opened Ⓓ opening

2 The accounting team hasn't **finished** ______ up the proposal. get used to ~하는 데 적응하다

Ⓐ write Ⓑ wrote Ⓒ writing Ⓓ to write

III 자주 쓰이는 동명사 표현

다음은 토익 시험에 자주 출제되는 동명사 표현들이므로 반드시 외워두어야 합니다.

have difficulty V-ing ~하는 데 어려움을 겪다	cannot help V-ng ~하지 않을 수 없다
be busy V-ing ~하느라 바쁘다	look forward to V-ing ~하기를 고대하다
spend (time / money) V-ing ~하는 데 시간[돈]을 쓰다	be good at V-ing ~을 잘하다
there is no use V-ing ~해도 소용없다	be devoted to V-ing ~하는 데 헌신하다[전념하다]
be worth V-ing ~할 가치가 있다	be used to V-ing ~에 익숙하다
feel like V-ing ~하고 싶다	be accustomed to V-ing ~에 익숙하다

I ***had difficulty*** **finding** a firm to work at. 나는 근무할 회사를 찾는 데 어려움을 겪었다.

We ***look forward to*** **working** with you. 당신과 함께 일하게 될 것을 고대합니다.

He is not ***accustomed to*** **using** a smartphone. 그는 스마트폰을 사용하는 데 익숙하지 않다.

Ⓐ 주어진 우리말을 참고하여 괄호 안에서 알맞은 표현을 고르세요.

정답 및 해설 p.032

1 이 제안서는 읽을 가치가 있다.
This proposal is worth (to read / reading).

2 밖에 나가서 식사하고 싶나요?
Do you feel like (to go / going) out to eat?

3 이사님은 판매를 촉진하는 데 전념하고 있다.
The director is devoted to (promote / promoting) sales.

4 그 직원들은 인트라넷을 사용하는 데 익숙하지 않다.
The employees are not accustomed (to using / to use) the Intranet.

5 우리는 당신에게서 소식을 듣게 되기를 고대하고 있습니다.
We are looking forward to (hearing / hear) from you.

6 새 비서는 점심시간에 온라인 쇼핑을 하며 시간을 보낸다.
The new secretary spends her time (to shop / shopping) online at lunchtime.

Ⓑ 굵은 글씨로 된 부분에 주의하여 빈칸에 들어갈 알맞은 표현을 고르세요.

1 The team **is busy** ________ a new software program.

Ⓐ develop　Ⓑ to develop　Ⓒ developing　Ⓓ development

2 Mr. Smith **had difficulty** ________ used to the new working environment.

Ⓐ getting　Ⓑ to get　Ⓒ get　Ⓓ gotten

IV 동명사 · to부정사를 목적어로 취하는 동사

◆ 의미 변화 없이 동명사와 to부정사를 목적어로 취하는 동사

like	hate	start	can't stand
love	begin	continue	can't bear

They **started to** ***work*** on the project. / They **started** ***working*** on the project. 그들은 프로젝트에 착수했다.

◆ 동명사와 to부정사에 따라 의미가 달라지는 동사

	동명사 (동사원형 + ing)	to부정사 (to + 동사원형)
remember	~한 것을 기억하다	~할 것을 기억하다
forget	~한 것을 잊다	~할 것을 잊다
stop	~하는 것을 멈추다	~하기 위해 멈추다
try	시험 삼아 ~을 해보다	~하기 위해 애쓰다
regret	~했던 것을 후회하다	~하게 되어 유감이다

You should **remember** ***to mail*** this invitation before noon. 정오 전에 이 초대장을 부쳐야 한다는 것을 기억하세요.

I **remember** ***meeting*** the guy at the conference. 나는 그 남자를 학회에서 만났던 것을 기억한다.

A 밑줄 친 부분에 주의하여 다음 문장을 해석하세요. 정답 및 해설 p.032

1 Don't forget to submit the application form. application form 지원서

____

2 I forgot applying for the position, so I was surprised when they called me. surprised 놀란

____

3 I do not regret working at this company.

____

4 We regret to say that your proposal has been rejected after a careful review.

____

B 주어진 우리말을 참고하여 빈칸에 들어갈 알맞은 표현을 고르세요.

1 Please remember ________ all the windows before you leave the office.
사무실을 나가기 전에 창문을 모두 닫는 것을 기억해 주세요.

Ⓐ close Ⓑ closing Ⓒ closed Ⓓ to close

2 I do not regret ________ my previous job, and I am pleased with my current one.
나는 이전 직업을 그만둔 것을 후회하지 않고, 내 현재 직업에 만족하고 있다.

Ⓐ quit Ⓑ quitting Ⓒ to quit Ⓓ to quitting

꼭 외워야 할 **토익 필수 어휘**

동사 4

A 굵은 글씨로 쓰인 단어의 우리말 뜻을 고르세요.

1 **notify** of the changes	변경 사항을 (ⓐ 기록하다 ⓑ 알리다)
2 **seek** a solution	해결책을 (ⓐ 찾다 ⓑ 제시하다)
3 **resume** a meeting	회의를 (ⓐ 재개하다 ⓑ 중단하다)
4 **discontinue** the construction	건설을 (ⓐ 중단하다 ⓑ 연기하다)
5 **hold** a conference	회의를 (ⓐ 열다 ⓑ 준비하다)
6 **meet** a deadline	마감 기한을 (ⓐ 넘기다 ⓑ 맞추다)
7 **cause** a problem	문제를 (ⓐ 처리하다 ⓑ 일으키다)
8 **conduct** a survey	조사를 (ⓐ 취소하다 ⓑ 시행하다)

정답 1ⓑ 2ⓐ 3ⓐ 4ⓐ 5ⓐ 6ⓑ 7ⓑ 8ⓑ

B 주어진 우리말 뜻이 되도록 알맞은 단어를 찾아 쓰세요.

approve	schedule	purchase	refer

1 회의 **날짜를 잡다**	________ a meeting
2 제안서를 **승인하다**	________ a proposal
3 책을 **참고하다**	________ to a book
4 티켓을 **구매하다**	________ a ticket

install	adjust	provide	prohibit

5 당신에게 혜택을 **제공하다**	________ you with benefits
6 새로운 환경에 **적응하다**	________ to a new environment
7 새로운 프로그램을 **설치하다**	________ a new program
8 전화 사용을 **금하다**	________ from using a phone

정답 1 schedule 2 approve 3 refer 4 purchase 5 provide 6 adjust 7 install 8 prohibit

토익 실전 연습

Part 5 다음 빈칸에 알맞은 표현을 고르세요.

1. ------- the restaurant will attract more customers.

(A) Renovation

(B) Renovating

(C) Renovated

(D) To renovating

attract 끌다

2. Better Land Grocery specializes in ------- fresh fruits and vegetables to local customers.

(A) providing

(B) provision

(C) to provide

(D) provided

specialize in ~을 전문으로 하다
local 지역
customer 고객

3. The president suggested ------- a new staff lounge to better serve the employees.

(A) to build

(B) build

(C) built

(D) building

staff lounge 직원 휴게실
serve 시중 들다, 접대하다; 섬기다

4. I would like to thank all of you for ------- to this meeting on such short notice.

(A) come

(B) to come

(C) coming

(D) came

short notice 촉박한 통보

5. Mr. Carter has had difficulty ------- experienced research specialists since last month.

(A) find

(B) finding

(C) to find

(D) found

experienced 숙련된
research specialists 연구 전문가

6. Due to a drastic decrease in sales over the six months, we could not help ------- down two more branches.

(A) shut

(B) to shut

(C) shutting

(D) to be shut

drastic 극적인
cannot help -ing 하지 않을 수 없다

7. You can simply book your ticket by ------- our website or dropping by one of our stores.
(A) visits
(B) visiting
(C) visit
(D) to visit

book 예약하다
drop by 들르다

8. We regret ------- you that your application has been rejected.
(A) to tell
(B) told
(C) telling
(D) tells

application 지원
reject 거절하다

9. Earth Joy will stop ------- free shipping starting next Monday.
(A) offer
(B) offers
(C) offered
(D) offering

delivery 배달

10. ------- the number of security guards will hopefully reduce the chance of thefts.
(A) Increase
(B) Increasing
(C) Increased
(D) To increasing

security guard 경비원
theft 절도

11. Atlantis Co. strictly prohibits its employees from ------- an office phone for personal reasons.
(A) use
(B) to use
(C) used
(D) using

strictly 엄격하게
prohibit 금(지)하다

12. The company has considered ------- its branch to Boston for the past few weeks.
(A) relocation
(B) to relocate
(C) relocating
(D) relocated

relocate 이전하다

13. We are ------- a survey to find out what our customers think of their local marketplaces.
(A) conducting
(B) informing
(C) filling
(D) producing

14. The lifestyle in this country is so different that it may take some time to ------- to it.
(A) accustom
(B) refer
(C) postpone
(D) adjust

토익 실전 연습

정답 및 해설 p.032

Part 6 지문을 읽고 빈칸에 들어갈 가장 적절한 말을 고르세요.

Questions 15-18 refer to the following letter.

Dear Mr. Lee,

We are sorry that you are not completely satisfied with the fax machine you purchased from us. We finally finished -------(**15.**) the malfunctioning fax machine and found what caused the problem with it.

We will provide you with the replacement fax machine that you requested. We will deliver the replacement to your office -------(**16.**).

-------(**17.**). And, once again, we are sorry about any inconvenience this may have caused you. If you have any further inquiries or suggestions, please don't hesitate -------(**18.**) us.

Yours truly,

Mark Roan

completely 완전히 be satisfied with ~에 만족하다 purchase 구매하다 malfunctioning 제대로 작동하지 않는 replacement 대체(품) deliver 배달하다 inconvenience 불편함 inquiry 문의 hesitate 주저하다, 망설이다

15. (A) inspect
(B) to inspect
(C) inspecting
(D) inspected

16. (A) widely
(B) immediately
(C) effectively
(D) mostly

17. (A) Thank you for bringing this matter to our attention.
(B) I appreciate your offer to help us.
(C) The prices of the fax machines are not the same anymore.
(D) Please be patient until we find the replacements you requested.

18. (A) contact
(B) contacting
(C) to contact
(D) be contacting

동명사와 명사의 차이

❶ 동명사는 뒤에 목적어를 취할 수 있지만 명사는 목적어를 취할 수 없다.

동명사는 명사와 같은 역할을 할 수 있으며, 동사의 성질을 그대로 가지고 있기 때문에 목적어를 취할 수 있습니다.

Improvement the service was much more difficult than we had thought. (X)
명사 목적어

Improving the service was much more difficult than we had thought. (O)
동명사 목적어

서비스를 개선하는 것은 우리가 생각했던 것보다 훨씬 더 어려웠다.

하지만 뒤따르는 목적어가 없으면 동명사보다는 명사를 쓰는 것이 자연스럽습니다. 아래 예문처럼 confirm 뒤에 목적어가 없는 경우에는 명사형인 confirmation으로 쓰는 것이 적합합니다. 그러나 confirm 뒤에 목적어가 뒤따를 때는 동명사로 쓰는 것이 알맞습니다.

If you want to return the item, you should send us a written **confirmation**. (O)
물건의 반환을 원하시면 저희에게 서면 확인서를 보내셔야 합니다.

If you want to return the item, you should send us a written confirming. (X)

I had difficulty **confirming** my reservation. (O) 나는 예약을 확인하는 데 어려움을 겪었다.

I had difficulty confirmation my reservation. (X)

❷ 동명사 앞에는 관사가 올 수 없지만, 명사 앞에는 관사가 올 수 있다.

There has been ***a*** **decrease** in oil prices. (O) 석유 가격이 내려갔다. (decreasing: X)

Let's Check! 다음 괄호 안에서 알맞은 것을 고르세요.

정답 p.035

1. (Reducing / Reduction) unnecessary paperwork is required.
   불필요한 서류 작업을 줄이는 것이 필요하다.
2. They considered (development / developing) a new system.
   그들은 새로운 시스템의 개발을 고려해 보았다.
3. We all try hard to provide you with excellent (service / servicing).
   저희 모두는 여러분에게 훌륭한 서비스를 제공하기 위해 열심히 노력하고 있습니다.
4. They informed us of a (change / changing).
   그들은 변경 사항을 우리에게 알려주었다.

Unit 08

분사

Overview

분사 Participles

영어에서 '분사'는 동사의 성질을 지니면서 형용사의 역할을 합니다. 분사에는 현재분사와 과거분사가 있는데, 현재분사는 「동사원형 + ing」 형태이고, 과거분사는 「동사원형 + ed」 또는 불규칙적인 형태로 나타납니다.

- a **disappointing** result (현재분사의 명사 수식) 실망스러운 결과
- *newly* **released** products (과거분사의 명사 수식) 새로 출시된 제품들
  *newly 부사
- He stood **reading** the memo. (주격보어) 그는 회람을 읽으며 서 있었다.
  주어 동사 주격보어
  *the memo는 분사로서 reading의 목적어 역할을 한다.

앞에서 배운 to부정사, 동명사와 마찬가지로 분사도 준동사입니다. 따라서 동사적인 성질을 가지고 있기 때문에 뒤에 목적어가 나오기도 하고 부사의 수식을 받기도 합니다.

동명사와 현재분사의 차이

동명사와 현재분사는 둘 다 「동사원형 + ing」의 형태입니다. 「동사원형-ing + 명사」 형태가 a sleeping car (→ a car for sleeping)처럼 명사의 용도나 목적을 나타내는 역할을 하면 동명사이고, a sleeping man (→ a man who is sleeping)처럼 형용사의 역할을 하면 현재분사라는 사실을 알아두어야 합니다.

I 현재분사 & 과거분사

◆ 현재분사란?

현재분사는 「동사원형 + ing」의 형태로, 문장 내에서 명사의 앞이나 뒤에서 명사를 수식하거나 주어나 목적어의 의미를 보충 설명하는 보어로 쓰일 수 있습니다. 현재분사는 주로 '~하고 있는, ~하는'의 능동의 의미를 갖고 있습니다.

Look at the **dropping** ***sales figures***. [명사 수식] 떨어지고 있는 매출을 보세요.

My job is totally **boring**. [주격보어] 나의 직업은 정말 지루하다.

I saw ***Mr. Simpson*** **getting** into the president's office. [목적격보어] 나는 심슨 씨가 사장실로 들어가는 것을 보았다.

◆ 과거분사란?

과거분사는 「동사원형 + ed」 또는 불규칙적인 형태로, 명사의 앞이나 뒤에서 명사를 수식하거나 주어 및 목적어의 의미를 보충 설명하는 보어로 쓰일 수 있습니다. 과거분사는 주로 '~된, ~하여진'의 수동의 의미를 나타냅니다.

Here is a **detailed** ***schedule***. [명사 수식] 여기에 자세한 일정이 있습니다.

The sculptures **exhibited** here are not for sale. [명사 수식] 여기에 전시된 조각들은 판매용이 아니다.

The salesperson stood **surrounded** by customers. [주격보어] 그 판매원은 고객들에게 둘러싸여 서 있었다.

The man had ***the fax machine*** **fixed**. [목적격보어] 그 남자는 팩스기기가 고쳐지도록 했다.

A 주어진 우리말에 맞게 괄호 안에서 알맞은 분사를 고르세요. 정답 및 해설 p.035

1 첨부된 가격표를 참조해 주세요. Please refer to the (attached / attaching) price list.

2 그들은 제품에 경고 문구를 부착해야 한다.
They should put (warning / warned) labels on the products.

3 세미나가 끝난 후 우리는 모두 감명을 받았다.
After the seminar was over, we were all (impressed / impressing).

4 카탈로그에 실린 가격을 참고하세요.
Please refer to the prices (listing / listed) in the catalogue.

5 고객들은 우리 제품을 멋지다고 생각한다.
Customers found our products (fascinated / fascinating).

6 점점 더 많은 사람들이 온라인 쇼핑을 이용한다.
An (increasing / increased) number of people use online shopping.

B 주어진 단서를 참고하여 빈칸에 들어갈 알맞은 표현을 고르세요.

1 We are looking for __명사수식__ workers.

Ⓐ experience Ⓑ experiences Ⓒ experiencing Ⓓ experienced

2 The president ordered the meeting __목적격보어__.

Ⓐ cancel Ⓑ canceled Ⓒ canceling Ⓓ being canceled

II 주의해야 할 분사형 형용사

◆ 분사형 형용사란?

형용사 역할을 하다가 형용사로 품사가 바뀌는 분사를 분사형 형용사라고 합니다. 분사형 형용사에는 감정을 나타내는 형용사가 포함됩니다. 이 중 현재분사형 형용사는 '감정을 유발하는' 능동의 의미로 사물, 상황, 행위를 나타내는 표현과 같이 쓰입니다. 과거분사형 형용사는 '~으로 인해 감정을 느끼는' 수동의 의미로 사람과 짝지어져 사용됩니다. 다음은 대표적인 분사형 형용사입니다.

현재분사	과거분사
boring (영화나 책이) 지루한	bored (감정이) 지루함을 느끼는
exciting 흥분시키는, 신나는	excited 흥분된, 상기된
interesting 흥미로운	interested 흥미/관심이 있는
depressing 우울한, 침울하게 하는	depressed (감정이) 우울한
surprising 놀라운	surprised 놀란
encouraging 힘을 북돋아 주는	encouraged 격려를 받은
confusing 혼란스러운	confused (감정이) 혼란스러운
disappointing 실망스러운	disappointed 실망한, 실망감을 느낀
pleasing 즐거움을 주는	pleased 기쁜, 만족한

A 주어진 우리말을 참고하여 제시된 단어를 알맞은 분사형 형용사로 고치세요. 정답 및 해설 p.035

1 스티븐의 제안서는 실망스러웠다. (disappoint) Steven's proposal was ________.

2 관객들은 그 공연에 열광했다. (excite) The audience was ________ about the performance.

3 그들은 우리 제품에 만족했다. (please) They were ________ with our products.

4 사장은 조사 결과에 실망했다.
(disappoint) The chief executive was ________ with the survey results.

5 새로운 도로 체계가 시민들에게 혼란을 초래했다.
(confuse) The new road system was ________ to the citizens.

6 그 담당자들은 우리의 전자제품을 수입하는 데 관심이 있었다.
(interest) The representatives were ________ in importing our electronic goods.

B 주어진 단서에 주의하여 빈칸에 들어갈 알맞은 표현을 고르세요.

1 The customers are so ________ by the new ordering system. ordering system 주문 시스템
(The customers: 사람)

Ⓐ confusing Ⓑ confuse Ⓒ confused Ⓓ confusion

2 The market share was so ________ that we decided to take stronger action.
(The market share: 상황)

Ⓐ depress Ⓑ depressing Ⓒ depressed Ⓓ depression

III 분사구문

◆ 분사구문이란?

분사구문은 「접속사 + 주어 + 동사」로 이루어진 부사절을 간단하게 구로 만든 것입니다.

◆ 분사구문 만드는 방법

1단계	부사절 접속사를 생략한다.	~~Because~~ he is unemployed, he cannot support his family. 실직했기 때문에 그는 가족을 부양할 수 없다.
2단계	주어가 같을 경우 분사구문의 주어를 생략한다.	~~He~~ is unemployed, he cannot support his family.
3단계	동사원형에 -ing를 붙인다. Being을 생략할 수도 있다.	**Being unemployed**, he cannot support his family. **Unemployed**, he cannot support his family.

Tip 부사절에 나온 접속사의 의미를 명확하게 하고 싶은 경우, 접속사를 생략하지 않기도 합니다.

***When* applying** for the job, you should include at least three references.
그 일에 지원할 때는 적어도 세 부의 추천서를 포함시켜야 한다.

A 우리말을 참고하여 문장에 틀린 곳이 없으면 X표, 있으면 올바르게 고치세요. 정답 및 해설 p.035

1 그 건물에 들어갈 때는 적절한 신분증을 제시해야 한다.
Entered the building, you should present a proper form of identification. ______

2 양식을 보낼 때는, 동봉된 봉투에 넣어주세요.
When sending the form, please put it in the enclosed envelope. ______

3 분주한 지역에 위치해 있어서, 이 식당은 많은 사람들이 찾는다.
Locating in a busy area, this restaurant is visited by a lot of people. ______

4 부사장으로 승진되었을 때, 그는 연봉이 인상되었다.
When promoted to vice president, he got a pay raise. ______

5 매뉴얼에 설명된 것처럼, 이 제품은 컬러 프린터와 호환되지 않습니다.
As explaining in the manual, this product is not compatible with color printers. ______

6 연설을 할 때는 천천히, 분명하게 말해야 합니다.
Being giving a speech, you should speak slowly and clearly. ______

B 다음 문장의 의미를 잘 생각한 다음, 빈칸에 들어갈 알맞은 표현을 고르세요.

1 ______ from the USA, some books were seriously damaged. seriously 심각하게 damage 손상시키다

Ⓐ Delivery Ⓑ Deliver Ⓒ Delivered Ⓓ Being delivering

2 Before ______ on vacation, you should report it to the manager.

Ⓐ going Ⓑ go Ⓒ gone Ⓓ went

IV 분사 구문의 종류

◆ 분사구문의 종류

분사구문은 어떤 종류의 접속사가 생략되었는지에 따라 시간, 이유, 조건, 양보, 부대상황(동시 동작, 연속 동작)의 분사구문으로 나눌 수 있습니다.

분사구문의 종류	예문
이유	Because the items were delivered by air, they arrived quickly. 물건들이 항공으로 배달되었기 때문에 빨리 도착했다. = **(Being) Delivered by air**, the items arrived quickly.
시간	When he got the job offer, he hesitated to accept it. 그 일자리를 제안 받았을 때 그는 받아들이기를 망설였다. = **Getting the job offer**, he hesitated to accept it.
조건	If you follow the manual, you can use the machine. 매뉴얼대로 하면 그 기계를 쓸 수 있다. = **Following the manual**, you can use the machine.
양보	Although he is physically challenged, he is the best engineer in the company. 신체적 장애에도 불구하고 그는 그 회사에서 가장 뛰어난 기술자이다. = **Being physically challenged**, he is the best engineer in the company.
부대상황	As he drank coffee, he wrote the report. 커피를 마시며 그는 보고서를 썼다. = **Drinking coffee**, he wrote the report. [동시 동작] I turned on the computer and checked my e-mail first. 나는 컴퓨터를 켜고 이메일부터 확인했다. = **Turning on the computer**, I checked my e-mail first. [연속 동작]

Tip 주절의 주어와 분사구문의 동사와의 관계를 살피면 분사구문의 분사형을 파악할 수 있습니다. 주절의 주어와 분사구문의 동사가 능동의 관계이면 현재분사를, 수동의 관계이면 과거분사를 씁니다.

Ⓐ 다음 문장의 밑줄 친 부분을 알맞은 분사구문으로 고치세요.

정답 및 해설 p.036

1 Although he was promoted, he didn't get a raise. ______________

2 If you take a right turn, you will see Coit Tower. ______________

3 When you make a decision, you should think twice. ______________

4 As he looked around us, Mr. Spencer started the presentation. ______________

Ⓑ 주어진 우리말을 참고하여 빈칸에 들어갈 알맞은 표현을 고르세요.

1 When ________ the payment, you should present your order number.
결제할 때 주문 번호를 제시해야 합니다.

Ⓐ sent Ⓑ send Ⓒ sending Ⓓ sends

2 ________ in Spanish, the report is hard to understand. 스페인어로 작성되어서, 그 보고서는 이해하기 어렵다.

Ⓐ Write Ⓑ Writing Ⓒ Written Ⓓ To write

꼭 외워야 할 **토익 필수 어휘**

분사형 형용사

A 굵은 글씨로 쓰인 단어의 우리말 뜻을 고르세요.

1 **declining** sales (ⓐ 증가하는 ⓑ 감소하는) 판매

2 **existing** staff (ⓐ 기존의 ⓑ 신규) 직원들

3 **missing** documents (ⓐ 분실된 ⓑ 작성된) 문서

4 **experienced** workers (ⓐ 경력 있는 ⓑ 초보) 직원들

5 **qualified** applicants (ⓐ 자격을 갖춘 ⓑ 합격한) 지원자들

6 **written** permission (ⓐ 구두 ⓑ 서면) 허가

7 **complicated** procedures (ⓐ 단순한 ⓑ 복잡한) 절차

8 **extended** time (ⓐ 연장된 ⓑ 제한된) 시간

정답 1 ⓑ 2 ⓐ 3 ⓐ 4 ⓐ 5 ⓐ 6 ⓑ 7 ⓑ 8 ⓐ

B 주어진 우리말 뜻이 되도록 알맞은 단어를 찾아 쓰세요.

operating	limited	growing	promising

1 **유망한** 지원자 ________ candidate

2 **제한된** 시간 ________ time

3 **운영** 시간 ________ hours

4 **성장하는** 회사 ________ company

valued	leading	detailed	attached

5 **상세한** 정보 ________ information

6 **첨부된** 목록 ________ list

7 **선도적인** 기업 ________ corporation

8 **소중한** 고객 ________ customers

정답 1 promising 2 limited 3 operating 4 growing 5 detailed 6 attached 7 leading 8 valued

토익 실전 연습

Part 5 다음 빈칸에 알맞은 표현을 고르세요.

1. All Items ------- in India must pass a quality test.
(A) manufacturing
(B) manufactured
(C) manufacture
(D) to manufacture

manufacture 제조하다
quality 품질

2. The building is in ------- condition.
(A) damaging
(B) damaged
(C) damages
(D) damage

in ~ condition ~한 상태에[상황에]

3. When ------- out the application form, please make sure it does not have any typos.
(A) fills
(B) filled
(C) to fill
(D) filling

fill out 작성하다
application form 신청서
typo 오타

4. Anyone ------- in the English language program should consult with the coordinator.
(A) interest
(B) interests
(C) interested
(D) interesting

consult 상담하다
coordinator 코디네이터

5. Sales this year have been ------- to both the management and the staff.
(A) disappoints
(B) disappoint
(C) disappointing
(D) disappointed

both A and B A와 B 둘 다
management 경영진

6. The reporters saw a number of people ------- the senator's office.
(A) enters
(B) entering
(C) entered
(D) entrance

a number of 다수의
senator 상원의원

7. ------- big bonuses last week, all the employees seemed pleased.
(A) Given
(B) Giving
(C) Give
(D) To give

pleased 기쁜, 만족한

8. Mr. Kim's suggestion was -------, and some concepts were difficult to understand.
(A) confuses
(B) confused
(C) confuse
(D) confusing

concept 개념

9. KTO, Inc. has become one of the ------- multinational companies in the world.
(A) lead
(B) led
(C) leading
(D) to lead

multinational 다국적의

10. Please post the ------- information on the bulletin board.
(A) request
(B) requesting
(C) to request
(D) requested

bulletin board 게시판

11. The participants at the book fair seemed quite -------.
(A) satisfaction
(B) satisfying
(C) satisfied
(D) satisfy

participant 참가자
book fair 도서 전시회, 도서전
quite 상당히, 꽤; 아주

12. You can find more ------- information about our latest products on our Web site.
(A) detail
(B) detailed
(C) details
(D) detailing

13. Without renovating the ------- facilities, the school will not be able to pass future safety inspections.
(A) existing
(B) leading
(C) extended
(D) built

inspection 점검

14. H&P Co. is one of the ------- companies in the field of fashion.
(A) warning
(B) operating
(C) promising
(D) missing

field 분야

정답 및 해설 p.037

Part 6 지문을 읽고 빈칸에 들어갈 가장 적절한 말을 고르세요.

Questions 15-18 refer to the following notice.

To All Tenants in Madison Apartments,

As -------(**15.**) on March 1 of this year, all Madison Apartments rents will increase by 10 percent on April 1. This increase is -------(**16.**) as we have recently made improvements in the facilities here. We have also renovated the parking structure since some of the tenants complained about the -------(**17.**) number of spaces.

-------(**18.**). However, we will do our best to provide you with better services and facilities. We believe that the change will make Madison Apartments a better place to live for all tenants.

Thank you for your understanding.

Best regards,

Resident Manager

increase 인상, 증가, 상승 inevitable 불가피한 facility 시설 renovate 개조하다, 보수하다 tenant 세입자, 입주자 complain about ~에 대하여 불평하다

15. (A) announce
(B) announced
(C) announcing
(D) announces

16. (A) inevitable
(B) conditional
(C) doubtful
(D) hopeful

17. (A) limited
(B) operated
(C) attached
(D) complicated

18. (A) We are sorry for this increase.
(B) Let me explain our plans in detail.
(C) We are happy to announce this change.
(D) A new parking structure will be built next month.

자주 출제되는 「현재분사 + 명사」, 「과거분사 + 명사」 표현

❶ 현재분사 + 명사 표현

현재분사 + 명사	
an opening speech 개회사	a promising candidate 전도유망한 지원자
a leading company 선도적인 기업	a disappointing result 실망스러운 결과
existing equipment 기존 장비	missing luggage 분실된 수하물
a rising cost 오르는 가격	a rewarding job 보람 있는 직업[일]

❷ 과거분사 + 명사 표현

과거분사 + 명사	
an updated information 업데이트 된 정보	purchased items 구매된 물건
an attached document 첨부된 서류	repeated complaints 되풀이되는 불만
a preferred means 선호되는[선호하는] 수단/방법	finished products 완제품
a designated area 지정된 장소	a proposed plan 제안된[제출된] 계획

Let's Check! 주어진 우리말에 맞게 빈칸에 알맞은 표현을 쓰세요. 정답 p.039

1. 당신이 선호하는 교통수단은 무엇입니까?
What is your ______________ means of transportation?

2. 우리는 제안된 도시 계획을 검토 중이다.
We are reviewing the ______________ city plan.

3. 당신은 지정된 장소에만 주차를 할 수 있습니다.
You can park only in ______________ areas.

4. 그는 개회사 중에 실수를 했다.
He made a mistake during the ______________ speech.

Unit

09

접속사

Overview

접속사 Conjunctions

'접속사'는 문장 안에서 단어와 단어, 구와 구, 절과 절을 서로 연결해 주는 역할을 합니다. 크게 등위접속사와 종속접속사로 구분됩니다. 등위접속사는 동등한 관계의 단어, 구, 절을 서로 연결해 주며 종류는 많지 않습니다. 종속접속사는 종속적인 명사절, 부사절, 형용사절을 주절과 연결하며 그 종류가 다양합니다. 형용사절 접속사를 '관계사'라고 하는데, 이에 대해서는 관계사 유닛에서 다루기로 하겠습니다.

<table>
<tr><td colspan="3">등위접속사</td><td>and, or, so, but, for</td></tr>
<tr><td rowspan="5">종속접속사</td><td colspan="2">명사절 접속사</td><td>that, if, whether</td></tr>
<tr><td rowspan="4">부사절
접속사</td><td>시간</td><td>when, while, before, after, as soon as, until, since</td></tr>
<tr><td>이유</td><td>because, since, as, now that</td></tr>
<tr><td>조건,
양보</td><td>if, unless, as long as, once, in case, although, though, while, even though, even if</td></tr>
<tr><td>목적,
결과</td><td>so that, so[such] ~ that, in order that</td></tr>
</table>

I 등위접속사 & 상관접속사

◆ 등위접속사

대등한 단어와 단어, 구와 구, 절과 절을 연결하는 접속사를 등위접속사라고 부릅니다.

and 그리고	He called me **and** asked me many questions. 그는 나에게 전화해서 많은 질문을 했다.
but 그러나	He was not a great candidate, **but** he was hired. 그는 훌륭한 지원자가 아니었지만 채용되었다.
or 또는, ~이나	Is the factory in Seattle **or** in Chicago? 그 공장은 시애틀에 있나요 아니면 시카고에 있나요?
so 그래서	I felt sick, **so** I didn't go to work. 나는 아파서 일하러 가지 않았다.

◆ 상관접속사

두 개 이상의 단어가 등위접속사와 짝을 이루어 접속사 역할을 할 때 이를 상관접속사라고 합니다.

both A and B A와 B 둘 다	I enjoy working with **both** Chris **and** Randy. 나는 크리스와 랜디 둘 다와 일하는 것을 즐긴다.
either A or B A 또는 B	Either the president **or** vice president will attend the meeting. 사장님 또는 부사장님이 회의에 참석할 것이다.
neither A nor B A, B 둘 다 아닌	**Neither** Mr. Kim **nor** Mr. Park is qualified for the position. 김 씨도 박 씨도 그 자리에 적합하지 않다.
not only A but (also) B A뿐만 아니라 B도	**Not only** my boss **but also** my coworkers didn't understand my proposal. 나의 상사뿐만 아니라 동료들도 나의 제안을 이해하지 못했다.

A 주어진 우리말에 맞게 괄호 안에서 알맞은 접속사를 고르세요.

정답 및 해설 p.039

1 당신은 그 문서를 팩스로 보내거나 우편으로 보내도 됩니다.
You can (both / either / neither) fax the document or mail it.

2 스미스 씨는 아파서 일하러 가지 않았다. Mr. Smith was sick, (so / but / or) he didn't go to work.

3 이 기계는 느릴 뿐만 아니라 복잡하다. This machine is not only slow (but / or / nor) also complicated.

4 당신은 여권과 비행기표 둘 다를 가져 와야 한다.
You have to bring both your passport (and / or / nor) flight ticket.

5 온라인으로 비행기표를 예매하는 것은 싸지만 일찍 해야만 한다.
Booking a plane ticket online is cheap, (either / but / or) you have to do it early.

B 주어진 우리말을 참고하여 빈칸에 들어갈 알맞은 접속사를 고르세요.

1 Either Sam __________ Tom will be sent to the new branch in L.A.
샘 또는 톰 둘 중 한 명이 새로운 LA 지사로 파견될 것이다.

Ⓐ and Ⓑ or Ⓒ but Ⓓ nor

2 He didn't like his job, __________ he quit three months ago.
그는 자기 일을 좋아하지 않아서 석 달 전에 그만두었다.

Ⓐ yet Ⓑ or Ⓒ but Ⓓ so

II 명사절 접속사 (that / if / whether)

◆ 명사절 접속사 that

that이 이끄는 명사절은 '~라는 것'으로 해석되고, 문장에서 주어, 목적어, 보어 역할을 합니다.

주어	**That** *he went on a business trip last week* is not true. 그가 지난주에 출장을 갔었다는 것은 사실이 아니다.
목적어	I think **that** *he is a reliable person*. 나는 그가 신뢰할 만한 사람이라고 생각한다.
보어	Our plan is **that** *we launch the new product by January*. 우리의 계획은 신제품을 1월까지 출시하는 것이다.

◆ 명사절 접속사 if / whether

if / whether가 이끄는 명사절은 '~인지 아닌지'의 의미를 갖고, 문장에서 주어, 목적어, 보어 역할을 합니다. 단, if가 이끄는 절은 주어로 쓰일 수 없습니다.

주어	**Whether** *we can cut production costs (or not)* is not certain. 우리가 생산비를 줄일 수 있는지 없는지는 확실하지 않다.
목적어	I wonder **if** *she can make it to the meeting tonight*. 나는 그녀가 오늘 밤 회의에 올 수 있는지 없는지 궁금하다.
보어	The problem is **whether** *it is a right thing to do or not*. 문제는 그 일을 하는 게 옳은 것인지 아닌지이다.

A 주어진 우리말에 맞게 괄호 안에서 알맞은 접속사를 고르세요. 정답 및 해설 p.039

1 모든 사람들은 그가 유능하다고 생각한다. Everybody thinks (that / if) he is competent.

2 그 경영자는 더 많은 직원을 고용할지 말지 결정하지 않았다.
The manager has not decided (that / if) he will hire more workers.

3 나는 그 팀이 마감 기한을 맞출 것이라고 확실히 믿는다.
I strongly believe (that / whether) the team will meet the deadline.

4 문제는 그가 자격이 있는지 없는지 여부이다. The issue is (whether / what) he is qualified or not.

5 그녀가 발표 중에 그런 결정적인 실수를 했다는 것은 충격적이었다.
(That / If) she made such a critical mistake during the presentation was shocking.

B 주어진 우리말을 참고하여 빈칸에 들어갈 알맞은 접속사를 고르세요.

1 I don't know ________ he has enough money to invest in the stock market.
나는 그가 주식시장에 투자할 충분한 돈이 있는지 없는지 모르겠다.

Ⓐ but Ⓑ and Ⓒ if Ⓓ because

2 My dream is ________ I start to run my own business. 나의 꿈은 내 사업을 시작하는 것이다.

Ⓐ whether Ⓑ that Ⓒ so Ⓓ but

III 부사절 접속사 (시간 · 조건)

◆ 시간, 때를 나타내는 부사절 접속사

when ~할 때	while ~하는 동안에	before ~전에	after ~후에
until ~할 때까지	since ~이래로	as ~할 때	as soon as ~하자마자

While he is away, Ms. Sanderson will make important decisions.
그가 없는 동안 샌더슨 씨가 중요한 결정을 내릴 것이다.

As soon as I finish the meeting, I will call you. 제가 미팅을 끝내자마자 당신에게 전화할게요.

◆ 조건을 나타내는 부사절 접속사

if 만약 ~이라면	unless (= if ~ not) 만약 ~이 아니라면
as long as ~하는 한	providing[provided] (that) 만일 ~이라면; ~을 조건으로 하여
once 일단 ~하면	in case ~한 경우에

If you arrive tomorrow, I can pick you up at the airport.
만약 당신이 내일 도착한다면 나는 너를 공항에 마중 나갈 수 있다.

You can get a refund **as long as** you have the receipt. 영수증을 가지고 있는 한 환불을 받으실 수 있습니다.

Tip 시간과 조건을 나타내는 부사절에는 미래 시제 대신 현재 시제를 사용합니다.

A 주어진 우리말에 맞게 문장의 밑줄 친 부분을 올바르게 고치세요. 정답 및 해설 p.040

1 만약 제가 그 클럽에 가입할 수 있으면 당신에게 알려줄게요. I will let you know after I can join the club.

2 그가 공장에서 일하는 동안 그는 허리를 다쳤다. Once he was working in a factory, he hurt his back.

3 저는 그 소포를 받자마자 당신에게 보낼 거예요. Since I get the package, I will send it to you.

4 비가 오지 않는 한 회사는 연회를 열 것이다.
Unless it does not rain, the company will hold the reception.

5 그는 20살 때부터 컴퓨터 프로그래머로 일하고 있다.
He has worked as a computer programmer when he was 20 years old.

B 주어진 우리말을 참고하여 빈칸에 들어갈 알맞은 접속사를 고르세요.

1 ________ you sign the contract, you should read it carefully.
계약서에 사인하기 전에 신중하게 읽어야 한다.

Ⓐ Once Ⓑ After Ⓒ Unless Ⓓ Before

2 You will not get paid ________ you are on time.
당신이 제시간에 오지 않는다면 임금을 받지 못할 것이다.

Ⓐ as long as Ⓑ when Ⓒ if Ⓓ unless

IV 부사절 접속사 (이유 · 양보 · 목적 · 결과)

◆ 이유, 양보를 나타내는 부사절 접속사

이유	양보
because, since, as ~때문에 now that ~이니까	although, though, even though, even if 비록 ~하더라도, ~에도 불구하고 while, whereas ~한 반면에

He didn't participate in the seminar **because** he was sick. 그는 아팠기 때문에 세미나에 참석하지 않았다.

Although the company tried hard, it failed to achieve its goal. 회사는 열심히 노력했지만 목표 달성에 실패했다.

◆ 목적, 결과를 나타내는 부사절 접속사

so that (~ can), in order that ~할 수 있도록　　so ~ that, such ~ that 너무 …해서 ~하다

He worked hard **so that** he **could** get a promotion. 그는 승진할 수 있도록 열심히 일했다.

She is **so** creative **that** all the people like her ideas.
그녀는 매우 창의적이어서 모든 사람들이 그녀의 아이디어를 좋아한다.

A 주어진 우리말에 맞게 괄호 안에서 알맞은 접속사를 고르세요. 정답 및 해설 p.040

1 나는 준비가 되지 않았음에도 불구하고 발표를 시작했다.
(Although / So) I was not ready, I started the presentation.

2 관리자는 나의 아이디어를 좋아하기 때문에 나를 지지할 것이다.
(Even if / Because) the director likes my idea, he will support me.

3 상사가 제시간에 오라고 얘기했음에도 불구하고 그는 항상 지각한다.
(Whereas / Even though) the boss told him to be on time, he is always late.

4 우리가 오늘 문을 열었기 때문에, 선물을 무료로 나눠 드릴 것입니다.
(Although / Since) we are open today, we are giving out free gifts.

5 어떤 판매원들은 고객들을 잘 다루지만 어떤 판매원들은 그렇지 못하다.
Some sales representatives deal with clients well (while / in order that) some don't.

6 그녀가 게으르기 때문에 모든 사람들은 그녀와 일하고 싶어 하지 않는다.
Everybody doesn't want to work with her (because / while) she is lazy.

B 주어진 우리말을 참고하여 빈칸에 들어갈 알맞은 접속사를 고르세요.

1 ________ they bought a new machine, the sales decreased. 새 기계를 샀음에도 불구하고 매출이 감소했다.

Ⓐ Because　Ⓑ Even　Ⓒ Although　Ⓓ So

2 I will make a copy of the proposal ________ that you can take it.
나는 당신이 제안서를 한 부 가질 수 있도록 그것을 복사할 것이다.

Ⓐ such　Ⓑ so　Ⓒ even　Ⓓ because

꼭 외워야 할 **토익 필수 어휘**

어울려 쓰이는 어구

A 다음 표현의 우리말 뜻을 고르세요.

1 promotional offers (ⓐ 구매 고객들 ⓑ 홍보 사은품)

2 readily available (ⓐ 잘 읽을 수 있는 ⓑ 쉽게 구할 수 있는)

3 a finished product (ⓐ 수입품 ⓑ 완제품)

4 an informative brochure (ⓐ 유익한 안내책자 ⓑ 신뢰할 수 있는 안내책자)

5 cordially invite (ⓐ 정중하게 초대하다 ⓑ 사전에 초대하다)

6 in the foreseeable future (ⓐ 가까운 미래에 ⓑ 먼 미래에)

7 attendance records (ⓐ 참석자 ⓑ 출석 기록)

8 combined efforts (ⓐ 진실한 노력 ⓑ 결합된 노력)

정답 1 ⓑ 2 ⓑ 3 ⓑ 4 ⓐ 5 ⓐ 6 ⓐ 7 ⓑ 8 ⓑ

B 주어진 우리말 뜻이 되도록 알맞은 단어를 찾아 쓰세요.

assembly	hardly	defy	failure

1 좀처럼 ~하지 않다 ______________ ever

2 정전 power ______________

3 형용할 수 없다 ______________ description

4 조립라인 ______________ line

protective	precautions	supplies	complaints

5 사무용품 office ______________

6 안전 예방조치 safety ______________

7 보호 장비 ______________ gear

8 고객 불만 customer ______________

정답 1 hardly 2 failure 3 defy 4 assembly 5 supplies 6 precautions 7 protective 8 complaints

토익 실전 연습

Part 5 다음 빈칸에 알맞은 표현을 고르세요.

1. Neither the staff members ------- the directors predicted what happened.

(A) or
(B) and
(C) nor
(D) so

predict 예측하다

2. Mr. Firth made a great effort, ------- he failed to meet his sales targets.

(A) and
(B) but
(C) because
(D) so

meet 충족시키다

3. ------- the vice president asked us a question, we became really nervous.

(A) Although
(B) Unless
(C) When
(D) So

nervous 긴장한

4. ------- the flight is delayed, the performers will arrive at the concert hall on time.

(A) If
(B) Since
(C) Unless
(D) When

on time 시간에 맞춰

5. The company is sure ------- the new product will boost its profits.

(A) because
(B) whether
(C) that
(D) if

boost 신장시키다
profit 수익

6. Ms. Taylor is ------- intelligent that everybody respects her.

(A) such
(B) so
(C) very
(D) too

intelligent 똑똑한
respect 존경하다

7. ------- the figures in the report are wrong, we need more time to review the data.

(A) Because
(B) Providing
(C) Whereas
(D) Although

figure 수치
review 검토하다

8. He was hired ------- he did not have the necessary qualifications.

(A) because
(B) although
(C) now that
(D) as

9. ------- the two parties will reach an agreement is hard to predict.

(A) Whether
(B) Because
(C) What
(D) Which

party 당사자
reach an agreement 합의에 도달하다

10. The items you requested last week will be delivered either on Monday ------- Tuesday.

(A) nor
(B) or
(C) and
(D) so

request 요청하다, 요구하다
deliver 배달하다

11. This project began almost five months ago ------- is expected to be finished in December.

(A) or
(B) also
(C) therefore
(D) and

be expected to (~할 것으로) 예상되다[보이다]

12. Mr. Miller is ------- ever late to work because he lives near the office.

(A) often
(B) readily
(C) hardly
(D) usually

13. Mr. Kim is the person who is in charge of purchasing office ------- at the company.

(A) records
(B) satisfaction
(C) effort
(D) supplies

purchase 구입하다

14. You are ------- invited to visit the branch office in Seattle.

(A) necessarily
(B) cordially
(C) highly
(D) impressively

토익 실전 연습

정답 및 해설 p.040

Part 6 지문을 읽고 빈칸에 들어갈 가장 적절한 말을 고르세요.

Questions 15-18 refer to the following e-mail.

To: Accounting Employees
From: Allen Jackson, Accounting Manager
Sent: Monday, February 1.
Subject: Performance Reviews

To All Accounting Employees,

We will be having performance reviews for all accounting employees over the next week, ------- I would like to tell you about the review process.
15.

First of all, we will be interviewing each of you in person, and your interview will last ------- **16.** 30 minutes. Second, you will have to fill out an evaluation form for yourself ------- **17.** return it to the Personnel Department. Lastly, we will write a report that summarizes your job performance and send it to your supervisor by the end of February.

We hope that this can be a great chance to review your job aims and objectives. ------- **18.** .

Thank you.
Allen Jackson, Accounting Manager

accounting 회계 performance review 실적 평가 approximately 대략, 거의 evaluation 평가 Personnel Department 인사부 summarize 요약하다 supervisor 상사 aim 목적 objective 목표

15. (A) so
(B) but
(C) since
(D) because

16. (A) approximating
(B) approximation
(C) approximate
(D) approximately

17. (A) so that
(B) but
(C) and
(D) now that

18. (A) Sorry for any inconvenience that this might cause your company.
(B) Let me know if you have any questions about the reviews.
(C) The performance reviews will be postponed until Thursday.
(D) The application forms will be found on the company Web site.

다양한 의미를 갖는 접속사

❶ if

if는 대표적인 조건을 나타내는 부사절 접속사입니다. 주의할 점은 if가 이끄는 조건의 부사절에서는 현재 시제가 미래 시제를 대신한다는 것입니다. 그리고 if는 명사절 접속사로도 쓰여 '~인지 아닌지'의 뜻을 갖는데, 이 때에는 접속사 whether와 바꾸어 쓸 수 있습니다.

명사절 접속사 (~인지 아닌지)	I wonder **if** the business meeting will be canceled. 나는 사업 회의가 취소될지 안 될지 궁금하다.
부사절 접속사 (만약 ~라면)	**If** he has good communication skills, he will be hired. 만약 그에게 훌륭한 의사소통 능력이 있다면 그는 채용될 것이다.

❷ as

as는 부사절 접속사로 '시간, 방식, 이유'의 세 가지 의미를 갖습니다.

시간 (~할 때)	**As** I opened the envelope, he watched me. 내가 봉투를 열었을 때 그가 나를 지켜보고 있었다.
방식 (~ 대로)	**As** your supervisor told you, you should write the report. 당신의 상사가 말한 대로 당신은 보고서를 작성해야 한다.
이유 (~ 때문에)	**As** Mr. Cooper works 50 hours a week, he always looks tired. 쿠퍼 씨는 일주일에 50시간을 일하기 때문에 항상 피곤해 보인다.

❸ while

while은 '시간'의 접속사로도 쓰이고, '대조'를 나타내는 접속사로도 쓰입니다.

시간 (~ 동안)	**While** the secretary was asleep, the director came in. 비서가 잠들어 있는 동안에 이사님이 들어오셨다.
대조 (~인 반면)	**While** he is good at languages, his sister is hopeless. 그는 언어에 뛰어난 반면 그의 여동생은 형편없다.

❹ since

since는 '~이후로', '~이래로'를 뜻하는 '시간'의 접속사와, because나 as와 같은 '이유'의 접속사로 쓰입니다.

시간 (~ 이래로)	It has been three years **since** we last visited Chicago. 우리가 마지막으로 시카고를 방문한 이래로 3년이 지났다.
이유 (~ 때문에)	**Since** her performance is quite good, we decided to promote her. 그녀의 업무 성과가 꽤 좋기 때문에 우리는 그녀를 승진시키기로 결정했다.

Unit 10

전치사

Overview

Overview

전치사 Prepositions

'전치사'는 **명사 앞에서 쓰여 명사와 함께 전치사구를 이룹니다.** 시간, 장소, 방향에 따라 각각 쓰이는 전치사가 다르기 때문에 다양한 종류의 전치사를 알아두어야 합니다.

시간

in / on / at ~에	for / during ~ 동안	by / until ~까지
in ~ 후에	within ~ 이내에	

장소 / 방향

in ~ 안에	on ~ 위에	at ~에
out of ~ 밖으로	over ~ 위에	under ~ 아래에
between / among ~ 사이에		into ~ 안으로

구 전치사 (두 단어 이상)

in front of ~ 앞에	in addition to ~ 외에도
in spite of ~에도 불구하고	regardless of ~에 상관없이
according to ~에 따라서	across from ~ 맞은편에

I 시간의 전치사

◆ 시간의 전치사 in, on, at

in	연도, 계절, 월, 오전, 오후	in 2022 2022년에 in summer 여름에 in September 9월에 in the morning[afternoon / evening] 아침에 / 오후에 / 저녁에
on	날짜, 요일, 특정한 날	on April 13 4월 13일에 on Friday 금요일에 on New Year's Eve 새해 전날 밤에
at	시각, 시점	at 11 o'clock 11시에 at night 밤에 at midnight 한밤중에

◆ 주의해야 할 시간 전치사

for + 구체적인 숫자 during + 명사 (기간)	~ 동안	for 3 years 3년 동안 for 5 days 5일간 for the last two months 지난 두 달 동안 during the meeting 회의하는 동안 during vacation 방학 동안
by (동작의 완료에 초점) until (동작의 지속에 초점)	~까지	We have to complete the project **by** the end of this year. 우리는 올해 말까지 그 프로젝트를 끝내야 한다. The restaurant is open **until** 10:00 P.M. 음식점은 10시까지 연다.
in within	~ 이후 ~ 이내에	I will leave for Chicago to attend the forum **in** five days. 나는 포럼에 참석하기 위해 5일 후에 시카고로 갈 것이다. You will receive the invoice **within** two days. 당신은 이틀 내에 송장을 받게 될 것이다.

A 주어진 우리말에 맞게 빈칸에 알맞은 전치사를 쓰세요.

정답 및 해설 p.043

1 그 미팅은 5시간 동안 지속되었다. The meeting lasted ________ 5 hours.

2 그는 2019년에 그 기관을 설립했다. He founded the organization ________ 2019.

3 국립 미술관은 5월까지 개방될 것이다. The National Art Gallery will be open ________ May.

4 모든 직원은 오후 2시까지 사무실에 돌아와야 한다.
Every employee has to come back to the office ________ 2:00 P.M.

5 그 공장은 크리스마스 시즌 동안에 문을 닫을 것이다.
The factory will be closed ________ the Christmas season.

B 주어진 우리말을 참고하여 빈칸에 들어갈 알맞은 전치사를 고르세요.

1 You have to pay a deposit ________ 30 days. 당신은 30일 이내에 보증금을 내야 합니다.

Ⓐ by Ⓑ until Ⓒ at Ⓓ within

2 The annual sales meeting will be held ________ noon. 연간 매출 회의는 정오에 열릴 것이다.

Ⓐ in Ⓑ at Ⓒ on Ⓓ for

II 장소/방향의 전치사

◆ 장소의 전치사 in, on, at

in (공간 안)	The fax machine is **in** the office. 그 팩스기는 사무실에 있다.
on (표면 위)	Please bring me the document **on** the table. 탁자 위에 있는 서류를 가져다 주세요. The company is **on** Pine Street. 그 회사는 파인가에 있다.
at (특정 지점)	We saw Mr. Green **at** the station. 우리는 역에서 그린 씨를 보았다.

◆ 기타 장소 전치사 / 방향 전치사

between (두 개 일 때) ~ 사이에
among (셋 이상일 때) ~ 사이에
into ~ 안으로
behind ~ 뒤에
for ~을 향하여
over ~ 위에
under ~ 아래에
along ~을 따라서
across ~을 가로질러, ~의 건너편에
through ~을 통과하여

The bus drove **through** the tunnel. 버스는 터널을 통과해서 달렸다.

If you walk **along** the street, you will find the building. 길을 따라 걸으면 그 건물을 찾을 수 있습니다. .

The contract **between** the two companies will expire at the end of January.
두 회사 간의 계약은 1월 말에 종료될 것이다.

A 주어진 우리말에 맞게 괄호 안에서 알맞은 전치사를 고르세요. 정답 및 해설 p.043

1 그 차는 교차로에서 멈췄다. The car stopped (at / into / on) the intersection.

2 그 새로운 사무실은 3층에 있다. The new office is (at / on / over) the third floor.

3 책상 아래에 종이 분쇄기가 있다. There is a paper shredder (under / between / over) the desk.

4 그 도시에는 많은 박물관이 있다. There are many museums (into / in / at) the city.

5 어제 나는 게시판에 붙은 공지사항을 보았다. I saw the notice (on / for / at) the board yesterday.

6 길 건너편의 법률 회사는 15명의 변호사를 해고할 것이다.
The law firm (across / through / behind) the street will lay off 15 lawyers.

B 주어진 단서를 참고하여 빈칸에 들어갈 알맞은 전치사를 고르세요.

1 The executive officers walked ___~을 따라서___ the corridor. corridor 복도

Ⓐ along Ⓑ among Ⓒ within Ⓓ over

2 The train ___~을 향하여___ Philadelphia will leave in five minutes. in five minutes 5분 후에

Ⓐ over Ⓑ for Ⓒ between Ⓓ along

III 기타 전치사 (수단 · 목적 · 원인 · 이유 · 주제 · 분야 · 자격)

◆ 수단, 목적을 나타내는 전치사

by (수송, 수단)	I go to work **by** bus every day. 나는 매일 버스로 일하러 간다.
with (수단, 도구)	He opened the office door **with** his key. 그는 자기 열쇠로 사무실 문을 열었다.
for (목적)	He bought the *New York Times* **for** his supervisor. 그는 상사를 위하여 *뉴욕타임즈*를 샀다.

◆ 원인, 이유를 나타내는 전치사

for	We ***are sorry*** **for** the late delivery. 배송이 늦어져서 죄송합니다.
at	He ***was shocked*** **at** the news. 그는 그 소식에 놀랐다.
from	Many people in Africa ***are suffering*** **from** poverty. 아프리카의 많은 사람들이 가난으로 고통 받고 있다.

◆ 주제, 분야, 자격을 나타내는 전치사

about (주제)	Please tell me **about** your plan. 나에게 당신의 계획에 대해 말해주세요
on (분야)	The study **on** stress will begin in March. 스트레스에 관한 연구가 3월에 시작될 것이다
of (주제)	After the news **of** the snowstorm, oil prices went up. 폭설 뉴스 이후로 유가가 상승했다.
as (자격)	**As** the manager, he will make the decision. 부장으로서 그가 결정을 내릴 것이다.

A 주어진 우리말을 참고하여 밑줄 친 부분을 알맞은 전치사로 고치세요.

정답 및 해설 p.043

1 그 기사는 현 경제 상황에 관한 것이었다. The article was as the current economic situation. ________

2 나는 오늘 지하철로 공항에 갈 것이다. I'm going to get to the airport at subway today. ________

3 CEO로서 그녀는 중요한 결정을 내려야한다. Of the CEO, she has to make important decisions. ________

4 그 영업사원들은 무례했던 것에 대하여 우리에게 사과했다.
The sales representatives apologized to us with being rude. ________

5 그 회사는 새로운 공정으로 제품 생산가를 줄였다.
The company reduced the cost of making its products for a new process. ________

B 주어진 단서를 참고하여 빈칸에 들어갈 알맞은 전치사를 고르세요.

1 The meeting ___~에 관한___ the interest rate will be held this Tuesday. interest rate 금리, 이자율

Ⓐ as Ⓑ on Ⓒ for Ⓓ with

2 We were surprised ___~에 의해___ the news report. news report 뉴스 보도

Ⓐ in Ⓑ for Ⓒ at Ⓓ as

IV 구 전치사 & -ing 형태의 전치사

◆ 구 전치사

구 전치사란 전치사를 포함한 두 개 이상의 단어가 조합해 만들어진 구(句)가 하나의 전치사 표현으로 쓰이는 것을 말합니다.

in front of ~ 앞에	according to ~에 따라서
across from ~ 맞은편에[건너편에]	in spite of ~에도 불구하고
in addition to ~ 외에도	regardless of ~에 상관없이

In addition to Spanish, the secretary also speaks German. 그 비서는 스페인어 외에도 독일어도 구사한다.

He was standing **in front of** the gate with his boss. 그는 상사와 함께 문 앞에 서 있었다.

◆ -ing 형태의 전치사

-ing로 끝나는 특이한 형태의 전치사입니다. 잘 기억해두도록 합시다.

regarding ~에 관하여	including ~을 포함하여
concerning ~에 관하여	excluding ~을 제외하고

If you have any questions **regarding** office supplies, call me. 사무용품에 대한 질문이 있다면 제게 전화하세요.

Everyone was here **including** the president. 사장님을 포함하여 모든 사람들이 여기에 있었다.

A 주어진 우리말을 참고하여 밑줄 친 부분을 알맞게 고치세요. 정답 및 해설 p.044

1 복사실 건너편에 회의실이 있다.
There is a conference room across on the copy room. ____________

2 이 장치는 게임뿐만 아니라 음악, 비디오를 재생할 수 있다.
As addition to games, this device can play music and videos. ____________

3 그들은 그 공정에 관한 몇 가지 사안들에 대해 논의했다.
They discussed some issues regarded the process. ____________

4 그 기사에 따르면 올해 많은 일자리가 생길 것이다.
According the article, there will be many job openings this year. ____________

5 회사 내에 발생한 최근 변화에 관해 많은 것들이 이야기되었다.
Many things were said concerns the recent changes at the company. ____________

B 다음 문장의 의미를 생각하여 빈칸에 들어갈 알맞은 전치사를 고르세요.

1 ________ age and sex, anyone can apply for the job. age 나이 sex 성별

Ⓐ Regarding Ⓑ Excluding Ⓒ In spite of Ⓓ Regardless of

2 10 countries, ________ England, joined the organization. join 가입하다 organization 기관, 조직

Ⓐ included Ⓑ including Ⓒ include Ⓓ includes

V 전치사 vs. 접속사

◆ 전치사와 접속사 구분

일부 전치사와 접속사는 의미가 같지만 사용할 때 주의해야 합니다. 접속사 뒤에는 절(주어 + 동사)이 오고, 전치사 뒤에는 명사(구), 동명사(구) 등이 옵니다.

● **의미가 같은 전치사와 접속사**

의미	전치사	접속사
~ 때문에	because of, due to, owing to	because, since, as
~임에도 불구하고	in spite of, despite	although, even though, though
~하는 동안	for, during	while
~ 때까지는	by	by the time

The manager wants to get things done **by the time** ***the CEO arrives***.
부장님은 CEO가 도착할 시점까지는 일을 끝마치고 싶어 한다.

By ***the end of this month***, the construction will be finished. 이달 말까지 공사가 끝날 것이다.

Although ***he is unemployed***, he is always busy. 그는 실직했음에도 불구하고 항상 바쁘다.

In spite of (= Despite) ***his great efforts***, he didn't win the contract.
엄청난 노력에도 불구하고 그는 계약을 성사시키지 못했다.

A 주어진 우리말에 맞게 괄호 안에서 알맞은 표현을 고르세요.

정답 및 해설 p.044

1 그 그림은 진짜처럼 보이지만 모조품이다. The painting is a copy (despite / although) it looks real.

2 당신은 월요일까지 보고서를 제출해야 한다. You have to turn in your report (by / by the time) Monday.

3 클락 씨의 사임 때문에 그 팀은 실망했다.
The team was disappointed (since / due to) Mr. Clark's resignation.

4 병에도 불구하고 그녀는 영업 회의에 참석했다.
(Though / In spite of) her illness, she attended the sales meeting.

5 비서가 없을 때 누군가가 사장실에 침입했다.
(While / During) the secretary was away, someone broke into the president's office.

6 자금 부족으로 새 프로젝트는 연기될지도 모른다.
(Because of / Because) a lack of funds, the new project might be canceled. fund 자금

B 굵은 글씨로 된 부분을 참고하여 빈칸에 들어갈 알맞은 표현을 고르세요.

1 ___________ **the bad situation**, he successfully finished the job. situation 상황 successfully 성공적으로

Ⓐ Because Ⓑ In spite of Ⓒ Although Ⓓ Despite of

2 ___________ **the performance**, all mobile phones have to be switched off. switch off 끄다

Ⓐ Because Ⓑ Though Ⓒ While Ⓓ During

꼭 외워야 할 토익 필수 어휘

전치사 어구 1

A 다음 표현의 우리말 뜻을 고르세요.

1	as a result of	(ⓐ ~의 원인으로서	ⓑ ~의 결과로서)
2	instead of	(ⓐ 추가로	ⓑ ~ 대신에)
3	until further notice	(ⓐ 추후 공지가 있을 때까지	ⓑ 추후 공지 이전에)
4	above my expectations	(ⓐ 나의 기대 이상으로	ⓑ 나의 기대 이하로)
5	in bulk	(ⓐ 소량으로	ⓑ 대량으로)
6	in excess of	(ⓐ ~을 초과하여	ⓑ ~에 미달하여)
7	with the exception of	(ⓐ ~을 제공하는	ⓑ ~을 제외하고)
8	in comparison with	(ⓐ ~와 비교해 볼 때	ⓑ ~와 공통적으로)

정답 1ⓑ 2ⓑ 3ⓐ 4ⓐ 5ⓑ 6ⓐ 7ⓑ 8ⓐ

B 주어진 우리말 뜻이 되도록 알맞은 단어를 찾아 쓰세요.

in	in	out of	at

1 절판된 ________ print

2 ~을 책임지는 ________ charge of

3 아무리 늦어도 ________ the latest

4 상세하게 ________ detail

in	on	in	upon

5 서면으로 ________ writing

6 요청하는 대로 ________ request

7 예정대로 ________ schedule

8 두 통으로 ________ duplicate

정답 1 out of 2 in 3 at 4 in 5 in 6 upon 7 on 8 in

토익 실전 연습

Part 5 다음 빈칸에 알맞은 표현을 고르세요.

1. ------- this construction is over, the building will look different.
(A) For
(B) By
(C) By the time
(D) During

construction 공사

2. The e-mails ------- the contract negotiations must be deleted as soon as possible.
(A) regard
(B) regarding
(C) regarded
(D) regardless

negotiation 협상
delete 삭제하다

3. The president was standing ------- the two bodyguards.
(A) among
(B) between
(C) on
(D) as

bodyguard 경호원

4. Ms. Smith has been handling customer complaints ------- ten years.
(A) during
(B) for
(C) until
(D) by

handle 다루다
complaint 불평

5. The public library and the community center are ------- High Street.
(A) in
(B) on
(C) at
(D) of

6. Thank you ------- your inquiry about our products.
(A) to
(B) as
(C) of
(D) for

inquiry 문의

토익 실전 연습

7. ------- he has a lot of experience, he was able to get a job easily.
(A) Even though
(B) Because
(C) Due to
(D) In spite of

experience 경험
be able to V ~할 수 있다

8. The sales team and the marketing team will have a discussion ------- the new campaign.
(A) to
(B) with
(C) from
(D) about

9. You can get a full refund ------- 30 days of purchase.
(A) to
(B) within
(C) for
(D) as

full refund 전액 환불
purchase 구입

10. The applicants have to wait ------- next week for the results.
(A) until
(B) by
(C) despite
(D) at

11. ------- the machine is extremely expensive, our company cannot afford it.
(A) Because of
(B) Since
(C) Owing to
(D) Also

extremely 매우, 상당히
afford ~할 여유가 있다

12. The development plan must be submitted by Wednesday ------- the latest.
(A) at
(B) on
(C) of
(D) by

submit 제출하다

13. Mr. Kim is writing an e-mail to explain the upcoming project ------- detail.
(A) with
(B) on
(C) in
(D) for

upcoming 곧 있을

14. You should prepare the contract ------- duplicate.
(A) with
(B) on
(C) in
(D) for

contract 계약서

Part 6 지문을 읽고 빈칸에 들어갈 가장 적절한 말을 고르세요.

Questions 15-18 refer to the following memo.

To: All Employees

From: Personnel Department

Subject: Branch Office Renovations

This memo is to inform you that our branch office will be renovated due to an upgrade of the air conditioning and heating system. The renovations will begin ------- (15.) Saturday, October 21, and are expected to be finished by the end of November. Therefore, all employees have to use the small building ------- (16.) Broadway from Monday, October 23. If you have any questions ------- (17.) the location of the building, contact Ms. Endley in the Personnel Department at 777-0398. ------- (18.).

branch office 지사, 지점 renovation 개조, 보수 inform ~에게 알리다, 통지하다 due to ~ 때문에

15. (A) as
(B) on
(C) in
(D) at

16. (A) in
(B) on
(C) at
(D) to

17. (A) concerning
(B) concerns
(C) concern
(D) concerned

18. (A) We are looking forward to hearing from you soon.
(B) The renovation date might be changed.
(C) Or you can e-mail her at facilities@abcservice.co.uk.
(D) Please contact me with any questions.

Grammar
Step UP!

시점과 기간을 나타내는 전치사

❶ 시점 전치사

일부 전치사는 특정한 시점을 나타내는 표현과 어울립니다. 특정 시점을 나타내는 표현의 예로는 5 o'clock, Saturday, April, 2010 등이 있습니다.

since ~ 이래로	before ~ 전에	until ~까지
from ~부터	prior to ~ 전에	by ~까지

I haven't seen Mr. Park since *2019*. 나는 2019년 이래로 박 씨를 본 적이 없다.

You have to get to the airport two hours prior to *your departure*.
출발 2시간 전에는 공항에 도착하셔야 합니다.

❷ 기간 전치사

일부 전치사는 four hours, two years와 같이 기간을 나타내는 표현과 어울립니다.

for ~ 동안	within ~ 이내	throughout ~ 동안, ~ 내내
during ~ 동안	through ~ 동안, ~ 내내	in ~ 이후에

The engineer has been fixing the computer for *four hours*.
그 기술자는 네 시간 동안 컴퓨터를 수리하고 있다.

She has a meeting with the manager in *three hours*.
그녀는 세 시간 후에 부장과 미팅이 있다.

Let's Check! 다음 밑줄 친 부분을 올바르게 고치세요.

정답 p.047

1. He has worked in the factory since 11 years. 그는 11년 동안 그 공장에서 일해왔다.
2. You must submit the applications within Monday. 당신은 월요일까지 신청서를 제출해야 한다.
3. We have lived in New York for last year. 우리는 작년부터 뉴욕에서 살고 있다.
4. Please send me the document at least five days prior the audit.
   회계감사 최소 5일 전에는 그 서류를 저에게 보내주세요.

Unit 11

관계사

Overview

Overview

관계사 Relative Pronouns & Relative Adverbs

'관계대명사'는 「접속사 + 대명사」의 역할을 하고, 관계대명사절은 앞에 나오는 명사(선행사)를 수식하는 역할을 하기 때문에 형용사절로 봅니다. 관계대명사의 종류는 주격 관계대명사, 목적격 관계대명사, 소유격 관계대명사로 나뉩니다.

	사람	사물, 동물
주격 관계대명사	who, that	which, that
목적격 관계대명사	whom, who, that	which, that
소유격 관계대명사	whose	whose

'관계부사'는 「접속사 + 부사」의 역할을 하며 앞에 나오는 선행사의 종류에 따라 구분됩니다.

선행사	관계부사
장소 (the place)	where
시간 (the time)	when
이유 (the reason)	why
방법 (the way)	how

I 관계대명사의 용법과 주격 관계대명사

◆ 관계대명사란?

관계대명사는 접속사와 대명사 역할을 동시에 하며, 앞의 명사(선행사)를 수식하는 형용사절(불완전한 문장)을 이끕니다.

We talked about a man. + He quit his job two months ago.

→ We talked about **a man who quit his job two months ago.** 우리는 두 달 전에 퇴사한 남자에 대해 이야기했다.
(a man: 선행사 / who: 관계대명사 / who quit his job two months ago: 관계대명사절(형용사절))

◆ 주격 관계대명사의 쓰임과 종류

- **선행사가 사람이고 관계대명사가 주어 역할을 할 때에는 who를 씁니다.**
- **선행사가 사물, 동물이고 관계대명사가 주어 역할을 할 때에는 which를 씁니다.**
- **that은 선행사(사람, 사물, 동물)에 상관없이 주격 관계대명사로 쓰입니다.**

관계대명사	선행사	예문
who	사람	The man **who** came to the office is my cousin. 사무실에 온 그 남자는 나의 사촌이다.
which	사물, 동물	We rented an apartment **which** has two rooms. 우리는 방이 두 개인 아파트를 임대했다.
that	사람, 사물, 동물	They will produce a new laptop **that** is very light. 그들은 매우 가벼운 새 노트북을 생산할 것이다.

Ⓐ 주어진 우리말을 참고하여 괄호 안에서 알맞은 관계대명사를 고르세요.

정답 및 해설 p.047

1 새로운 사장은 예술에 관심이 있는 사람이다.
The new president is a man (who / which) is interested in art.

2 전시되어 있는 제품들은 비싸다. The products (that / who) are displayed are expensive.

3 그들은 경력이 3년인 사람을 채용했다. They hired someone (which / who) has 3 years of experience.

4 이 회사가 회계 분야에서 가장 유명한 회사이다.
This is the firm (which / who) is the most popular in accounting.

5 곧 출판될 그 새 책은 우리 사장님에 의해 집필되었다.
The new book (who / that) will be published soon was written by our president.

Ⓑ 밑줄 친 부분의 역할이 무엇인지 생각하며 빈칸에 들어갈 알맞은 관계대명사를 고르세요.

1 People ________ *signed up for the program yesterday* got a 5% discount. sign up for 등록하다

Ⓐ who Ⓑ what Ⓒ whom Ⓓ which

2 The company ________ *sells kids' toys* increased its productivity. productivity 생산성

Ⓐ whom Ⓑ which Ⓒ who Ⓓ what

II 목적격 관계대명사 & 소유격 관계대명사

◆ 목적격 관계대명사의 쓰임과 종류

- 선행사가 사람이고 관계대명사가 목적어 역할을 할 때에는 who(m)을 씁니다.
- 선행사가 사물, 동물이고 관계대명사가 목적어 역할을 할 때에는 which를 씁니다.
- that은 선행사(사람, 사물, 동물)에 상관없이 목적격 관계대명사로 쓰입니다.

관계대명사	선행사	예문
who(m)	사람	This is the director **whom** I like the most. (= who, that) 이 분은 내가 가장 좋아하는 이사님이다
which	사물, 동물	Yesterday, I checked out the copy machine **which** I bought last year. (= that) 어제, 나는 작년에 구입한 복사기를 점검했다. This is the file **which** I was looking for. (= that) [전치사의 목적격] 이것이 내가 찾던 (컴퓨터) 파일이다.
that	사람, 사물, 동물	This is the report **that** my boss requested. (= which) 이것이 내 상사가 요청한 보고서이다.

◆ 소유격 관계대명사의 쓰임과 종류

선행사(사람, 동물, 사물)에 상관없이 관계대명사가 소유격 역할을 할 때에는 whose를 씁니다.

관계대명사	선행사	예문
whose	사람, 사물, 동물	The products **whose** prices are reasonable are very popular. 가격이 합리적인 그 상품들은 매우 인기가 좋다.

Ⓐ 우리말을 보고 밑줄 친 부분이 올바르면 X표를, 틀리면 올바르게 고쳐 쓰세요.

정답 및 해설 p.047

1 영어 실력이 유창한 그 여자는 뉴욕 사무실에서 오랫동안 일했다.
The woman that English is fluent worked in the New York office for a long time. ________

2 어제 우리가 만났던 구매자가 내게 이메일을 보냈다.
The buyer whom we met yesterday sent me an e-mail. ________

3 그들은 모든 사람이 원했던 합의에 도달했다.
They reached an agreement whose everybody wanted. ________

Ⓑ 밑줄 친 부분의 역할을 생각하며 빈칸에 들어갈 알맞은 관계대명사를 고르세요.

1 The people ________ *names are on the list* will receive incentives. incentive 상여금, 인센티브

Ⓐ who Ⓑ whose Ⓒ also Ⓓ that

2 The exhibition ________ *we visited yesterday* was very interesting. exhibition 전시회

Ⓐ who Ⓑ whom Ⓒ that Ⓓ whose

III 관계대명사 what

◆ 관계대명사 what의 용법

- **관계대명사 what은 선행사를 포함하는 관계대명사이기 때문에 앞에 선행사가 없습니다.**
- **관계대명사 what은 명사절을 이끌어 문장에서 주어, 목적어, 보어 역할을 할 수 있습니다.**
- **what은 the thing that[which]으로 대체할 수 있습니다.**

My boss explained **what** he planned to do about the problem. [what = the thing that]
내 상사는 그 문제에 대해 어떻게 하기로 계획했는지 설명했다.

◆ 관계대명사 what vs. 관계대명사 that

관계대명사 what은 선행사를 포함하기 때문에 앞에 선행사가 없고, 관계대명사 that은 앞에 선행사가 옵니다.

what	I didn't understand ø **what** he told me before. 나는 그가 전에 내게 한 말을 이해하지 못했다.
that	*The musical* **that** I saw last night was fantastic. 어젯밤 내가 본 공연은 멋있었다.

A 주어진 우리말에 맞게 빈칸에 what 또는 that을 쓰세요.

정답 및 해설 p.047

1 나에게는 이 판매 수치가 가리키는 바가 명확하지 않다.
______ the sales figures indicate is not clear to me.

2 내가 어제 만난 CEO는 뛰어난 분이었다.
The CEO ______ I met yesterday was brilliant.

3 전문가는 우리가 집중해야 할 것을 지적해 주었다.
The expert pointed out ______ we have to focus on.

4 내가 은행에 맡긴 돈이 사라졌다.
The money ______ I deposited at the bank disappeared.

5 사장은 부장이 만든 제안서를 만족해 하지 않았다.
The president was not pleased with the proposal ______ the manager made.

6 그 분석가가 우리에게 말한 것들은 진지하게 고려되어야 한다.
______ the analyst told us should be seriously considered.

B 주어진 우리말을 참고하여 빈칸에 들어갈 알맞은 관계대명사를 고르세요.

1 This is ______ we know about the current economic situation.
이것이 우리가 현재의 경제 상황에 관해 아는 것이다.

Ⓐ when Ⓑ that Ⓒ whether Ⓓ what

2 ______ you said to the committee was very persuasive.
당신이 위원회에 말한 것은 매우 설득력이 있었다.

Ⓐ That Ⓑ What Ⓒ Which Ⓓ And

IV 관계대명사의 생략

◆ **주격 관계대명사의 생략**

「주격 관계대명사 + be동사」는 함께 생략할 수 있습니다. 생략한 뒤에 남게 되는 형용사 또는 분사의 형태에 주의하도록 합시다.

주격 관계대명사 + be동사	I know the person **(who is)** in charge of marketing at the company. 난 그 회사의 마케팅 담당자를 안다.

● **목적격 관계대명사의 생략**

목적격 관계대명사는 생략할 수 있습니다.

목적격 관계대명사	Mr. Gates is the only staff member **(that)** I can trust. 게이츠 씨는 내가 신뢰할 수 있는 유일한 직원이다.

A 주어진 우리말을 참고하여 밑줄 친 부분을 가능한 모든 형태로 고치세요. 정답 및 해설 p.048

1 그들은 내가 함께 일했던 사람들이다.
They are the people which I worked with. ____________

2 그 자리에 적합한 사람을 채용하는 것은 어렵다.
Hiring people are suitable for the position is difficult. ____________

3 실적이 염려되는 관리자들은 사장과 이야기해야 한다.
Directors which are worried about the performance should talk to the president. ____________

4 그들에게는 내 마음에 들지 않는 사업 계획이 있다.
They have a business plan which is I don't really like. ____________

5 그 부서에는 다섯 개의 일자리가 있다.
There are five positions are available in the department. ____________

B 주어진 우리말을 참고하여 빈칸에 들어갈 알맞은 표현을 고르세요.

1 People ________ about high taxes should talk to the accountant.
높은 세금이 걱정되는 사람들은 회계사와 이야기해야 한다.

Ⓐ concerned Ⓑ to concern Ⓒ are concerned Ⓓ whom concerned

2 We are looking for a person ________ eligible for the managerial position.
우리는 관리직에 적임인 사람을 찾고 있다.

Ⓐ who Ⓑ who are Ⓒ whom are Ⓓ who is

V 관계부사

◆ 관계부사란?

관계부사는 접속사와 부사의 역할을 **하고** 앞의 선행사를 수식하는 **형용사절(완전한 문장)을 이끕니다. 관계부사는 「전치사 + 관계대명사」로 바꾸어 쓸 수 있습니다. (선행사를 생략하고 관계부사절을 쓰기도 합니다.)**

This is **the hotel**. + We stayed **at the hotel** for 3 days. 여기는 우리가 3일 동안 머물렀던 호텔이다.

→ This is the hotel **at which** we stayed for 3 days. [전치사 + 관계대명사]

→ This is the hotel where we stayed for 3 days. [관계부사]

	장소	시간	이유	방법
선행사	place, meeting	day, year, time	the reason * the reason why라고 쓸 때도 있고 the reason 또는 why만 쓰기도 함	the way * the why와 how는 함께 쓸 수 없음
관계부사	where	when	why	how

They will explain **the reason why** they rejected my proposal. [why = for which]
그들은 내 제안을 거절한 이유를 설명할 것이다.

A 주어진 우리말에 맞게 괄호 안에서 알맞은 관계부사를 고르세요. 정답 및 해설 p.048

1 이곳은 내가 돈을 저축하는 은행이다.
This is the bank (where / when / why) I save my money.

2 심슨 씨가 해고된 이유는 알려지지 않았다.
(Why / Where / When) Mr. Simpson was fired was unknown.

3 우리는 판매실적이 감소하는 원인을 찾아내기 위해 노력하고 있다.
We are trying to figure out the reasons (how / when / why) our sales are decreasing.

4 이 문제를 어떻게 다뤄야 할지 나는 모르겠다.
I don't know (the way how / how / when) I should deal with this problem.

5 2월은 보통 우리가 경영진 회의를 여는 달이다.
February is the month (where / when / how) we usually hold our management meeting.

B 굵은 글씨로 된 부분에 주의하여 빈칸에 들어갈 알맞은 관계부사를 고르세요.

1 I don't understand **the reason** ________ they didn't accept our proposal. accept 받아들이다

Ⓐ how Ⓑ when Ⓒ why Ⓓ where

2 Find **the computer file** ________ I store all the information. store 저장하다

Ⓐ in that Ⓑ where Ⓒ which Ⓓ when

전치사 어구 2

A 다음 표현의 우리말 뜻을 고르세요.

1	in a timely manner	(ⓐ 제때에 맞춰	ⓑ 시간이 걸려서)
2	under warranty	(ⓐ 보증 기간 후에	ⓑ 보증 기간 중에)
3	in an effort to	(ⓐ ~하려는 노력으로	ⓑ ~에 집중하여)
4	in advance	(ⓐ 이후에	ⓑ 미리)
5	on behalf of	(ⓐ ~을 대신하여	ⓑ ~에도 불구하고)
6	for your convenience	(ⓐ 가장 일찍	ⓑ 당신의 편의를 위하여)
7	in terms of	(ⓐ ~보다 먼저	ⓑ ~라는 점에서 보면)
8	at all times	(ⓐ 항상	ⓑ 그 때에)

정답 1 ⓐ 2 ⓑ 3 ⓐ 4 ⓑ 5 ⓐ 6 ⓑ 7 ⓑ 8 ⓐ

B 주어진 우리말 뜻이 되도록 알맞은 단어를 찾아 쓰세요.

at	in	on	with

1 재고로 ________ stock

2 ~의 비용으로 ________ one's expense

3 조심하여 ________ caution

4 당번의[당번으로] ________ duty

in	in	on	with

5 특히 ________ particular

6 ~와 협력하여 in cooperation ________

7 의제에 있는 ________ the agenda

8 ~에게 경의를 표하여 ________ honor of

정답 1 in 2 at 3 with 4 on 5 in 6 with 7 on 8 in

토익 실전 연습

Part 5 다음 빈칸에 알맞은 표현을 고르세요.

1. The man ------- is giving a presentation now is my supervisor.
(A) which
(B) whom
(C) whose
(D) who

2. This manual is for people ------- native language is not English.
(A) whose
(B) whom
(C) that
(D) what

manual 설명서
native language 모국어

3. The solutions ------- Mr. Garcia suggested will increase sales.
(A) whose
(B) who
(C) what
(D) that

4. I met the representative ------- Mr. Reeves talked about.
(A) that
(B) which
(C) what
(D) how

representative 대표자, 대리인

5. Mr. Delaney met the person ------- she recommended for the managerial position.
(A) what
(B) which
(C) whom
(D) why

recommend 추천하다
managerial position 관리직

6. The specialist ------- we just met will be the manager of our team.
(A) what
(B) whose
(C) who
(D) when

specialist 전문가

7. This website is good for people ------- are thinking about renting a house.
(A) they
(B) who
(C) whom
(D) them

rent 임차하다[임대하다]

8. We need a room ------- we can accommodate 100 people.
(A) when
(B) where
(C) why
(D) how

accommodate 수용하다

9. JW, Inc. is one of the major companies ------- manufactures furniture.
(A) where
(B) whom
(C) whose
(D) which

major company 대기업
manufacture 제조하다

10. No one understood ------- the president said in the press conference.
(A) what
(B) when
(C) which
(D) whose

press conference 기자회견

11. I cannot find the files ------- I save all the important information.
(A) which
(B) why
(C) when
(D) where

save 저장하다

12. If you are visiting the New York office, please let me know ------- advance.
(A) on
(B) in
(C) at
(D) for

13. I will move on to the next item ------- the agenda.
(A) at
(B) on
(C) about
(D) for

agenda 안건

14. Any car parked here will be towed ------- the owner's expense.
(A) to
(B) on
(C) at
(D) for

any car 어떤 차라도
parked 주차되어 있는
tow 견인하다

Part 6 지문을 읽고 빈칸에 들어갈 가장 적절한 말을 고르세요.

Questions 15-18 refer to the following article.

The Pelican Publishing Company announced that it will publish a new book entitled *True Story* in March. This is a nonfiction book about the crew of a spaceship ------- **15.** explored the universe. The book will show readers ------- **16.** the crew members handled difficulties on the spaceship. The author of the book is Malcolm Morris, who won the American Literacy Prize for his 2020 book *The Island*. Mr. Morgan, a critic for the *New York Daily*, said he is one of the most talented writers of his generation. ------- **17.**. If you are interested ------- **18.** buying this book, please check the Web sites at www.booknbook.com or www.chapters.com.

publish 출간하다 entitled ~라는 제목의 nonfiction 논픽션, 실화 crew 승무원 spaceship 우주선 explore 탐험하다 universe 우주 handle 처리하다, 다루다, 해결하다 author 작가 talented (타고난) 재능이 있는

15. (A) where
(B) whom
(C) that
(D) when

16. (A) what
(B) how
(C) and
(D) also

17. (A) The book signing event will be rescheduled.
(B) All the books have been sold out.
(C) The book release invitations have been sent.
(D) His new book is available for purchase online.

18. (A) in
(B) on
(C) at
(D) about

Grammar
Step UP!

명사절 접속사 that vs. 관계대명사 what

❶ 명사절 접속사 that

that이 이끄는 명사절은 문장에서 주어, 목적어, 보어 역할을 하고 that 뒤에 완벽한 문장이 옵니다. 목적어를 이끄는 that은 생략이 가능하지만 주어와 보어를 이끄는 that은 생략할 수 없습니다.

That he has been promoted is not surprising.
그가 승진한 것은 놀라운 일이 아니다.

Everybody thought **(that)** Mr. Kim would get a promotion.
모든 사람들이 김 씨가 승진할 것이라고 생각했다.

❷ 관계대명사 what

what이 이끄는 명사절은 문장에서 주어, 목적어, 보어 역할을 합니다. 하지만 that과 다르게 what 뒤에는 주어나 목적어가 빠진 불완전한 문장이 옵니다.

We didn't understand **what** the investment analyst was talking about.
우리는 그 투자 분석가가 무슨 말을 한 것인지 이해하지 못했다.

What the manager said shocked all the team members.
부장님의 발언이 모든 팀원들을 충격에 빠뜨렸다.

Let's Check! 다음 괄호 안에서 알맞은 것을 고르세요.

정답 p.051

1. She will present (that / what) she prepared about the project.
그녀는 그 프로젝트에 관하여 준비한 것을 발표할 것이다.

2. (That / What) happened to the CEO yesterday was a surprise.
어제 CEO에게 일어난 일은 놀라운 일이었다.

3. I believe (that / what) Mr. Carter is a reliable person.
나는 카터 씨가 믿음직한 사람이라는 것을 믿는다.

4. This is (that / what) the company wants us to do.
이것이 회사에서 우리가 하기를 원하는 것이다.

5. (That / What) she is devoted to her work is well known.
그녀가 자기 일에 전념한다는 것은 잘 알려진 사실이다.

Unit 12

가정법

Overview

가정법 The Subjunctive Mood

대표적인 '가정법'으로는 가정법 과거와 가정법 과거완료가 있습니다. 가정법 과거는 현재 사실과 반대인 상황을 가정할 때 쓰고, 가정법 과거완료는 과거 사실과 반대되는 일을 표현할 때 사용합니다. 가정법 과거일 때와 가정법 과거완료일 때 동사의 형태 변화를 알아두는 것이 필요합니다. 가정법에는 가정법 과거와 가정법 과거완료 외에도 가정법 미래, 혼합 가정법, 'I wish ~'로 시작하는 가정법 구문이 있습니다.

대표적인 가정법인 가정법 과거와 가정법 과거완료의 형태를 살펴보도록 합시다.

가정법 과거

If절	If + 주어 + 동사의 과거형 (be동사는 were)
주절	주어 + [would / could / might / should] + 동사원형

가정법 과거완료

If절	If + 주어 + had p.p.
주절	주어 + [would / could / might / should] + have p.p.

I 가정법 과거

◆ 가정법 과거란?

가정법 과거는 현재 사실과 반대되거나 실현 가능성이 없는 일을 가정할 때 사용하고 '만약 ~라면, …할 텐데'로 해석합니다.

	If절 (종속절)	주절
일반동사	If + 주어 + 동사의 과거형,	주어 + would[could / might / should] + 동사원형
be동사	If + 주어 + were, * was는 구어체에서 쓰임	주어 + would[could / might / should] + 동사원형

If I **had** the money, I **would buy** stocks. 만약 내게 그 돈이 있다면, 주식을 살 텐데.

If he **were** employed, he **would be** happy. 만약 그에게 일자리가 있다면, 그는 기쁠 텐데.

◆ If가 생략된 가정법 과거

If가 생략되면 동사가 문장 앞으로 나오게 됩니다.

도치 가정법	**If** I **were** the CEO, I would lay off some workers. 만약 내가 CEO라면 일부 직원들을 정리해고할 텐데. = **Were** I the CEO, I would lay off some workers.

A 주어진 우리말을 참고하여 괄호 안에서 알맞은 표현을 고르세요. 정답 및 해설 p.051

1 만약 우리가 시간이 더 많다면, 성공적으로 그 프로젝트를 끝낼 수 있을 텐데.
If we (have / had) more time, we could finish the project successfully.

2 만약 그의 집에 팩스기기가 있다면 우리는 그에게 서류를 보낼 텐데.
If he had a fax machine at home, we (will send / would send) him the document.

3 만약 로메로 씨가 더 열심히 일한다면, 그는 팀장이 될 수 있을 텐데.
If Mr. Romero (works / worked) harder, he could become a team leader.

4 만약 그가 자기 동료들에게 친절하다면, 그들은 그와 일하는 것을 즐거워할 텐데.
(Were / If) he nice to his coworkers, they would enjoy working with him.

5 만약 내가 상사라면, 브라운 씨의 월급을 인상해줄 텐데.
Were I the boss, I (will / would) give Mr. Brown a raise.

B 굵은 글씨로 된 부분에 주의하여 빈칸에 들어갈 알맞은 표현을 고르세요.

1 If I ________ about the stock market, I **would invest** some money in it.
Ⓐ knew Ⓑ know Ⓒ will know Ⓓ would know

2 **Were** the price cheaper, the company ________ purchase the building. purchase 사다, 구입하다
Ⓐ will Ⓑ have Ⓒ had Ⓓ would

II 가정법 과거완료

◆ 가정법 과거완료란?

가정법 과거완료는 과거 사실과 반대되거나 과거의 후회를 나타낼 때 사용하고 '만약 ~였더라면, …했었을 텐데'로 해석합니다.

If절 (종속절)	주절
If + 주어 + had p.p.,	주어 + would[could / might / should] + have p.p.

If Tony **had not worked hard, he would not have been** a team leader.
만약 토니가 열심히 일하지 않았더라면, 그는 팀장이 될 수 없었을 것이다.

◆ If가 생략된 가정법 과거완료

If가 생략되면 had가 문장 앞으로 나오게 됩니다.

도치 가정법	If she **had been** rich, she would have donated some money to charity. 만약 그녀가 부자였었다면, 그녀는 돈을 자선 단체에 기부했을 텐데. = **Had** she **been** rich, she would have donated some money to charity.

A 주어진 우리말을 참고하여 괄호 안에서 알맞은 표현을 고르세요. 정답 및 해설 p.051

1 만약 그녀가 보고서를 제시간에 끝냈더라면 그 회의에 참석할 수 있었을 텐데.
If she had finished the report on time, she (can / could) have attended the meeting.

2 만약 회사가 상여금을 제공했다면 직원들이 더 행복했었을 텐데.
If the company (offered / had offered) some incentives, its employees would have been happier.

3 만약 예산이 빠듯하지 않았다면 우리는 그 시설들을 고쳤을 텐데.
If the budget had not been tight, we (would fix / would have fixed) the facilities.

4 만약 그 프로젝트가 성공하지 못했더라면, 그녀는 올해의 최고 직원이 되지 못했을 것이다.
(Had / Have) the project not been successful, she would not have been the best employee of the year.

5 그에게 경영학 학위 있었더라면, 그 마케팅 직을 얻을 수 있었을 텐데.
Had he had a degree in business, he (could have gotten / had gotten) the marketing position.

B 굵은 글씨로 된 부분에 주의하여 빈칸에 들어갈 알맞은 표현을 고르세요.

1 If we **had been invited** to the luncheon, we __________ more people. luncheon (오찬) 모임

Ⓐ can have met Ⓑ could have met Ⓒ would meet Ⓓ will meet

2 If he __________, he **could have met** the deadline. meet the deadline 마감일을 맞추다

Ⓐ hurried Ⓑ has hurried Ⓒ had hurried Ⓓ hurries

III 가정법 미래

◆ 가정법 미래란?

가정법 미래는 거의 일어나지 않을 일을 가정할 때 씁니다. '(혹시라도) 만약 ~한다면, …할 텐데'로 해석합니다.

If절 (종속절)	주절
If + 주어 + should + 동사원형	– 주어 + will[would] / can[could] / may[might] / shall[should] + 동사원형 – 명령문

If the budget **should allow** it, the company **will open** another branch office. [가정법 미래]
혹시 예산이 허락된다면, 회사는 다른 지사를 열 것이다.
= **If** the budget **allows** it, the company **will open** another branch office. [단순 조건문]

If you **should change** your order, **please let us know.** [가정법 미래] 혹시 주문을 바꾸신다면 저희에게 알려주세요.
= **If** you **change** your order, **please let us know.** [단순 조건문]

cf. 현대 영어는 If절에 should가 있는 가정법 미래를 직설법 조건문 if와 거의 동일한 느낌으로 사용하는 경우가 많습니다.

◆ If가 생략된 가정법 미래

If가 생략되면 should가 문장 앞으로 나오게 됩니다.

도치 가정법	**If** the package **should arrive** late, the customer would be very disappointed. 만약 소포가 늦게 도착한다면, 그 고객은 매우 실망할 텐데. = **Should** the package **arrive** late, the customer would be very disappointed.

A 주어진 우리말을 참고하여 괄호 안에서 알맞은 표현을 고르세요. 정답 및 해설 p.052

1 그가 그 일자리를 얻지 못한다면 나는 매우 놀랄 것이다.
(If / Because) he should not get the job, I will be very surprised.

2 만약 아프다면 즉시 병원에 가세요.
If you (shall / should) feel sick, go to the hospital immediately.

3 만약 샌더슨 씨가 당신을 찾아오면 그녀에게 기다리라고 요청하겠습니다.
Should Ms. Sanderson visit you, I (ask / will ask) her to wait.

4 만약 다음 주에 시간이 있다면 당신의 사무실을 방문할게요.
(Would / Should) I be free next week, I will come and visit your office.

B 굵은 글씨로 된 부분에 주의하여 빈칸에 들어갈 알맞은 표현을 고르세요.

1 **If** you ________ **leave, I can complete** the report instead. complete 완성하다 instead 대신에

Ⓐ shall Ⓑ should Ⓒ will Ⓓ would

2 ________ it rain **tomorrow**, we **will postpone** the outdoor events.

Ⓐ If Ⓑ Still Ⓒ Will Ⓓ Should

Ⅳ 혼합 가정법

◆ 혼합 가정법이란?

If절과 주절의 시제가 다를 경우에는 혼합 가정법을 씁니다. If절은 과거 사실과 반대인 가정법 과거완료로 쓰고 주절에는 현재 사실과 반대인 가정법 과거를 사용합니다. 혼합 가정법은 흔히 주절에 today나 now같이 현재 시점을 나타내는 부사(구)가 나옵니다. 시간 부사(구)가 없더라도 문맥상 시간 차가 발생할 때 혼합 가정법으로 써야 합니다.

● **혼합 가정법의 형태**

If절	주절	해석
If + 주어 + had p.p., [가정법 과거완료]	주어 + would[could / might / should] + 동사원형 [가정법 과거]	만약 (과거에) …했었다면, (지금) ~할 텐데

If I **had not broken** my leg, I **could go** on a business trip to Paris ***today***.
만약 내가 다리를 다치지 않았더라면, 나는 오늘 파리로 출장을 갈 수 있을 텐데.

If he **had bought** the stock, he **would not be** poor ***now***.
만약 그가 그 주식을 샀었더라면, 그는 지금 가난하지 않을 텐데.

Ⓐ 주어진 우리말을 참고하여 괄호 안에서 알맞은 표현을 고르세요. 정답 및 해설 p.052

1 만약 내가 어제 그 보고서를 끝냈더라면, 나는 오늘 새 프로젝트를 시작할 수 있을 텐데.
If I (had completed / completed) the report yesterday, I could start a new project today.

2 만약 짐이 조금 더 일찍 떠났다면, 그는 지금쯤 뉴욕행 비행기를 타고 있을 텐데.
If Jim had left earlier, he (would be / would have been) on a plane to New York now.

3 만약 내가 늦게까지 일하지 않았다면, 지금 피곤하지 않을 텐데.
If I had not worked late, I (would not feel / would not have felt) tired now.

4 만약 그녀가 어제 마감 기한을 맞췄더라면, 오늘 한숨 잘 수 있을 텐데.
She could get some sleep today if she (met / had met) the deadline yesterday.

5 만약 심슨 씨가 우리의 조언을 따랐더라면, 그는 지금 성공했을 텐데.
If Mr. Simpson had followed our advice, he (will be / would be) successful now.

6 만약 그가 IMK 사에서 일자리 제의를 받지 않았더라면, 그는 HNU 사의 일을 택할 텐데.
If he (would not receive / had not received) a job offer from IMK Co., he would take the job with HNU Co.

Ⓑ 굵은 글씨로 된 부분에 주의하여 빈칸에 들어갈 알맞은 표현을 고르세요.

1 **If** we **had investigated** the problem carefully, we ________ any difficulties **now**.

Ⓐ do not have Ⓑ will not have Ⓒ would not have had Ⓓ would not have

2 **If** he ________ away the receipt **yesterday**, he **could get** a refund **now**.

Ⓐ had not thrown Ⓑ would not throw Ⓒ does not throw Ⓓ will throw

V I wish 가정법

◆ I wish 가정법 과거

현재의 실현 가능성 없는 소망을 나타낼 때 사용하고, '~라면 좋을 텐데'로 해석합니다.

I wish	– 주어 + would[could] + 동사원형 – 주어 + 동사의 과거형 (be동사일 때는 were)

I **wish** I **knew** my supervisor's home address. 내 상사의 집 주소를 안다면 좋을 텐데.

◆ I wish 가정법 과거완료

과거에 이루어지지 않은 소망과 후회를 나타낼 때 사용하고, '~였다면 좋았을 텐데'로 해석합니다.

I wish	주어 + had p.p.

I **wish** the company **had offered** me the job. 그 회사가 나에게 그 일을 제안했으면 좋았을 텐데.

A 우리말을 보고 밑줄 친 부분이 올바르면 X표를, 틀리면 바르게 고쳐 쓰세요. 정답 및 해설 p.053

1 금리가 낮았었다면 좋았을 텐데.
I wish the interest rates had been low. ____________

2 그 회사가 나에게 그 일을 맡겼었다면 좋았을 텐데.
I wish the company have given me the job. ____________

3 누군가가 와서 나를 도와주면 좋을 텐데.
I wish somebody would have come and help me. ____________

4 이 자선 행사에 사람들이 많으면 좋을 텐데.
I wish there are many people at the charity event. ____________

5 내가 일을 두 달 쉬었었다면 좋았을 텐데.
I wish I had two months off from work. ____________

6 이 방이 더 많은 사람들을 수용할 수 있으면 좋을 텐데.
I wish this room could accommodate more people. ____________

B 주어진 우리말을 참고하여 빈칸에 들어갈 알맞은 표현을 고르세요.

1 I wish Joey ____________ complaining about his supervisor. 조이가 상사에 대한 불평을 멈추면 좋을 텐데.

Ⓐ would stop Ⓑ stop Ⓒ stops Ⓓ will stop

2 I wish I ____________ for the marketing job. 내가 그 마케팅 자리에 지원했었다면 좋았을 텐데.

Ⓐ have applied Ⓑ had applied Ⓒ will apply Ⓓ apply

꼭 외워야 할 토익 필수 어휘

명사 + 전치사 어구

A 다음 표현의 우리말 뜻을 고르세요.

1 a preference for (ⓐ ~에의 필요 ⓑ ~에 대한 선호)

2 a subscription to (ⓐ ~의 정기 구독 ⓑ ~에 가입)

3 a variety of (ⓐ 분명한 ⓑ 다양한)

4 a major impact on (ⓐ ~의 주된 입장 ⓑ ~에 미치는 큰 영향)

5 a demand for (ⓐ ~에 대한 수요 ⓑ ~의 공급)

6 a tax on (ⓐ ~에 대한 이자 ⓑ ~에 부과하는 세금)

7 the majority of (ⓐ 대다수의 ⓑ 소수의)

8 exposure to (ⓐ ~의 빈도 ⓑ ~에 대한 노출)

정답 1ⓑ 2ⓐ 3ⓑ 4ⓑ 5ⓐ 6ⓑ 7ⓐ 8ⓑ

B 주어진 우리말 뜻과 같도록 알맞은 단어를 찾아 쓰세요.

stance	guarantee	development	commitment

1 ~에 대한 **입장[태도]** __________ on

2 ~에 대한 **보장[보증]** __________ of

3 ~에 대한 **헌신** __________ to

4 ~의 **발전** __________ in

decline	confidence	access	respect

5 ~에 대한 **존경[존중]** __________ for

6 ~에의 **접근** __________ to

7 ~의 **감소** __________ in

8 ~에 대한 **신뢰** __________ in

정답 1 stance 2 guarantee 3 commitment 4 development 5 respect 6 access 7 decline 8 confidence

토익 실전 연습

Part 5 다음 빈칸에 알맞은 표현을 고르세요.

1. If Mr. Davis were in charge of the project, he ------- the situation better.
(A) handle
(B) can handle
(C) could handle
(D) handled

in charge of ~를 맡아서

2. If they ------- a new product, sales might increase rapidly.
(A) developing
(B) developed
(C) develops
(D) will develop

develop 개발하다
rapidly 빠르게

3. ------- they conducted the survey, they could have known the customers' needs.
(A) If
(B) Were
(C) Had
(D) Also

conduct the survey 설문조사를 시행하다
needs 요구, 필요

4. ------- it rain heavily tomorrow, my business trip will be canceled.
(A) Will
(B) Could
(C) Would
(D) Should

rain heavily 비가 퍼붓다[억수로 내리다]

5. If I had known that you were on sick leave, I ------- you.
(A) will not call
(B) will not have called
(C) would not call
(D) would not have called

on sick leave 병가 중인

6. I wish the business plan ------- a little more logical.
(A) is
(B) were
(C) are
(D) will be

logical 타당한

7. I wish I ------- the promotion at the beginning of the year.
(A) get
(B) getting
(C) have gotten
(D) had gotten

at the beginning of the year 연초에

8. If the company ------- its business to the medical sector, it would earn a lot of money now.
(A) expands
(B) expanded
(C) will expand
(D) had expanded

medical sector 의료 분야

9. ------- I in your position, I would transfer to the European division.
(A) Were
(B) Did
(C) Had
(D) If

transfer 전근하다

10. ------- our team obtained some good results, the manager would have been satisfied.
(A) Have
(B) Were
(C) If
(D) Had

obtain some good results 좋은 성과를 올리다

11. Should you need anything else, please ------- me immediately.
(A) contact
(B) contacting
(C) may contact
(D) would contact

immediately 즉시

12. If Ms. Wallace had been elected president, the company ------- be the market leader now.
(A) will
(B) will have
(C) would
(D) would have

elect 선출하다
market leader 업계 선두기업

13. Unprotected exposure ------- the sun can cause skin cancer.
(A) as
(B) on
(C) to
(D) by

exposure 노출

14. All of a sudden, the ambassador changed his ------- on foreign policy.
(A) access
(B) respect
(C) stance
(D) commitment

ambassador 대사

Part 6 지문을 읽고 빈칸에 들어갈 가장 적절한 말을 고르세요.

Questions 15-18 refer to the following e-mail.

To: customerservice@homedepo.com

From: Susan77@topmail.com

Date: January 2

Subject: Order Number 12543

To Whom It May Concern,

I recently ------- **15.** an order through your Web site, Home & Kitchen, for a 16-piece dinnerware set. My order number was 12543. It ------- **16.** yesterday, and, disappointingly, I discovered that one of the 12-inch dinner plates was missing. That is not the only problem. I found that the 5-inch bowl was chipped. If I ------- **17.** that your products were in such bad condition, I would not have ordered from your Web site. ------- **18.**

Susan Lewis

dinnerware 식기 disappointingly 실망스럽게도 discover 발견하다 plate 접기 chipped 깨진

15. (A) place
(B) placed
(C) had placed
(D) placing

16. (A) arrive
(B) arrives
(C) arrived
(D) has arrived

17. (A) know
(B) knew
(C) have known
(D) had known

18. (A) I hope to do business with you again.
(B) I am looking forward to seeing you soon.
(C) I hope you can deal with this matter quickly.
(D) Thank you for your e-mail.

Grammar
Step UP!

주의해야 할 가정법

① 가정법과 단순 조건문

가정법과 단순 조건문 모두 if를 사용합니다. 가정법의 if는 사실이 아닌 내용을 가정하거나 일어날 가능성이 거의 없는 내용을 말할 때 쓰는 반면, 단순 조건문의 if는 일어날 가능성이 조금이라도 있는 내용을 말할 때 씁니다. If절에 should가 사용된 가정법 미래와 단순 조건문을 동일한 느낌으로 사용합니다.

가정법	**If** I **won** the lottery, I **would start** my own business. 만약 내가 복권에 당첨된다면 나는 내 사업을 시작할 텐데.
단순 조건문	**If** you **have** any questions, please call me. 질문이 있으면 제게 전화하세요. = **If** you **should** have any questions, please call me. (가정법 미래)

cf. 단순 조건문의 If절에서는 현재와 미래에 관한 것은 현재 시제, 과거의 일은 과거 시제로 씁니다.

If it **rains** *tomorrow*, the company picnic will be postponed.
내일 비가 오면 회사 야유회는 연기될 것이다.

② Without 가정법 (If절 대신 Without을 쓰는 가정법)

If절을 대신하여 「Without ~」으로 가정법 과거(~이 없다면, …할 것이다)와 과거완료(~이 없었다면, …했을 것이다)를 표현할 수 있습니다.

가정법 과거	Without ~, 주어 + would[could / might / should] + 동사원형 (= If it were not for / But for)
가정법 과거완료	Without ~, 주어 + would[could / might / should] + have p.p. (= If it had not been for / But for)

Without you, I **would not have finished** the market survey.
당신이 없었다면 나는 시장조사를 끝내지 못했을 것이다.

Without your help, I **could not complete** the project.
당신의 도움 없이는 나는 그 프로젝트를 끝내지 못할 것이다.

Let's Check! 다음 괄호 안에서 알맞은 것을 고르세요. 정답 p.055

1. (With / Without) you, I could not solve the problem. 당신 없이는 그 문제를 해결할 수 없을 것이다.
2. Without your help, I (cannot achieve / could not have achieved) the sales target.
   당신의 도움이 없었다면, 나는 판매 실적을 달성하지 못했을 것이다.
3. If we attend the auction, we (will buy / would have bought) the painting.
   우리가 경매에 참가한다면 우리는 그 그림을 살 것이다.
4. If you (will have / have) any questions, ask me after the seminar.
   질문이 있으시면 세미나가 끝난 후에 제게 질문하세요.

Unit 13

일치

Overview

일치 Agreement

'일치'는 크게 시제의 일치와 주어와 동사의 수 일치로 나뉩니다.

시제 일치의 일반적인 원칙

- 주절의 시제가 현재일 경우 종속절의 시제는 다양하게 올 수 있습니다.
- 주절의 시제가 과거일 경우 종속절의 시제는 과거, 과거완료가 옵니다.

주어와 동사의 수 일치

- 단수 명사 주어는 단수 동사를, 복수 명사 주어는 복수 동사를 취합니다.
- 수량 표현을 나타내는 단어가 주어 자리에 쓰인 경우는 단수/복수 동사를 잘 구분해야 합니다.
- 상관접속사로 연결된 단어들이 주어로 쓰인 경우는 단수/복수 동사에 주의해야 합니다.

The computer **is**	Printers **are**
Each report **is**	*Many* companies **are**
Either you **or** he **is**	*Neither* you *nor* I **am**

I 시제의 일치와 예외

◆ 시제 일치의 법칙

종속절의 시제는 주절의 시제에 영향을 받습니다.

주절		종속절
현재	→	현재, 미래, 과거 등
과거		과거, 과거완료

I **believe** that the company **has** great potential. 나는 그 회사가 큰 잠재력을 가지고 있다고 생각한다.

He **said** he **had had** an interview with ICD Co. 그는 ICD사에서 면접을 봤었다고 말했다.

◆ 시제 일치의 예외

시제 일치의 기본 법칙을 따르지 않는 예외가 있습니다.

시제 일치의 예외적인 상황		시제
일반적 사실/진리, 현재 습관	→	현재 시제
이미 지나간 과거의 사건, 역사적 사실		과거 시제

She **says** that there **was** an oil shock in the 1970s. 그녀는 1970년대에 석유파동이 있었다고 말한다.

A 주어진 우리말을 참고하여 괄호 안에서 알맞은 표현을 고르세요. 정답 및 해설 p.056

1 회장은 2010년도에 회사를 설립했다고 말했다.
The president said that he (found / founded) the company in 2010.

2 나는 작년에 생활비가 너무 높았다고 생각한다.
I believe that the cost of living (is / was) too high last year.

3 그는 우리에게 자기가 연수에 참가했다고 말했다.
He told us that he (participated / participates) in the training.

4 테일러 씨는 나에게 그가 거의 매일 10시까지 일을 한다고 말했다.
Mr. Taylor told me that he (works / worked) until 10:00 P.M. almost every day.

5 나는 내 동료 중 몇 명이 해고되었다는 것을 알게 되었다.
I found that some of my colleagues (are fired / had been fired).

B 주어진 우리말을 참고하여 빈칸에 들어갈 알맞은 표현을 고르세요.

1 He said that competent managers __________ their employees.
유능한 경영자들은 자기 직원들을 돕는다고 그는 말했다.

Ⓐ helping Ⓑ help Ⓒ to help Ⓓ helps

2 The CEO announced that sales __________ for three years. CEO는 매출이 3년 동안 떨어졌다고 발표했다.

Ⓐ falls Ⓑ fall Ⓒ had fallen Ⓓ have fallen

II 주어와 동사의 수 일치 I (단수/복수 명사)

◆ 「단수 주어 - 단수 동사」, 「복수 주어 - 복수 동사」

단수 주어에는 단수 동사, 복수 주어에는 복수 동사를 씁니다. 불가산명사 주어, 동명사/to부정사 주어, 주어가 that으로 시작되는 명사절에는 단수 동사를 씁니다.

주어 구분	예문
단수/복수	***The president* is** not in now. 사장님은 지금 자리에 안 계십니다. ***Companies* want** to increase their profits. 기업들은 수익을 늘리고 싶어 한다.
불가산명사	The ***information*** about the last quarter **is** in the document. 지난 분기에 관한 정보가 서류에 있다.
동명사/to부정사	***Going*** on a business trip **is** sometimes hard. 출장 가는 것은 때로는 힘들다. ***To conduct*** customer surveys **is** necessary. 고객 설문 조사를 하는 것은 필수이다.
that절	***That the company went bankrupt*** **was** unexpected. 그 회사가 파산한 것은 예상치 못한 일이었다.

◆ 복수로 착각하기 쉬운 단수 주어

news(소식)와 같이 형태가 복수형으로 보이지만 단수인 단어를 잘 알아두어야 합니다.

구분	예
학문	economics 경제학 politics 정치학 statistics 통계학 mathematics 수학
고유명사	Times 타임즈 신문사 P&G 피앤지 회사

A 우리말을 참고하여 밑줄 친 부분이 올바르면 X, 틀리면 올바르게 고쳐 쓰세요. 정답 및 해설 p.056

1 새로운 제품 디자인 개발은 필수이다. Developing new product designs <u>are</u> essential. ________

2 최고경영자는 다른 지점을 열려고 계획하고 있다. The CEO <u>plans</u> to open another branch. ________

3 그녀가 승진할 것이라는 사실은 놀랍다. That she will get a promotion <u>are</u> shocking. ________

4 나의 동료들은 내가 곧 그만둘 것이라고 생각한다. My coworkers <u>think</u> that I will quit soon. ________

5 그 회계사는 통계학이 자신에게 매우 어렵다고 말한다.
The accountant says that statistics <u>are</u> very difficult for him. ________

B 주어진 단서를 참고하여 빈칸에 들어갈 알맞은 표현을 고르세요.

1 <u>Going</u> on a business trip three times a month ________ too frequent. frequent 잦은, 빈번한
동명사
Ⓐ were Ⓑ be Ⓒ are Ⓓ is

2 The displayed furniture ________ not for sale. displayed furniture 전시된 가구
불가산명사
Ⓐ have Ⓑ has Ⓒ is Ⓓ are

III 주어와 동사의 수 일치 II (수량 표현 · 전체/부분 표현)

◆ 수량 표현

one / every / each / either / neither / no one[-body] / nothing / the number of + 복수 명사 / something / someone[-body] / anyone[-body] / anything / everyone[-body] / everything	+ 단수 동사 * neither of the는 복수 동사도 가능
both / many / several / (a) few / a number of + 복수 명사	+ 복수 동사

One of the employees **has** called in sick. 직원 중 한 명이 병가를 냈다.

Many firms **are** now hiring lawyers. 많은 회사들이 현재 변호사를 채용하고 있다.

◆ 전체/부분을 나타내는 표현

all / most / some / lot / half	of the + 단수 명사	→	+ 단수 동사
	of the + 복수 명사	→	+ 복수 동사

All of the profit **goes** to the charities. 모든 수익은 자선 단체에 기부된다.

All of the members **have** to attend the seminar. 모든 회원들이 그 세미나에 참석해야 한다.

A 주어진 우리말을 참고하여 제시된 동사의 형태를 알맞게 쓰세요.

정답 및 해설 p.056

1 몇 가지 제안은 훌륭한 것 같다. (look) A few proposals __________ excellent.

2 시설들 중 일부는 열려 있다. (be) Some of the facilities __________ open.

3 몇몇 영업부장들은 그 결정을 기뻐했다.
(be) Several sales managers __________ happy with the decision.

4 각각의 경영자들은 각기 다른 성격을 가지고 있다.
(have) Each of the managers __________ different characteristics.

5 나는 누군가가 그 보고서 사본을 가지고 있을 것이라고 확신한다.
(have) I am sure that someone __________ a copy of the report.

6 캐비닛에 있던 많은 중요한 서류들이 분실된 상태이다.
(be) Many of the important documents in the cabinet __________ missing.

B 굵은 글씨와 밑줄 친 부분에 주의하여 빈칸에 들어갈 알맞은 표현을 고르세요.

1 A number of **people** __________ been laid off in the last two years.

a number of 많은 lay off 정리해고하다

Ⓐ have Ⓑ has Ⓒ had Ⓓ will have

2 Most of the **information** __________ not reliable.

information 정보 reliable 믿을 만한

Ⓐ were Ⓑ was Ⓒ are Ⓓ being

IV 주어와 동사의 수 일치 III (접속사 연결 표현)

◆ and와 or로 연결된 표현

and로 연결된 주어는 복수 동사를 쓰고, or로 연결된 주어는 동사에 가까운 주어에 수를 일치시킵니다.

The CEO ***and*** the manager **are** having a meeting now. 회장님과 부장님이 지금 회의를 하고 있다.

Three workers ***or*** one supervisor **has** to work on Saturdays.
직원 세 명 또는 관리자 한 명이 토요일마다 일해야 한다.

◆ 상관접속사의 수 일치

다음 표현은 B에 수를 일치시킵니다.

Either A or B (A나 B 둘 중 하나)	Either you or ***he*** **needs** to fill out this form. 당신이나 그, 둘 중 한 명이 이 양식을 작성해야 한다.
Neither A nor B (A나 B 둘 다 아닌)	Neither he nor ***she*** **is** not coming to the seminar. 그와 그녀 둘 다 이 세미나에 오지 않을 것이다.
Not A but B (A가 아니라 B)	Not only you but also ***Mr. Brown*** **is** responsible for the matter. 당신뿐만 아니라 브라운 씨도 그 문제에 책임이 있다.
Not only A but (also) B (A뿐만 아니라 B도)	
B as well as A (A뿐만 아니라 B도)	

A 주어진 우리말을 참고하여 밑줄 친 부분을 올바르게 고치세요. 정답 및 해설 p.057

1 재키와 샘은 계약을 연장하는 데 동의했다.
Jacky and Sam has agreed to extend the contract. ____________

2 나와 그녀 모두 지하철로 출근하지 않는다.
Neither she nor I commutes to work by subway. ____________

3 그 또는 당신이 발표를 할 것으로 보인다.
He or you is expected to do the presentation. ____________

4 그의 학력과 경력은 이 일에 적합하다.
His education and his work experience is suitable for this job. ____________

5 당신이나 당신 상사 둘 중 한 명이 책임을 져야 한다.
Either you or your boss have to take responsibility. ____________

6 영어뿐만 아니라 프랑스어도 그 일을 하는데 필수적이다.
Not only English but also French are necessary to do the job. ____________

B 굵은 글씨와 밑줄 친 부분에 주의하여 빈칸에 들어갈 알맞은 표현을 고르세요.

1 The auditorium **as well as** the libraries ____________ being renovated. auditorium 강당, 대강의실

Ⓐ is Ⓑ are Ⓒ have Ⓓ has

2 The directors **and** the sales representatives ____________ on a business trip every month.

Ⓐ going Ⓑ goes Ⓒ go Ⓓ is going

꼭 외워야 할 **토익 필수 어휘**

형용사 어구

A 다음 표현의 우리말 뜻을 고르세요.

1 be willing to do (ⓐ ~을 꺼리다 ⓑ 기꺼이 ~하다)

2 be involved in (ⓐ ~을 용서하다 ⓑ ~에 관여하다)

3 be capable of (ⓐ ~할 능력이 있다 ⓑ ~할 조건이 되다)

4 be vulnerable to (ⓐ ~에 취약하다 ⓑ ~에 강하다)

5 be likely to do (ⓐ ~을 좋아하다 ⓑ ~할 것 같다)

6 be payable to (ⓐ ~에게 미지불하다 ⓑ ~에게 지불하다)

7 be attentive to (ⓐ ~에 주의를 기울이다 ⓑ ~에 싫증이 나다)

8 be beneficial to (ⓐ ~에 이익이 되다 ⓑ ~을 보증하다)

정답 1ⓑ 2ⓑ 3ⓐ 4ⓐ 5ⓑ 6ⓑ 7ⓐ 8ⓐ

B 주어진 우리말 뜻과 같도록 알맞은 단어를 찾아 쓰세요.

concerned	comparable	valid	subject

1 ~하기 쉽다 be ____________ to

2 ~에 대해 걱정하다 be ____________ about

3 ~동안 유효하다 be ____________ for

4 ~에 필적하다 be ____________ to

conscious	equipped	engaged	superior

5 ~보다 우세하다 be ____________ to

6 ~이 갖추어져 있다 be ____________ with

7 ~을 의식[자각]하고 있다 be ____________ of

8 ~에 종사하다 be ____________ in

정답 1 subject 2 concerned 3 valid 4 comparable 5 superior 6 equipped 7 conscious 8 engaged

토익 실전 연습

Part 5 다음 빈칸에 알맞은 표현을 고르세요.

1. The article ------- that the population of the world is increasing.
(A) saying
(B) says
(C) say
(D) is said

article 기사
population 인구

2. Both of the candidates ------- well qualified for the position.
(A) to be
(B) was
(C) is
(D) are

candidate 후보자

3. The mayor and the deputy mayor ------- away on business.
(A) are
(B) being
(C) is
(D) was

deputy mayor 부시장

4. Every country ------- interested in the global trade issue.
(A) have
(B) are
(C) is
(D) has

global trade issue 국제 교역 문제

5. The number of tourists visiting Korea ------- increasing.
(A) is
(B) are
(C) to be
(D) being

the number of ~의 인원

6. Some of the luggage ------- not arrived on time.
(A) has
(B) have
(C) was
(D) were

7. The good news ------- that I will get a pay raise.
(A) have
(B) were
(C) are
(D) is

pay raise 임금 인상

8. Most of the interviewees ------- very punctual.
(A) is
(B) are
(C) to be
(D) being

interviewee 면접 받는 사람
punctual 시간을 엄수하는

9. The sales meeting ------- place in the auditorium every two months.
(A) is taking
(B) is taken
(C) take
(D) takes

take place 열리다
auditorium 강당

10. Tim Scott, the founder and CEO of the company, ------- in 2020.
(A) died
(B) die
(C) is dying
(D) is died

founder 설립자, 창립자

11. Fortunately, neither the driver nor the passengers ------- injured.
(A) had
(B) has
(C) was
(D) were

fortunately 다행히
passenger 승객
injure 다치게 하다, 상처를 입히다

12. The chief financial officer is deeply ------- in the corruption.
(A) involved
(B) improved
(C) equipped
(D) concerned

corruption 부패

13. This mobile phone is superior ------- the competitors in quality.
(A) for
(B) to
(C) on
(D) than

cellular phone 휴대폰
competitor 경쟁제품, 경쟁자

14. The attached itinerary is ------- to change without notice.
(A) engaged
(B) subject
(C) payable
(D) conscious

itinerary 여행일정표

정답 및 해설 p.057

Part 6 지문을 읽고 빈칸에 들어갈 가장 적절한 말을 고르세요.

Questions 15-18 refer to the following letter.

Dear Mr. Rosenberg,

A number of the workers at headquarters -------(15.) off lately. I am quite sure that it will have a bad effect on the rest of the workers at our company. I have observed that some of the employees -------(16.) their resignation letters. Therefore, I suggest holding an -------(17.) meeting to explain the tight financial situation of the company. This will help the employees understand and support the company's decision. -------(18.).

Sincerely,

William Moore

Company Advisor

headquarters 본사 lay off 해고하다 effect 영향을 미치다 observe (~을 보고) 알다, 목격하다 resignation letter 사직서 urgent 긴급한

15. (A) has been laid
(B) have been laid
(C) are laying
(D) is laid

16. (A) has already submitted
(B) have already submitted
(C) already submit
(D) already submitting

17. (A) efficient
(B) urgent
(C) amusing
(D) enclosed

18. (A) I advise you to provide additional benefits to the employees.
(B) You have to accept the resignation letters as soon as possible.
(C) I hope we can overcome the adverse situation that we are going through.
(D) Let's explain these temporary changes at the company.

주의해야 할 수 일치

❶ 주격 관계대명사와 수 일치

주격 관계대명사 앞의 선행사가 단수이면 단수 동사, 복수이면 복수 동사가 옵니다.

We hired ***a sales representative*** who **has** three years of experience.
우리는 경력이 3년 차인 영업사원을 고용했다.

The managers who **have** great communication skills will be promoted.
훌륭한 의사소통 능력을 가진 관리자들은 승진할 것이다.

❷ 주어와 동사 사이의 수식어구

주어와 동사 사이에 전치사구와 같은 수식어구가 올 경우, 수식어구에 수를 일치시키지 말고 반드시 앞의 주어에 수를 일치시켜야 합니다.

The store for disabled people **makes** great profits.
장애인들을 위한 그 상점은 많은 수익을 낸다.

Some of the employees at the company **work** overtime every day.
그 회사의 일부 직원들은 매일 야근한다.

Let's Check! 다음 괄호 안에서 알맞은 것을 고르세요.

정답 p.059

1. The competition between the two companies (is / are) tough.
두 회사 간의 경쟁이 치열하다.

2. Most of the people in the country (agrees / agree) with the new policy.
대부분의 국민들은 그 새 정책에 동의한다.

3. The paintings which (is / are) on the wall in the conference room look beautiful.
회의실 벽에 걸려 있는 그림들은 아름다워 보인다.

4. Do you know the woman who (is / are) giving a speech now?
지금 연설하고 있는 여자분을 아시나요?

PART 7

Unit 14 문제 유형별 연습
Unit 15 지문 유형별 연습

독해

문제 유형

- Part 7의 문제 유형으로는 「주제와 목적을 묻는 문제」와 「세부 정보(what, who, how, why 등)를 묻는 문제」, 「추론 문제」, 「동의어를 찾는 문제」가 있습니다. 그밖에 주어진 문장을 적절한 위치에 삽입하는 「문장 삽입 문제」와 지문의 표현을 그대로 인용하여 그 의미를 묻는 「인용 문제」도 출제됩니다.

지문 유형

- Part 7에 출제되는 다양한 지문에 익숙해지는 것이 중요합니다. 편지와 이메일이 가장 많이 출제되며, 광고, 공지, 회람, 기사 등의 지문 또한 출제됩니다. 표나 양식 지문도 출제되는데 영수증, 송장, 주문서, 메뉴판, 설문지 등이 여기에 해당됩니다. 그밖에 문자 메시지와 온라인 채팅 지문도 출제되는데, 이와 같은 형식의 지문에는 인용 문제가 포함되어 있습니다.
- Part 7은 단일 지문과 복수 지문 독해로 이루어집니다. 단일 지문의 지문당 문항 수는 2문항에서 4문항으로서, 지문에 따라 문항 수가 다릅니다. 복수 지문은 두 개의 지문 2세트와 세 개의 지문 3세트로 구성되어 있으며, 세트당 5문항이 출제됩니다.

Unit 14

문제 유형별 연습

I 주제/목적 찾기 문제

주제/목적 찾기 문제는 지문이 무엇에 대해 이야기하고 있는지, 지문이 쓰여진 이유가 무엇인지를 묻는 문제입니다.

비법 전수

1. 지문의 주제나 목적은 보통 글의 앞부분에 나오는 경우가 많습니다
2. 지문의 단어를 뜻이 비슷한 다른 단어로 바꾼 내용이 있는 선택지가 정답이 되는 경우가 많습니다

문제 지시문 예시

- ✦ What is the **purpose** of this letter? 편지의 **주제**는 무엇인가?
- ✦ What is the survey **about**? 설문지는 무엇에 **관한** 내용인가?
- ✦ What is the **main topic** of this article? 기사의 **주제**는 무엇인가?

정답 및 해설 p.060

Ⓐ 다음 광고를 읽고 밑줄 친 부분에 주의하여 질문에 답하세요.

Do you need to buy new bedroom furniture?

If you are looking at new bedroom furniture, then Furniture World would be a good option. One of the great things about this furniture store is the wide range of furniture that it offers. It offers colored furniture as well as leather bedroom furniture. Come and find the bedroom furniture you have always wanted.

bedroom furniture 침실 가구
option 옵션, 선택
range 범위
offer 제공하다
colored 색이 있는
leather 가죽

Q What is the purpose of the advertisement? 광고의 목적은 무엇인가?

Ⓐ To inform readers about new arrivals at a furniture store 독자들에게 가구점에 들어온 신상품에 대해 알려주기 위해

Ⓑ To promote a furniture store 가구점을 홍보하기 위해

Ⓑ 다음 회람을 읽고 질문에 답하세요.

I regret to inform you that we have a bad sales report this year. To solve this problem, we have decided to lay off some staff members. Also, we will change the system of the company. We will let you know the details when possible.

regret to V ~하게 되어 유감스럽게 생각하다
inform 알리다
lay off 정리해고하다

Q What is the memo mainly ablut? 회람은 주로 무엇에 관한 내용인가?

Ⓐ Some bad staff members 일부 좋지 않은 직원들

Ⓑ The steps needed to deal with a problem 문제 해결을 위해 필요한 조치들

Part 7 지문을 읽고 문제의 정답을 고르세요.

Questions 1-2 refer to the following advertisement.

Marketing Director

The Dooris Company is one of the best computer manufacturing companies in the world. We are now looking for an excellent marketing director.

Responsibilities:

- Manage the marketing budget
- Develop effective marketing strategies

Requirements:

- A minimum of 5 years of experience
- Excellent written and oral communication skills
- Bilingual (English / Spanish) required

Applicants should send a résumé and cover letter by March 1.

1. What is the purpose of the advertisement?
(A)To reduce the marketing budget
(B) To encourage employees to work harder
(C) To report on marketing strategies
(D) To hire an employee

2. What is NOT a requirement for the position?
(A) At least 5 years of experience
(B) Accounting experience
(C) Strong communication skills
(D) The ability to use English and Spanish

marketing director 마케팅 이사
manufacturing company 제조업체
excellent 훌륭한, 탁월한
responsibility 직무; 책임
manage 관리하다
budget 예산
marketing strategy 마케팅 전략
minimum 최소한
oral 구두의, 구술의
bilingual 2개국어를 구사하는
résumé 이력서
cover letter 자기소개서
encourage 조장하다, 장려하다
requirement 자격 요건, 필요 조건
ability 능력

II 육하원칙 문제

육하원칙 문제는 지문에 대한 세부 사항을 묻는 문제로 누가(who), 무엇을(what), 어떻게(how), 언제(when), 어디서(where), 왜(why) 등을 묻습니다.

비법 전수

1. 먼저 의문사(who, what, why 등)에 주의하여 문제에서 묻는 바를 정확하게 파악한 다음 그 문제와 관련된 정보를 지문에서 찾도록 합니다.
2. 지문에 나와 있는 표현과 똑같은 표현이 포함된 선택지의 경우 오답인 경우가 많기 때문에 주의해야 합니다.

문제 지시문 예시

+ **Who** is Mr. Brown? 브라운 씨는 **누구**인가?
+ **Where** is the new cafeteria located? 새로운 구내식당은 **어디에** 위치해 있는가?
+ **When** did this person order the product? 이 사람은 **언제** 제품을 주문했는가?
+ **How** can customers file a complaint? **어떻게** 고객들이 불평을 접수할 수 있는가?
+ **Why** was the shipment delayed? **왜** 배송이 지연되었는가?
+ **What** will Mr. Pierce received? 피어스 씨는 **무엇을** 받을 것인가?

정답 및 해설 p.061

A 다음 공지를 읽고 밑줄 친 부분에 주의하여 질문에 답하세요.

We are pleased to inform you that the new staff cafeteria is finally open to all employees. It is open from 6:00 A.M. to 9:00 P.M. Monday through Friday. This new cafeteria has been relocated to the third floor from the basement. Now you can enjoy a greater variety of food such as Chinese, Italian, and Korean food.

pleased 기쁜, 만족한
relocate 이전시키다, 이전하다
basement 지하
a greater variety of 더 다양한

Q Where is the new cafeteria located now? 이 새로운 식당은 현재 어디에 위치해 있는가?

Ⓐ In the basement 지하
Ⓑ On the third floor 3층

B 다음 회람을 읽고 질문에 답하세요.

Dear colleagues,

As you may know, our product manager James Lee is going to retire next month. He has been with us for the past 20 years. He has devoted himself to the development of our company. Therefore, we are going to have a retirement party for him.

colleague 동료
product manager 제품 담당 책임자
retire 은퇴하다
devote 헌신하다
therefore 그러므로

Q Who is the party for? 파티는 누구를 위한 것인가?

Ⓐ A sales manager 영업부장
Ⓑ James Lee 제임스 리

정답 및 해설 p.061

Part 7 지문을 읽고 문제의 정답을 고르세요.

Questions 1-2 refer to the following e-mail.

E-Mail Message

To: Manager <Culinary_ask@googler.com>

From: Judy Miller <Jmiller@navy.com>

Subject: Inquiry about cooking program

Dear Sir/Madam,

I am writing this e-mail to inquire about cooking classes at your institute. I am looking for classes that can help me develop some practical knowledge and skills in Asian cuisines. Therefore, I wish to know which courses you are offering in the fall. I kindly ask you to provide me with the details of the courses along with their duration, the enrollment procedure, and the price of tuition and any other fees.

I look forward to your response since I am eager to start as soon as possible.

Thank you in advance.

Regards,
Judy Miller

1. What is the purpose of the e-mail?
(A) To get information about classes
(B) To cancel a class registration
(C) To inquire about the availability of classes
(D) To apply for an internship at an institute

2. What information is Judy Miller NOT interested in?
(A) How long some courses will last
(B) How to sign up for a program
(C) How to meet admission requirements
(D) How much she will have to pay for a course

inquire 문의하다
cooking class 요리 수업
practical 실용적인
therefore 그래서
share 공유하다
duration 기간
enrollment 등록
procedure 절차
tuition 수강료
fee 수수료
in advance 미리

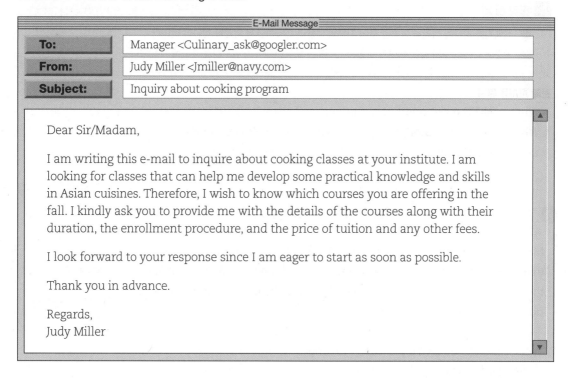

III True / NOT true 문제

True / NOT true 문제는 지문을 읽고 지문의 내용과 일치하거나 일치하지 않는 선택지를 고르는 문제 유형입니다. 대부분의 경우 선택지는 지문의 단어나 표현을 그대로 쓰지 않고 바꾸어 쓰여(paraphrased) 있습니다.

비법 전수

1. 선택지를 하나씩 정확히 이해한 후에 지문의 내용과 대조하면서 정답을 찾아야 합니다.
2. 지문에 나온 어구와 같은 어구가 포함된 선택지는 오답인 경우가 많으므로 주의해야 합니다.

문제 지시문 예시

- What is **(NOT) mentioned** as a qualification? 자격 요건으로 **언급된(되지 않은)** 것은?
- What is **(NOT) indicated** in the letter? 편지에서 **시사하는(하지 않은)** 것은?
- What is **(NOT) true** about the event? 이 행사에 관한 **사실인(사실이 아닌)** 것은?

정답 및 해설 p.062

A 다음 광고를 읽고 밑줄 친 부분에 주의하여 질문에 답하세요.

Master Language School is looking for English instructors with good experience and a passion for teaching. The applicant should have at least three years of experience in the related field. Also, he or she should be fluent both in Korean and English.

look for ~을 찾다
instructor 강사, 교사
applicant 지원자
at least 적어도
related field 관련 분야
fluent 유창한

Q What is mentioned as a qualification for English instructors? 영어 강사의 자격 요건으로 언급된 것은?

Ⓐ Being experienced in the field 관련 분야에서 경력이 있을 것
Ⓑ Being a native speaker of English 영어 원어민일 것

B 다음 편지를 읽고 질문에 답하시오.

Dear Paul Johnson,

We are pleased that you have chosen Lucky Seven Cruise for your vacation. Your deposit of $500 has been received, and your reservation has been confirmed. You are going to leave on your vacation next Friday. If you have any questions about your travel, please contact us at 800-555-4444.

pleased 기쁜
deposit 계약금, 적립금
reservation 예약
confirm 확인하다[확정하다]
contact 연락하다

Q What is NOT true according to the letter? 편지에 따르면 다음 중 사실이 아닌 것은?

Ⓐ Paul Johnson's reservation has been canceled. 폴 존슨의 예약은 취소되었다.
Ⓑ The cruise is going to start next Friday. 크루즈[유람선] 여행은 다음 주 금요일에 시작될 것이다.

정답 및 해설 p.062

Part 7 지문을 읽고 문제의 정답을 고르세요.

Questions 1-2 refer to the following memo.

MEMO

To: All staff members
From: Edward Howe
Re: Management position available, Power Fitness - Miami Center

For those who are interested, we are looking to hire a manager for our sports center in Miami. The current manager is retiring next month. Previous experience in a managerial position is desirable. Any staff members who are interested should submit their applications to Edward Howe (HR manager) by the end of this month, Monday, October 31.

1. What is the purpose of the memo?
(A) To look for a manager
(B) To promote a new center in Miami
(C) To hire a secretary
(D) To announce a manager's retirement

2. Which of the following is NOT true according to the memo?
(A) Power Fitness is a sports center.
(B) The manager's job is in Miami.
(C) Managerial experience would help a person get the job.
(D) The deadline for applications has not been fixed yet.

interested 관심이 있는
current 현재의
retire 은퇴하다
managerial 경영의
submit 제출하다
application 지원서

IV 추론 문제

추론 문제는 지문에 답이 바로 나와 있지 않지만 지문에 제시된 정보를 바탕으로 논리적인 결론을 도출하여 답해야 하는 문제로, 비교적 난이도가 높은 문제 유형입니다.

비법 전수

1. 추론 문제의 단서는 지문에 직접적으로 드러나지 않기 때문에 지문에 제시된 내용을 꼼꼼히 읽어 세부사항들을 잘 파악해 두어야 합니다.
2. 문제를 먼저 읽고, 문제에서 묻고 있는 핵심 사항과 관련이 있는 부분을 찾아 그 부분을 꼼꼼히 읽도록 합니다.

문제 지시문 예시

✦ What does the letter **imply**? 편지가 **암시하는 것**은 무엇인가?

✦ What can be **inferred** about Mr. Lawrence? 로렌스 씨에 관해 **추론할 수 있는 것**은?

✦ What does the article **imply** about people's health? 기사가 사람들의 건강에 대해 **암시하고 있는 것**은?

정답 및 해설 p.062

Ⓐ 다음 공지를 읽고 밑줄 친 부분에 주의하여 질문에 답하세요.

The gym is now open for all employees after three months of renovations. You can enjoy a wider variety of facilities. <u>In addition, the good news is that the gym is now open on Saturdays and Sundays.</u>

a wider variety of 더 다양한
facility 시설물
in addition 게다가
frequently 자주

Q What can be inferred about the gym? 체육관에 대해 추론할 수 있는 것은?

Ⓐ It was not open on weekends before the renovation. 보수 공사 전에는 주말에 열지 않았다.

Ⓑ It is not used frequently by the employees. 직원들이 그곳을 자주 사용하지 않는다.

Ⓑ 다음 기사를 읽고 질문에 답하세요.

Contrary to what you may think, online shopping can sometimes be very dangerous. When you enter your personal information to buy something, somebody may steal your information. Then, these thieves may use your private information to buy things on the Internet.

contrary to ~와 달리
dangerous 위험한
personal information 개인 정보
steal 훔치다

Q What does the article imply? 기사가 암시하고 있는 것은?

Ⓐ Your personal information may not be kept private. 당신의 개인정보가 비밀로 지켜지지 않을 수도 있다.

Ⓑ Online shopping is dangerous if you buy too much. 물건을 너무 많이 사면 온라인 쇼핑은 위험하다.

토익 실전 연습

정답 및 해설 p.063

Part 7 지문을 읽고 문제의 정답을 고르세요.

Questions 1-2 refer to the following text message chain.

Melanie Vasquez	10:03 A.M.	I just looked through the last quarter's sales report. I think we need to do something about it.
Greg Jenkins	10:05 A.M.	What do you mean?
Melanie Vasquez	10:06 A.M.	Well, there have been declines in sales. I think we might consider spending more money on marketing to recover our lost profits. What do you think?
Greg Jenkins	10:09 A.M.	Well, I think that's a good idea. More marketing means more sales.
Mark Spencer	10:12 A.M.	I am afraid I don't agree with you. Marketing is expensive, and we cannot guarantee this move will succeed.
Melanie Vasquez	10:13 A.M.	I see your point, Mark. But do we have options other than putting more money into marketing?
Mark Spencer	10:15 A.M.	How about hiring more sales representatives?
Melanie Vasquez	10:17 A.M.	But that also means we have to spend more money anyway.
Greg Jenkins	10:20 A.M.	In my opinion, it isn't proper to be talking about this issue through the messenger. Why don't we discuss this more in detail at the next meeting?
Melanie Vasquez	10:21 A.M.	Okay.
Mark Spencer	10:22 A.M.	Sounds good.

Send

1. What can be inferred about the last quarter?

(A) The company has been losing money because of its new marketing strategy.

(B) The company did not make a profit in the last quarter.

(C) The company hired more sales representatives, but they did not work out.

(D) The company started a new marketing campaign, and it turned out well.

2. Which of the following is NOT true about Mark Spencer?

(A) He has a different idea from Greg Jenkins.

(B) He suggested that the company be open to hiring new employees.

(C) He would like the company to scout a marketing specialist.

(D) He believes that providing the Sales Department with more money will be effective.

look through 자세히 살펴보다
last quarter 지난 분기
sales report 영업 보고서
decline 감소
guarantee 보장하다
sales representative 영업부 직원
anyway 어쨌든
in detail 자세히
marketing strategy 마케팅 전략
make profits 이윤을 내다
work out 잘 해결되다
turn out ~로 판명되다
specialist 전문가
effective 효과적인

V 동의어 찾기 문제

동의어 찾기 문제는 지문에 제시된 단어와 유사한 의미의 단어를 선택지에서 고르는 문제 유형입니다. 평소에 토익 관련 단어를 꾸준히 익혀두는 것이 중요합니다.

비법 전수

1. 의미를 모르는 단어가 나왔을 경우에는 지문의 내용을 전체적으로 읽어 내려가면서 단어의 뜻을 유추해 보도록 합니다.
2. 평소 의미를 알고 있는 단어가 제시되더라도, 문맥에 따라 다른 의미로 쓰인 경우가 있으므로 단어가 포함된 문장과 그 문장의 앞 뒤로 제시된 문장들을 꼼꼼히 읽고 정확한 뜻을 파악하도록 합니다.

문제 지시문 예시

✦ The word "leave" in paragraph 1, line 2 is closest in meaning to
첫 번째 단락 두 번째 줄에 있는 leave와 의미가 같은 것은?

정답 및 해설 p.063

Ⓐ 다음 회람을 읽고 밑줄 친 부분에 주의하여 질문에 답하세요.

As of next Tuesday, June 22, the free valet parking service for guests will be terminated. That means there will be no more free parking service. This is to save costs during this difficult economic situation. We are so sorry for any inconvenience this may cause.

free valet parking 무료 주차 대행
cost 비용

Q The word "terminated" in paragraph 1, line 2 is closest in meaning to
첫 번째 단락 두 번째 줄에 있는 terminated와 의미가 같은 것은?

Ⓐ prohibited 금지된
Ⓑ finished 끝난

Ⓑ 다음 편지를 읽고 질문에 답하세요.

Dear Sir/Madam,

I am writing to reply to your advertisement for a helper at one of your summer youth camps. I am very interested in the job, and I think I have the necessary qualifications because I have already worked as a sports instructor at many camps. I would be grateful if you could give me some more information about the job.

reply (to) 답변하다[회답하다]
necessary 필요한
qualification 자격 요건, 자질
instructor 강사

Q The word "grateful" in paragraph 1, line 4 is closest in meaning to
첫 번째 단락 4번째 줄에 있는 grateful과 의미가 같은 것은?

Ⓐ thankful 고마운
Ⓑ meaningful 의미 있는

정답 및 해설 p.064

Part 7 지문을 읽고 문제의 정답을 고르세요.

Questions 1-2 refer to the following letter.

Dear Jeremy Brown,

With reference to your advertisement in the *Honolulu Advertiser*, I would like to apply for the position of Spanish teacher at the Dillingham Language School. I believe I have many of the appropriate qualifications for this job.

I majored in Spanish in college and graduated with top marks three years ago. Also, I worked as a full-time Spanish teacher for two years after I graduated from college. Therefore, I would appreciate it if you could carefully review my résumé.

I would like to know how many hours I should work per day. Also, would you let me know when the lessons start and where I could stay?

I look forward to hearing from you.

Sincerely,
Paul Welkins

1. What is the purpose of the letter?
(A) To apply for a job
(B) To arrange an interview
(C) To accept a job offer
(D) To complain about some service

2. The word "appropriate" in paragraph 1, line 3 is closest in meaning to
(A) difficult
(B) unknown
(C) manageable
(D) suitable

with reference to ~와 관련하여
major (in) 전공하다
graduate 졸업하다
mark 점수, 성적
appreciate 감사하다
per day 하루(당)
look forward to ~을 고대하다
arrange 정하다, ~의 예정을 세우다
unknown 알려지지 않은
manageable 다루기 쉬운; 순종하는

VI 인용 문제

지문에 주어진 일부 표현을 그대로 인용하여 그 의미를 묻는 문제입니다.

비법 전수

1. 문제에 제시된 표현의 정확한 의미를 먼저 파악합니다.
2. 전체적인 맥락 안에서 주어진 표현이 어떤 의도로 쓰였는지 파악하도록 합니다.

문제 지시문 예시

✦ At 12:30 P.M., what does Mr. Ernst mean when he writes, "Suit yourself"?
오후 12시 30분에 언스트 씨가 "편한대로 하세요"라고 했을 때 그가 의미하는 바는 무엇인가?

정답 및 해설 p.064

Ⓐ 다음 문자 메세지를 읽고 질문에 답하세요.

Jennifer Haydon 3:20 P.M.
I would like to remind you about this Friday's meeting. Please attend and be on time.

Sharon Klein 3:22 P.M.
Oh, sorry. I completely forgot about it. Actually, I have something else planned for that time.

Jennifer Haydon 3:24 P.M.
I am afraid you might have to reschedule your plans. The meeting is a must. We are going to talk about the company's next move regarding our promotional campaign in the coming year.

Sharon Klein 3:25 P.M.
All right. I will see what I can do.

remind 상기시키다
on time 정시에
completely 완전히
reschedule 일정을 다시 잡다
a must 필수적인 일
promotional campaign 홍보 활동
in the coming year 내년에

Q At 3:24 P.M., what does Ms. Haydon mean when she writes, "The meeting is a must"?
오후 3시 24분에 헤이든 씨가 "회의는 의무적인 것이에요"라고 했을 때 그녀가 의미하는 바는 무엇인가?

Ⓐ It is necessary for all employees to read the materials for the meeting.
모든 직원들은 회의를 위해 자료를 읽을 필요가 있다.

Ⓑ It is mandatory for all sales representatives to be present at the meeting.
모든 영업부 직원들은 의무적으로 미팅에 참석해야 한다.

토익 실전 연습

정답 및 해설 p.064

Part 7 지문을 읽고 문제의 정답을 고르세요.

Questions 1-2 refer to the following text message chain.

Sam Murray 10:01 A.M.
I was mistaken when I told you that we didn't have printers in stock.

Jinny Park 10:02 A.M.
So can we get our shipment on time?

Sam Murray 10:04 A.M.
Yes, of course.

Jinny Park 10:05 A.M.
When is the estimated time of arrival?

Sam Murray 10:08 A.M.
It's probably this Thursday.

Jinny Park 10:10 A.M.
Thank you so much. I am glad to hear that. As you know, we have a huge back order on those printers.

Sam Murray 10:13 A.M.
I am so sorry about that. But those printers are in such demand nowadays. I just assumed they were out of stock. Anyway, I am glad things are going to work out.

Send

1. What is suggested about Sam Murray?
(A) He has been a major supplier for quite a long time.
(B) He gave Ms. Park the wrong information about the printers.
(C) He has made several shipping mistakes for the past few months.
(D) He is on the way to meet with Jinny Park.

2. At 10:13 A.M., what does Mr. Murray mean when he writes, "things are going to work out"?
(A) The production of the printers is ahead of schedule.
(B) Mr. Murray and Ms. Park will agree on the time of arrival.
(C) His company will have to work more on this issue.
(D) The printers will be delivered to Ms. Park on schedule.

mistaken 잘못 알고 있는
in stock 재고가 있는
shipment 배송, 수송품
estimated time of arrival 도착 예정 시간
back order 이월 주문
assume 가정하다
out of stock 재고가 없는
work out (일이) 잘 해결되다
major 주요한
supplier 공급 업체
for the past few months 지난 몇 달간
ahead of schedule 일정보다 앞서서
deliver 배달하다
on schedule 일정에 맞게

VII 문장 삽입 문제

주어진 글과 관련된 한 문장이 제시되고, 이 문장이 들어갈 알맞은 위치를 묻는 문제 유형입니다.

비법 전수

1. 문제에 주어진 문장을 꼼꼼히 해석하여 그 의미를 정확히 이해하도록 합니다.
2. 본문에 [1], [2], [3], [4]로 표시된 부분의 앞과 뒤에 있는 문장의 의미를 파악하여, 문제에 주어진 문장과 어울리는지 판단해야 합니다.

문제 지시문 예시

✦ In which of the positions marked [1], [2], [3], and [4] does the following sentence best belong?
[1], [2], [3], [4]로 표시된 곳 중 아래 문장이 들어갈 알맞은 곳은?

정답 및 해설 p.065

Ⓐ 다음 기사를 읽고 밑줄 친 부분에 주의하여 질문에 답하세요.

—[1]—. First National Bank has announced its plans to sponsor an employment program for senior citizens. —[2]—. And it is expected to help a lot of retired people with many years of work experience find better jobs. Interviews with local companies will be held during the first two weeks of January. —[3]—. Senior citizens interested in this program are encouraged to register at one of the bank's branches.

sponsor 후원하다
employment 고용
senior citizen 어르신
retired 은퇴한
be held 개최되다, 열리다
be encouraged to ~하도록 격려 받다, 권고 받다
branch 지점

Q In which of the positions marked [1], [2], and [3] does the following sentence best belong?
[1], [2], [3]으로 표시된 곳 중 아래 문장이 들어갈 알맞은 곳은?

"This program is scheduled to start next year on January 1." 이 프로그램은 내년 1월 1일에 시작할 예정이다.

Ⓐ [1] Ⓑ [2] Ⓒ [3]

Ⓑ 다음 편지를 읽고 질문에 답하세요.

Dear Sir,

On August 14, I ordered a laptop from your store. —[1]—. The model number is MP350. When I ordered it, I remember the price was 920 dollars. —[2]—. However, on August 20, I received my bill, and it listed the laptop at 945 dollars. —[3]—. So please credit my account for the $25 discrepancy. I appreciate your attention to this matter.

bill 청구서
credit (명) 신용, (동) 입금하다
discrepancy 차이, 불일치
appreciate 고마워하다
attention 관심

Q In which of the positions marked [1], [2], and [3] does the following sentence best belong?
[1], [2], [3]으로 표시된 곳 중 아래 문장이 들어갈 알맞은 곳은?

"This was $25 more expensive than I had expected." 이것은 생각했던 것 보다 25달러 더 비쌉니다.

Ⓐ [1] Ⓑ [2] Ⓒ [3]

정답 및 해설 p.065

Part 7 지문을 읽고 문제의 정답을 고르세요.

Questions 1-2 refer to the following letter.

Dear Sir/Madam,

I am writing this letter to complain about a flight to Las Vegas with your airline that I took last Friday. I was very disappointed with the service that your airline provided. —[1]—.

I should have attended an important meeting in Las Vegas, so I booked a flight for 8:00 P.M. —[2]—. I arrived at the airport and completed all the boarding procedures. —[3]—. Then, I had to wait two hours before the plane took off. And this was only the beginning.

The seats were so uncomfortable that I couldn't sleep a minute during the entire flight. —[4]—. As far as I see, they failed to meet the passengers' needs. I demand an immediate refund, or I may have to take legal action against you.

Truly,

Simon Lee

1. What is the purpose of this letter?
(A) To make a reservation for a ticket
(B) To make suggestions about passenger service
(C) To request a full refund for a flight
(D) To ask for more information about a flight

2. In which of the positions marked [1], [2], [3], and [4] does the following sentence best belong?
"Furthermore, your staff didn't seem to be experienced and well-trained in passenger service."
(A) [1]
(B) [2]
(C) [3]
(D) [4]

complain 불평하다
be disappointed with ~에 실망하다
provide 제공하다
book 예약하다
complete 완성하다
boarding procedures 탑승 수속, 절차
take off 이륙하다
fail to ~하지 못하다
immediate refund 즉각적인 환불
legal action 법적 조치

Unit 15

지문 유형별 연습

I 편지 & 이메일 Letter & E-mail

편지와 이메일은 가장 출제 빈도가 높은 지문으로, 글의 형식에 익숙해져야 하며 필요한 정보를 바로 찾을 수 있어야 합니다.

비법 전수

1 편지와 이메일의 형식에 익숙해지도록 합니다.

2 편지/이메일의 목적, 수신자/발신자, 첨부 파일의 내용 등을 묻는 문제가 나올 것이라고 예상할 수 있습니다.

예상 출제 문제 예시

✦ What is the main purpose of the letter? 편지의 주된 목적은 무엇인가?

✦ By whom was the e-mail sent? 누가 이메일을 보냈는가?

✦ What is enclosed in the letter? 편지에 동봉된 것은 무엇인가?

✦ What is Ms. Kidman asked to do? 키드먼 씨는 무엇을 하도록 요청을 받고 있는가?

정답 및 해설 p.066

A 다음 편지를 읽고 질문에 답하세요.

받는 사람의 정보 (회사명, 주소) → Max Office Supplies
433 Western Lane
New York, NY 10987

받는 사람의 이름, 직책 → Dear Ms. Johnson,

It was a pleasure meeting you at the interview. I enjoyed our conversations so much, especially hearing about the needs of the Marketing Department.

요청사항 → I would appreciate it if you could send me a letter concerning your hiring decision. Thank you again for your time, and I am looking forward to hearing from you soon.

맺음말, 보내는 사람 → Sincerely,
Jane Omaley

especially 특히 appreciate 감사하다 concerning ~에 관한

1 By whom was the letter sent? 누가 편지를 보냈는가?
Ⓐ A job applicant 구직자
Ⓑ An interviewer 면접관

2 What is Ms. Johnson asked to do? 존슨 씨는 무엇을 하도록 요청을 받고 있는가?
Ⓐ Arrange a meeting 회의 일정 잡기
Ⓑ Send a letter about a decision 결정에 관한 편지 보내기

Part 7 지문을 읽고 문제의 정답을 고르세요.

Questions 1-2 refer to the following e-mail.

To:	editor_New York@newyork.net
From:	Brian Simpson <simpson@goolger.co>
Subject:	The article regarding PK Co.

To the editor:

I am writing about the article entitled *PK Co. Negative Sales*. My name is Brian Simpson, and I am the public relations director at PK Co. After my coworkers and I read your article, we found some incorrect information. — [1] —.

First of all, you wrote that we are planning to lay off 30% of our staff members this coming August. — [2] —. Also, you wrote that our sales decreased 10% in the first quarter of this year. This is not true. — [3] —.

We would like you to publish a correction to the article immediately, and we need an official apology to your company. — [4] —.

Thank you,
Brian Simpson

1. Why was the e-mail written?
(A) To ask an editor for some advice
(B) To request some corrections be made
(C) To apologize to the editor for the article
(D) To introduce some new staff members

2. In which of the positions marked [1], [2], [3], and [4] does the following sentence best belong?
"However, that has not been decided yet."
(A) [1]
(B) [2]
(C) [3]
(D) [4]

subject 제목
article 기사
entitled ~제목으로 된
public relations 홍보
incorrect 부정확한
immediately 즉시
yet 아직
quarter 분기
publish a correction 정정 기사를 게재하다
immediately 즉시
official apology 공식 사과
executive officer 임원
publisher 출판업자

II 공지문 & 회람 Notice & Memo

공지와 회람은 회사의 새로운 소식, 변경 사항 등을 알릴 때 사용하는 공식 문서입니다. 받는 사람, 보내는 사람, 주제, 그리고 본문 내용으로 구성되어 있습니다.

비법 전수

1. 공지와 회람의 제목은 주제를 나타냅니다.
2. 공지와 회람은 전달 사항을 본문에 간결하게 제시합니다.

예상 출제 문제 예시

✦ What is the purpose of the memo? 회람의 목적은 무엇인가?

✦ Why was the memo written? 회람은 왜 작성되었는가?

✦ What will happen on October 21? 10월 21일에는 무슨 일이 일어날 것인가?

정답 및 해설 p.067

A 다음 회람을 읽고 질문에 답하세요.

받는 사람 → To: All staff members

보내는 사람 → From: Jessica Shaydon, Personnel Department

제목 → Re: The promotion of Joe Endley

Re는 Regarding (~에 관하여)을 뜻함. Subject로 표시할 수도 있음

본문 내용 → I am pleased to announce that Joe Endley, a manager in the Sales Department, has been promoted to vice president of the company. Mr. Endley has been working for our company for the last 18 years. He won the "Employee of the Year" award in 2019 for increasing our sales. We are very excited to see his leadership as a new vice president.

leadership 리더십, 지도력

1 What is the purpose of the memo? 회람의 목적은 무엇인가?

Ⓐ To inform employees of the new vice president 직원들에게 새로운 부사장에 관해 알리기 위하여

Ⓑ To notify employees of an annual meeting 직원들에게 연간 회의에 대해 통보하기 위하여

2 How long has Mr. Endley been working for the company?
엔들리 씨는 얼마나 오래 동안 이 회사에서 근무해왔나?

Ⓐ 18 years 18년

Ⓑ 29 years 29년

Part 7 지문을 읽고 문제의 정답을 고르세요.

Questions 1-2 refer to the following memo.

To: All Staff
From: Jessica Bennett, Maintenance Department
Subject: Building Safety Inspection

The building safety inspection was scheduled for Monday, September 27. —[1]—. However, the company decides to change the date. —[2]—.

During the building safety inspection, a special team from the headquarters will give you all the information about what you have to do. —[3]—. The team will arrive on Wednesday to make preparations. I would appreciate it if you would cooperate with the inspection. —[4]—.

1. In which of the positions marked [1], [2], [3], and [4] does the following sentence best belong?
"The safety inspection will take place on Thursday, September 30."
(A) [1]
(B) [2]
(C) [3]
(D) [4]

2. What are the employees asked to do during the inspection?
(A) Leave the office building
(B) Participate in the preparations
(C) Do what the special team asks
(D) Inspect some information

safety inspection 안전 검사
be scheduled for ~으로 예정되다
take place 일어나다, 개최되다
headquarters 본사
preparation 준비
appreciate 감사하다
cooperate 협조하다
participate in ~에 참가하다

III 광고 Advertisement

광고문의 종류로는 회사의 제품이나 서비스에 대한 광고 또는 구인/구직 광고 등을 들 수 있습니다. 특히 구인 광고는 토익에서 자주 출제되는 지문 중 하나입니다.

비법 전수

1 광고 안의 세부 정보(광고를 하는 주체, 광고의 대상, 광고 상품의 종류, 특징 등)를 파악합니다.

2 구인 광고의 경우 모집 분야, 자격 요건, 지원 방법 등에 주의합니다.

예상 출제 문제 예시

✦ What product is being advertised? 어떤 제품이 광고되고 있는가?

✦ What is NOT stated in the advertisement? 광고에 언급되지 않은 것은?

✦ What is mentioned as a requirement for the job? 이 직업의 자격 요건으로 언급된 것은?

정답 및 해설 p.067

A 다음 구인 광고를 읽고 질문에 답하세요.

회사 이름 / 직무 →

Marketing Position at the Sharon Manufacturing Co.

회사 소개 / 광고 목적 소개-구인 →

The Sharon Manufacturing Co. is the nation's leading producer of home appliances. Currently, we are looking for a marketer.

자격 요건 →

Requirements:

- Bachelor's degree
- Minimum of three years of experience in marketing
- Good interpersonal skills

지원 방법 및 마감일 →

If you are interested in the job position, please send your résumé and cover letter to appliances@sharon.com by March 1.

home appliance 가전제품 interpersonal skill 대인관계 기술

1 What is NOT required for the position? 직책에 필요하지 않은 것은 무엇인가?

Ⓐ A university degree 대학 학위

Ⓑ Fluency in three languages 3개 국어에 능통함

2 What should an applicant do to apply for the job? 일자리에 지원하기 위하여 지원자는 어떻게 해야 하는가?

Ⓐ E-mail a résumé and cover letter 이력서와 자기소개서를 이메일로 보낸다.

Ⓑ Fax a résumé and cover letter 이력서와 자기소개서를 팩스로 보낸다.

정답 및 해설 p.068

Part 7 지문을 읽고 문제의 정답을 고르세요.

Questions 1-2 refer to the following job advertisement.

Job Openings at Golden Office Supplies

Golden Office Supplies is looking for some experienced managers. All the managers will start to work in Chicago and will have opportunities to work at other branches in the future. The qualified candidates will be able to:

- manage contracts with suppliers
- develop marketing plans
- conduct customer surveys

Download the application from our website and fill out all the information. Please send the form with two letters of recommendation by October 10 to the following address:

Golden Office Supplies

17 Broadway

Chicago, IL 60602

1. What position is being advertised?

(A) Teller

(B) Secretary

(C) Supplier

(D) Manager

2. What is NOT true about the advertisement?

(A) A candidate can download an application from the website.

(B) The application should be sent by October 10.

(C) The application should be sent by e-mail.

(D) Successful candidates will work in Chicago.

opportunity 기회
contract 계약, 계약서
supplier 공급업자
develop 개발하다
application 신청서
fill out 기입하다, 채우다
letter of recommendation 추천서
successful candidate 합격자

IV 송장 & 일정 Invoice & Schedule

상품을 배송할 때 상품과 함께 보내는 물품 명세서를 송장(invoice)이라고 합니다. 송장에는 제품의 수량, 단가, 총액, 지불 날짜 등의 내용이 명시되어 있습니다. 일정(schedule)과 관련된 지문으로는 여행 일정이나 회의 일정 등이 자주 출제됩니다. 언제, 어디서, 무슨 일이 있는지에 집중해 지문을 읽도록 합니다.

비법 전수

1 송장과 일정의 형식에 익숙해지도록 합니다.

2 송장과 일정의 세부사항은 주로 도표로 제시되므로 도표의 각 항목들을 빠르게 파악합니다.

예상 출제 문제 예시

✦ Who is the invoice intended for? 송장은 누구에게 보내지는 것인가?

✦ What is NOT included in the total price? 총액에 포함되지 않은 것은 무엇인가?

✦ When were the products delivered? 언제 제품이 배달되었는가?

정답 및 해설 p.068

A 다음 송장을 읽고 질문에 답하세요.

회사명 →

Invoice

Paul's Furniture Store

고객 정보 (주소, 이름 등) →

Client: Rachel Miller
101 Oak Street
Portland, Oregon 84879

물품 구매 세부 내역 (상품 종류, 수량, 단가, 총액 등) →

Item	Quantity	Total Price
IU-184 executive chair	8	$800
MX-77 wooden desk	2	$1,790
	Subtotal	$2,590
	Tax	$206
	Total Amount Due	$2,796

지불 마감일 및 주의 사항 →

The payment is due on January 13, and if the payment is not made by the due date, an extra 100 dollars will be charged.

due date 마감일 charge 청구하다

1 Who is the form intended for? 양식은 누구에게 보내지는 것인가?

Ⓐ The manger at Paul's Furniture Store 폴 가구점 지배인

Ⓑ A client named Rachel Miller 레이첼 밀러라는 이름의 고객

2 What will happen if the payment is late? 만약 지불이 늦어지면 무슨 일이 일어날 것인가?

Ⓐ The shipping will be delayed. 배송이 늦어질 것이다.

Ⓑ A late fee will be charged. 연체료가 부과될 것이다.

Part 7 지문을 읽고 문제의 정답을 고르세요.

Questions 1-2 refer to the following schedule.

Annual Company Banquet

Shine Production Co.

Date: Thursday, December 28, 5:00 P.M. – 8:30 P.M.
Location: Hilltop Hotel, Ruby Ballroom

5:00 P.M. – 5:30 P.M	An opening speech by the president
5:30 P.M. – 6:30 P.M.	Presentation of the "Employee of the Year" award
6:30 P.M. – 8:30 P.M.	Dinner

If you have any questions about the banquet, call Joey Moore at (176) 765-8765 or e-mail him at Joey@shine.com.

1. What time will the dinner begin?
(A) 5:00 P.M.
(B) 5:30 P.M.
(C) 6:30 P.M.
(D) 8:30 P.M.

2. What is going to happen at 6:00 P.M.?
(A) The welcoming remarks
(B) Dinner
(C) An opening speech
(D) The presentation of the employee of the year award

annual 연례의, 해마다의
banquet연회
location 장소
opening speech 개회사
welcoming remark 환영사
presentation 발표, 수여식

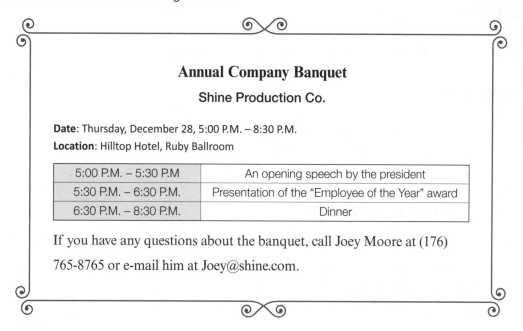

V 문자 메시지 & 온라인 채팅 Text Message & Online Chatting

문자 메시지나 온라인 채팅은 이메일이나 편지보다 정보 전달이 즉시에 이루어지기 때문에 비지니스 상황에서 유용하게 활용됩니다. 메시지가 간결한 것이 특징이며, 각 메시지 마다 발신자와 발송 시간이 표시됩니다.

비법 전수

1. 메시지를 보고 발신자들 사이의 관계를 파악해야 합니다.
2. 메시지의 목적을 파악하고, 시간 별로 대화가 어떻게 진행되는지 파악해봅니다.

예상 출제 문제 예시

✦ What is suggested about Mr. Price? Price 씨에 대하여 제시된 것은 무엇인가?

✦ At 3:25 P.M., what does Mr. White mean when he writes, "Not a big deal"?
오후 3시 25분에 화이트 씨가 "별것 아니에요"라고 쓴 의미는 무엇인가

정답 및 해설 p.069

Ⓐ 다음 문자 메시지 대화를 읽고 질문에 답하세요.

발신자1 이름 / 발송 시간 → **JIM TURNER** 10:39 A.M.
문자 내용 → I just called you, but you didn't answer. Are you busy?

발신자2 이름 → **NEAL MURPHY** 10:42 A.M.
Sorry. I'm in a conference now. What is the matter?

JIM TURNER 10:43 A.M.
I have a favor to ask. Do you remember the e-mail Mr. Lopez sent to the marketing staff?

NEAL MURPHY 10:45 A.M.
The one with the quarterly marketing report?

JIM TURNER 10:46 A.M.
That's it! Could you send it to me as soon as possible? I tried to find it, but I think I deleted it by mistake.

NEAL MURPHY 10:48 A.M.
No problem. Can you wait for 15 minutes? We will take a lunch break soon. Then, I can forward the e-mail.

JIM TURNER 10:49 A.M.
Sure. I owe you one.

conference 회의, 학회 favor 부탁 quarterly 분기별의 by mistake 실수로 forward (정보, 물건을) 보내다, 전달하다

1 Why did Mr. Turner send a text message? 터너 씨는 왜 문자 메시지를 보냈는가?

Ⓐ To ask for a favor 부탁을 하기 위해서

Ⓑ To apologize for the misunderstanding 오해한 것에 대해 사과하기 위해서

2 At 10:49 A.M., what does Mr. Turner mean when he writes, "I owe you one"?
오전 10시 49분에, 터너 씨가 "고마워요"라고 썼을 때 그가 의미하는 바는 무엇인가?

Ⓐ He agrees to wait for 15 minutes for the e-mail. 그는 15분 동안 이메일을 기다리는 것에 동의한다.

Ⓑ He feels grateful for what Mr. Murphy will do for him. 그는 머피 씨가 그를 위해 할 행동을 고맙게 생각한다

정답 및 해설 p.069

Part 7 지문을 읽고 문제의 정답을 고르세요.

Questions 1-2 refer to the following text message chain.

1:30 P.M.

TOM RASTON 1:17 P.M.
David, I'm on the way to the meeting. Unfortunately, I am running a little late. Traffic is heavy. I'm terribly sorry.

DAVID COX 1:19 P.M.
No worries. The meeting has been postponed until 2:30 P.M.

TOM RASTON 1:21 P.M.
What a relief! I think I will be able to get there in 30 minutes at the latest.

DAVID COX 1:23 P.M.
Okay. One thing. We had to change the meeting room from Room 308 to Room 509 because the laptop for the presentation was not connected to the screen.

TOM RASTON 1:24 P.M.
All right. Thank you for checking the system.

DAVID COX 1:26 P.M.
No problem.

TOM RASTON 1:27 P.M.
Okay. See you soon.

1. What is suggested about Mr. Raston?
(A) He arranged for a room change.
(B) He is caught in traffic.
(C) He has to go to a different building.
(D) He checked the facilities for the presentation.

2. At 1:21 P.M., what does Mr. Raston mean when he writes, "What a relief"?
(A) He heard that traffic will get better soon.
(B) He found out that the venue has been changed.
(C) He realizes that the meeting will not start before he arrives.
(D) He has confirmed that the preparations for the presentation have been completed.

on the way to ~에 가는 중
unfortunately 불행히도
traffic 교통량
postpone 연기하다
what a relief 다행이다
at the latest 아무리 늦어도

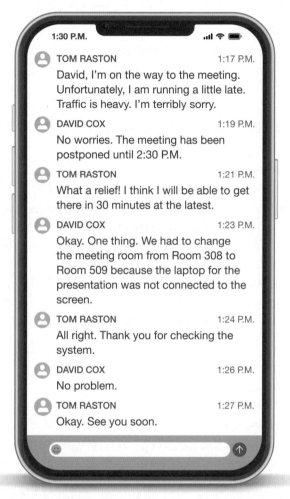

VI 두 개의 지문 Double Passage

함께 출제되는 두 개의 지문은 첫 번째 지문과 두 번째 지문의 내용이 서로 연관되어 있습니다. 예를 들면, 신문 기사가 첫 번째 지문이고 두 번째 지문은 그 신문 기사에 대해 정정을 요청하는 편지입니다.

비법 전수

1. 두 지문의 연관성을 먼저 파악합니다.
2. 두 지문의 연관된 정보를 종합하여 문제에 대한 답을 찾습니다.

정답 및 해설 p.070

A 다음 두 개의 지문(일정 & 이메일)을 읽고 질문에 답하세요.

첫 번째 지문
교육에 관한 회의 내용과 일정을 보여줌

Agenda

10:00 A.M.	Registration / Location: Main Lobby
11:00 A.M.	Keynote Address: "Education Policy," Martin Wilson Location: 306 West Tower
12:00 P.M.	Presentation: "Secondary Education," Ralph Harris Location: 312 West Tower
1:00 P.M.	Luncheon / Location: Main Dining Room
2:30 P.M.	Presentation: "Higher Education," Todd Clark Location: 213 East Tower

keynote address 기조 연설 secondary education 중등교육 higher education 고등교육

두 번째 지문
교육에 관심이 있는 지인에게 쓰는 이메일로, 앞에 제시된 교육 회의의 내용과 일정에 대해 알려줌

From: Jack Somers
To: Tracy Lee

Dear Ms. Lee,

I had a great time discussing education with you the other day. You told me that you are very interested in higher education. I found some information about a conference on education. The conference will be hosted by the Department of Education on Monday, January 28. The presenter, Todd Clark, is especially well known in the field. I hope you find it interesting.

the other day 며칠 전에 host 주최하다

1 Why did Jack write the e-mail? 잭은 왜 이메일을 썼는가?
Ⓐ To give Tracy some information about the conference 트레이시에게 회의에 관한 정보를 주기 위하여
Ⓑ To thank Tracy for participating in the conference 트레이시의 회의 참석에 감사를 표하기 위하여

2 What time will Todd Clark make his presentation? 몇 시에 토드 클락이 발표를 할 것인가?
Ⓐ 12:00 P.M. 오후 12시
Ⓑ 2:30 P.M. 오후 2시 30분

정답 및 해설 p.070

Part 7 지문을 읽고 문제의 정답을 고르세요.

Questions 1-2 refer to the following job advertisement and letter.

Wanted: Human Resources Director

We are seeking an experienced director who will lead the HR Department with enthusiasm. The successful candidate will be in charge of recruiting and training new employees. As a director, you need to have effective communication skills. Fluency and accuracy in English and French are also required. Please send your résumé and cover letter to our office.

Dear Mr. Garcia,

I saw your job opening on job.com, and I am very interested in this position. I have worked in human resources for more than 19 years, and I have played an important role in managing and recruiting staff and training employees. In addition, I had a chance to improve my French when I worked in my company's Paris office in 2017.

I am looking forward to meeting you soon for an interview. If you have any questions about my résumé, do not hesitate to contact me. Thank you for your time.

Sincerely,
Sue Baker

1. What is NOT a stated requirement?
(A) Fluency in English and French
(B) Experience in human resources
(C) Good communication skills
(D) Excellence at managing a company

2. Why did Sue write the letter to Garcia?
(A) To ask some questions
(B) To cancel the job interview
(C) To apply for the job
(D) To reply to Garcia's letter

Human Resources 인사부 (HR)
seek 찾다
enthusiasm 열정
in charge of ~을 맡는[책임지는]
recruit 모집하다
foreign 외국의
fluency 유창함
accuracy 정확함
play a role in 역할을 하다
in addition 덧붙여
hesitate 주저하다
reply 대답하다[회답하다]

VII 세 개의 지문 Triple Passage

두 개의 지문 문제보다 지문 한 개가 더 추가된 유형입니다. 예를 들면, 첫 번째 지문이 광고이고, 이 광고를 보고 주문한 내역서가 두 번째, 그리고 세 번째 지문은 주문 상품에 대한 불평 이메일이 될 수 있습니다.

비법 전수

1. 세 지문의 연관성을 빠르게 파악합니다.
2. 세 지문의 정보를 종합적으로 파악하여 문제의 답을 찾아야 합니다.

정답 및 해설 p.071

A 다음 세 개의 지문(공지 & 이메일 & 이메일)을 읽고 질문에 답하세요.

첫 번째 지문
리더십 수업에 관한 공지

Seattle Community Center

Leadership Classes

The Seattle Community Center will offer the following leadership classes this fall.

Data	Class	Time	Cost
October 10	Public Speaking	7:00 P.M. - 9:00 P.M.	$30
October 12	Communication Skills	6:30 P.M. - 9:00 P.M.	$40
October 15	Stress Management	7:30 P.M. - 9:30 P.M.	$25

Classes will be held at the Seattle Community Center, 2766 Edinger Avenue, Seattle. Registration will begin on October 1. Space in these classes is limited. If you would like to reserve a place, please send an e-mail to Alexis Kim at Alexisk@seattlecenter.com.

registration 등록 limited 제한된 reserve 예약하다

두 번째 지문
리더십 수업 담당자에게 수업 등록을 요청하는 이메일

To: Alexisk@seattlecenter.com
From: jwc77@goodline.com
Date: October 5
Subject: Registration

Dear Ms. Kim,

I am writing this e-mail to register for your leadership class called Communication Skills. My name is Jenny Wong, and my phone number is (303) 984-2213. If you can send me some information about the class, that would be very helpful.

Thank you.
Jenny Wong

register 등록하다

세 번째 지문
리더십 수업이 마감 되었다는 사실을 알리는 답변 메일

To: jwc77@goodline.com
From: Alexisk@seattlecenter.com
Date: October 6
Re: Registration

Dear Ms. Wong,

I received your e-mail yesterday. You wrote that you are interested in taking our leadership class scheduled for October 12. I am so sorry that we cannot fulfill your request. The class is very popular, so all the places have been booked. There are still some available spaces in the Public Speaking class though. If you would like to register this class, please call me at (303) 265-0009.

Sincerely,
Alexis Kim, Program Coordinator
Seattle Community Center

receive 받다 fulfill 만족시키다 book 예약하다 request 요청, 요구 popular 인기 있는

1 What is the purpose of the notice? 공지의 목적은 무엇인가?
Ⓐ To advertise business classes 비지니스 강좌를 광고하기 위해서
Ⓑ To recruit leadership instructors 리더십 강사를 채용하기 위해서

2 What class does Ms. Wong hope to attend? 웡 씨가 참석하고 싶어 했던 강좌는 무엇인가?
Ⓐ Communication Skills 의사소통 기술
Ⓑ Public Speaking 연설

3 When will the class that Ms. Kim suggests be held? 김 씨가 추천하는 강좌는 언제 진행되는가?
Ⓐ October 10 10월 10일
Ⓑ October 12 10월 12일

4 In the second e-mail, the word "fulfill" in paragraph 1, line 3 is closest in meaning to
두 번째 이메일에서, 첫 번째 문단 세 번째 줄의 fulfill이라는 단어와 그 의미가 가장 유사한 것은?
Ⓐ accommodate 부응하다
Ⓑ suggest 제안하다

Part 7 지문을 읽고 문제의 정답을 고르세요.

Questions 1-4 refer to the following online advertisement, online order form, and e-mail.

Online exclusive

Happy New Year

We are treating our online customers to **50% off** on selected styles of our winter coats. Don't miss this great deal. The discount will apply when you check out. Free Super Saver delivery is available if you spend $200 or more. This offer expires on January 10.

Click here to take advantage of this online exclusive offer!

www.Jaejae.com/orderhistory

My Info
Kelly Smith Kellys@gnamail.com Account No: A2389-8777

Order Number- 3669726

Order Placed - December 28

Item	Color	Size	Quantity	Price
Wool Wrap Coat	Brown	12	1	$230.00 → $115.00
Alpaca Three-Button Coat	Black	12	1	$180.00 → $90.00
		Subtotal		$205.00
		Free Super Saver Delivery		$0.00
		Total		$205.00

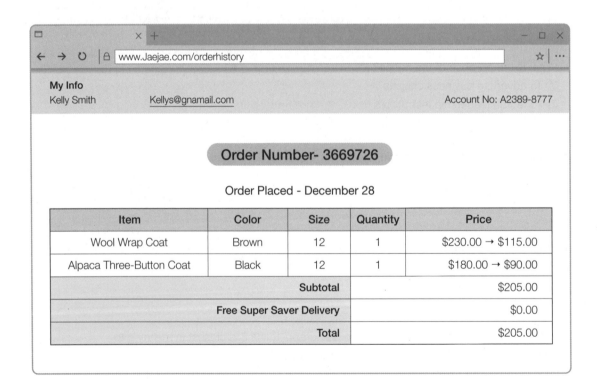

FROM Kellys@gnamail.com

TO: customerservice@Jaejae.com

SUBJECT Order exchange

Dear Customer Service,

On December 28, I ordered two coats from your Web site—order number 3669726–and they arrived on January 2. After I tried them on, I realized the alpaca three-button coat was a little too tight for me, so I would like to exchange it for a bigger size.

I understand your special discount offer was only for online orders. However, one of your stores is just around the corner from my house. Is there any chance that I can exchange it at the store instead of mailing it to you to exchange? It would be nice if I could try on a size 14 there.

Thank you.
Kind regards.
Kelly Smith

1. In the advertisement, the word "deal" in paragraph 1, line 2 is closest in meaning to

(A) contract

(B) amount

(C) bargain

(D) portion

2. What is NOT mentioned in the advertisement?

(A) The online discount

(B) The free delivery service

(C) The deal expiry date

(D) The materials of the coats

3. How much Ms. Smith paid for the coat that she wants to exchange?

(A) $230

(B) $115

(C) $180

(D) $90

4. Why did Ms. Smith send an e-mail to the customer service center?

(A) To ask for a refund

(B) To return a coat by mail

(C) To complain about the delivery

(D) To ask to exchange an item at a store

exclusive 전용의, 독점의
treat 대하다, 취급하다
miss 놓치다
apply 적용되다
expire 만료되다
take advantage of ~을 이용하다
order 주문하다
try on (옷, 신발)을 입어보다, 신어보다
tight 꽉 조이는
exchange 교환하다
around the corner 아주 가까운
instead of ~ 대신에

MEMO

MEMO

맨처음 토익

박혜영 · 전지원 지음

최신개정판

토익의 ABC를 알려드립니다!

시험에 꼭 나오는 **핵심 문법 사항**들을 **알기 쉽게 정리**
문제 및 지문의 **중요 어휘**들을 **꼼꼼히 정리**
최신 경향을 반영한 **실전 연습 문제**

입문편

RC 정답 및 해설

다락원

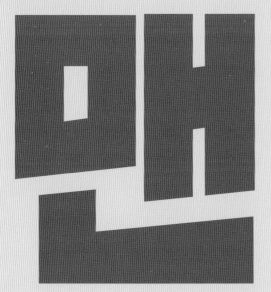

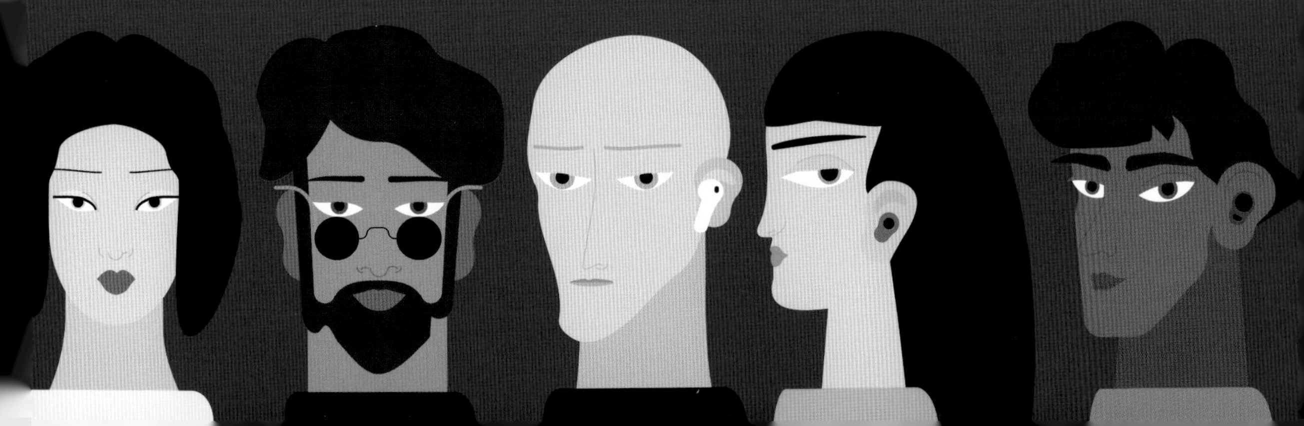

맨처음 토익

최신개정판

입문편

RC

정답 및 해설

다락원

PARTS 5·6

단문 공란 채우기 장문 공란 채우기

Unit 01 문장의 구조

I 문장의 주요 구성 요소 p.023

A

1 주어: I / 동사: work / 수식어구: on Friday
2 주어: My brother / 동사: is / 주격보어: the manager
3 주어: I / 동사: found / 목적어: the report / 수식어: very / 목적격보어: useful
4 주어: The chair / 동사: is / 수식어: very / 주격보어: comfortable
5 주어: The secretary / 동사: writes / 목적어: reports / 수식어구: every day
6 주어: I / 동사: cannot find / 목적어: the file

1 나는 금요일에 일한다.
2 나의 오빠는 지배인이다.
3 나는 그 보고서가 매우 유용하다는 것을 깨달았다.
4 그 의자는 아주 편안하다.
5 그 비서는 매일 보고서를 쓴다.
6 나는 파일을 찾을 수 없다.

어휘 2 manager 지배인, 매니저, 부장 3 find ~라는 것을 깨닫다 [알다] report 보고서 useful 유용한 4 comfortable 편안한 5 secretary 비서

B

1 Ⓐ 2 Ⓓ

1 그 남자는 마케팅 부장이다.
2 당신의 영업 보고서는 매우 흥미롭다

해설
1 빈칸은 동사 자리인데, 선택지 중에서 동사는 is뿐이다.
2 선택지 중에서 주격보어 역할을 할 수 있는 것은 형용사인 interesting이다.

어휘 1 marketing manager 마케팅 부장 2 sales report 영업 보고서 interest 흥미, 관심 interest 흥미, 관심

II 문장의 형식 - 1형식 p.024

A

1 주어: The store / 동사: closed / 수식어구: 30 minutes ago
2 주어: I / 동사: work / 수식어구: near downtown
3 주어: Mr. Wilson / 동사: returned / 수식어구: from the business trip
4 주어: The door / 동사: opens / 수식어: automatically
5 주어: Ms. Johnson / 동사: works / 수식어구: for eight hours a day
6 주어: The bus / 동사: leaves / 수식어구: around noon

1 그 상점은 30분 전에 문을 닫았다.
2 나는 시내 근처에서 일한다.
3 윌슨 씨는 출장에서 돌아왔다.
4 그 문은 자동으로 열린다.
5 존슨 씨는 하루에 8시간 일한다.
6 버스는 정오 즈음에 떠난다.

해설
[1-6] 1형식 문장에서 주어는 문장의 맨 앞에, 동사는 그 주어 다음에 온다. 나머지는 수식어구이다.

어휘 1 close (문을) 닫다; (영업 등을) 휴업하다 2 near 가까운, 근처에 downtown 시내, 도심지, 중심가 3 return 돌아오다; 되돌아가다 business trip 출장 4 automatically 자동적으로 6 leave 떠나다 around noon 정오 즈음에

B

1 Ⓑ 2 Ⓓ

1 새로운 직원은 사무실 근처에 살고 있다.
2 전략 회의는 한 시간 후에 시작한다.

해설
1 「주어 + 동사 + 수식어구」 형태의 1형식 문장으로, 선택지 중에서 수식어구인 near the office가 수식할 수 있는 알맞은 동사는 lives이다. Ⓓ의 living이 정답이 되려면 앞에 be동사 is와 함께 현재진행형 is living으로 써야 한다.
2 문장에 꼭 필요한 구성 요소인 동사가 빠져 있다. 따라서 동사인 starts가 정답이다. 「주어 + 동사 + 수식어구」로 이루어진 1형식 문장이다.

어휘 1 employee 직원 2 strategy meeting 전략회의 in an hour 한 시간 후에

III 문장의 형식 - 2형식 p.025

A

1 주어: The workshop / 주격보어: boring
2 주어: They / 주격보어: customers

3 주어: His idea / 주격보어: useless
4 주어: Some items in the store / 주격보어: expensive
5 주어: Her presentation / 주격보어: useful
6 주어: Mr. Lee / 주격보어: president of the company

1 워크숍은 지루하게 느껴진다.
2 그들은 고객이었다.
3 그의 아이디어는 쓸모 없는 것 같다.
4 그 가게에 있는 물건 몇 개는 비싸 보였다.
5 그녀의 발표는 매우 유용했다.
6 리 씨는 그 회사의 사장이 되었다.

해설

[1-6] 2형식 문장은 「주어 + 동사 + 주격보어」의 형식을 취한다. 2형식의 대표적인 동사들을 잘 알아두고, 주격보어가 될 수 있는 말은 명사나 형용사라는 것을 기억하자. 4번의 Some items in the store의 in the store는 Some items를 수식하는 수식어구이다. 6번의 president of the company에서 of the company는 president를 수식하는 수식어구이다.

어휘 1 workshop 워크숍 sound ~처럼 들린다[느껴지다]; 생각되다 boring 지루한 2 customer 고객, 단골 3 seem ~처럼 보이다, ~인 것 같다 useless 쓸모 없는 4 item 물건, 아이템; 품목, 항목 expensive (값)비싼 5 presentation 발표; 제출; 증정 useful 유용한 6 president (회사의) 사장, 회장

B

1 Ⓑ 2 Ⓐ

1 그 문제에 관한 김 씨의 제안은 실제로 도움이 될 것 같다.
2 처음에는 사무실의 재배치가 쉽지 않았다.

해설

1 practical은 주어(Mr. Kim's suggestion about the problem)를 보충 설명하는 주격보어이다. 2형식 문장으로서 빈칸에는 뒤의 주격보어를 이끌 수 있는 동사가 필요한데, Ⓑ의 seem은 대표적인 2형식 동사 중 하나이다.
2 주어(The relocation of the office)의 상태를 보충 설명해주는 주격보어가 필요한 2형식 문장이다. 선택지에서 주격보어가 될 수 있는 것은 형용사인 easy이다.

어휘 1 suggestion 제안 practical 실용적인, 실제로 도움이 되는; 실제적인 seem ~처럼 보였다 2 relocation 재배치 easily 쉽게 at first 처음에는, 최초에는

Ⅳ 문장의 형식 – 3형식

p.026

A

1 They discussed the issue.
2 Our team finished the contract.
3 The HR manager liked my suggestion.
4 Mr. Green sent some packages.
5 We received an invitation yesterday. / Yesterday, we received an invitation.

해설

[1-6] 3형식 문장은 「주어 + 동사 + 목적어」의 형식을 취한다.

어휘 1 discuss 논의하다 issue 문제, 쟁점 2 finish 종료하다, 끝내다 contract 계약 3 HR manager 인사팀장 suggestion 제안 4 package 소포, 꾸러미 5 receive 받다 invitation 초대(장)

B

1 Ⓒ 2 Ⓑ

1 텔레콤은 낮은 가격에 휴대폰을 판매한다
2 임원 몇 명은 그것들에 대해 이번 주 후반에 논의할 것이다.

해설

1 주어(TeleCom), 목적어(cellular phones), 수식어구(at low prices)는 나와 있는데, 동사가 빠져 있으므로 동사인 sells를 선택해야 한다.
2 discuss는 뒤에 바로 목적어를 취하는 3형식 동사이므로 빈칸에는 목적어가 필요하다. 목적어로는 대명사의 목적격 또는 명사(구)가 올 수 있으므로 them이 정답이다.

어휘 1 cellular phone 휴대폰 at low prices 낮은 가격에 sell 팔다 2 executive 임원, 경영진, 중역 discuss 논의하다, 토의하다 later this week 이번 주말에 effective 효과적인; 유효한

Ⅴ 문장의 형식 – 4형식

p.027

A

1 gave us
2 offer her
3 us some chairs
4 new customers a free coupon
5 to me

해설

[1-4] 4형식 문장은 「주어 + 동사 + 간접목적어 + 직접목적어」의 형식을 취한다. 간접목적어는 '~에게'에 해당하는 부분이고, 직접 목적어는 '~을/를'에 해당하는 부분이다.

5 4형식 문장을 3형식으로 전환할 때 간접목적어 앞에 전치사가 온다. teach와 give는 전치사 to를 동반하는 4형식 동사들이다.

어휘 1 document 서류 2 offer 제공하다 position 직(위); 지위, 신분 3 company 회사 send 보내다 (과거형: sent) 4 free coupon 무료[공짜] 쿠폰 customer 고객; 단골 5 coworker 동료 teach 가르치다 computer language 컴퓨터 언어

B

1 Ⓒ	2 Ⓑ

1 그 점원이 나에게 복사기를 판매했다.

2 사장은 직원들에게 유용한 조언을 해 주었다.

해설

1 문장의 뒤에 직접목적어가 있으므로 빈칸에는 간접목적어가 와야 한다는 것을 알 수 있다. 간접목적어로는 '~에게'에 해당하는 말이 와야 하므로 선택지에서 대명사의 목적격인 me가 정답이다.

2 4형식 문장으로 간접목적어와 직접목적어를 취하는 동사가 필요하다. give가 대표적인 4형식 동사 중의 하나라는 점을 기억해 두어야 한다. Ⓐ의 was는 be동사로서 뒤에 주격보어를 이끌기 때문에 맞지 않다.

어휘 1 sales clerk 점원, 판매원 copy machine 복사기 2 boss 보스, 상사, 사장 staff 직원 helpful 유용한, 도움이 되는 tip 조언, 힌트; 비법

Ⅵ 문장의 형식 – 5형식 p.028

A

1 2형식	4 1형식
2 4형식	5 3형식
3 5형식	6 5형식

1 회의실의 의자는 새것처럼 보인다.

2 그 기술자는 동료들을 위해 효과적인 장치를 만들었다.

3 나는 그 토의가 유용하다고 생각했다.

4 저기에 있는 프린터는 작동이 되지 않는다.

5 그 회사는 새로운 정책을 발표했다.

6 새로운 청소 업체는 매일 사무실을 깨끗하게 유지시킨다.

해설

1 〈주어: The chairs / 수식어구: in the meeting room / 동사: looked / 주격보어: new〉로 구성된 문장으로, look은 대표적인 2형식 동사 중 하나이다.

2 〈주어: The engineer / 동사: made / 간접목적어: his colleagues / 직접목적어: an effective device〉로 구성된 문장이다. 이 문장의 make는 간접목적어와 직접목적어를 이끄는 4형식 동사이다.

3 〈주어: I / 동사: found / 목적어: the discussion / 목적격보어: useful〉로 구성된 문장으로, found는 find의 과거형이다. '~라고 생각하다[여기다], ~라는 것을 알게 되다'라는 의미로 쓰일 때의 find는 대표적인 5형식 동사 중 하나이다.

4 〈주어: The printer / 수식어구: over there / 동사: is not working〉으로 구성된 문장으로, 현재 진행 부정문이다. 이는 주어와 동사만으로도 완전한 문장이 되는 1형식 문장이다. work는 대표적인 1형식 동사 중 하나라는 것을 기억해 두어야 한다.

5 〈주어: The company / 동사: announced / 목적어: a new policy〉로 구성된 3형식 문장이다.

6 〈주어: The new cleaning company / 동사: keeps / 목적어: the office / 목적보어: clean / 수식어구: every day〉로 된 문장으로, '(어떤 상태에) 두다, 유지하다'라는 의미의 keep은 대표적인 5형식 동사 중 하나이다.

어휘 1 meeting room 회의실 look ~으로 보이다[생각되다] 2 engineer 기술자 colleague 동료 effective 효과적인 device 장치 3 discussion 토의, 토론, 논의 useful 유용한 4 printer 프린터 over ~의 저쪽[저편]의 work (기계 등이) 움직이다, 작동하다 5 announce 발표하다, 알리다; 공고하다 policy 정책, 방침 6 cleaning company 청소업체 clean 깨끗한, 청결한 feel ~라는 생각이 들다; 만져보다, 느끼다

B

1 Ⓒ	2 Ⓓ

1 그는 회사가 이익이 나도록 만들었다.

2 회계부서의 그 직원은 그 일이 불가능하다고 생각했다.

해설

1 문장의 빈칸에는 동사가 들어가야 하며, 이 문장은 「주어 + 동사 + 목적어 + 목적보어」로 이루어진 5형식 문장이다. 문맥상 '회사가 이익이 나게 했다'라는 의미가 되어야 하므로 made가 적절하다. '~하게 하다'라는 뜻의 동사 make는 5형식의 대표적인 동사 중 하나라는 것을 기억해 두어야 한다.

2 빈칸에는 동사가 필요하다. 5형식 문장으로, 문맥상 '그 일이 불가능하다는 것을 깨달았다'는 내용이 되어야 하므로 found가 정답이다. '~을 알다, 깨닫다, ~라고 여기다[생각하다]'는 의미의 find는 대표적인 5형식 동사이다.

어휘 1 profitable 이익이 되는, 벌이가 되는; 유익한 2 Accounting Department 회계부서 impossible 불가능한

토익 실전 연습 p.030

1 (A)	2 (D)	3 (D)	4 (B)	5 (C)
6 (A)	7 (C)	8 (A)	9 (D)	10 (B)
11 (A)	12 (C)	13 (B)	14 (D)	15 (B)
16 (B)	17 (D)	18 (B)		

Part 5

1

스미스 씨는 신문에 광고가 난 일자리에 지원해 보기로 결심했다.

(A) apply

(B) recommend

(C) do

(D) pay

해설 apply for는 '~에 지원하다'라는 의미의 숙어이다.

어휘 decide 결정하다 advertise 광고하다, 선전하다 newspaper 신문 apply 지원하다, 신청하다; 적용되다 recommend 추천하다 pay 지불하다

2

그 회사는 판매를 촉진시키기 위해 새로운 광고를 시작할 것이다.

(A) return

(B) quit

(C) transfer
(D) promote

해설 회사가 광고를 하는 이유는 제품의 판매를 촉진하기 위해서일 것이다. promote sales는 '판매를 촉진하다'라는 의미이다.

어휘 be going to ~할 예정이다 run a commercial (상업)광고를 내보내다 return 돌려주다; 돌아오다[가다] quit 그만두다, 중지하다; 떠나다 transfer 옮기다, 건네다; 이동하다; 갈아타다 promote (판매를) 촉진하다, 활성화시키다; 승진시키다

3
영업부의 판매 대리인들은 다음 주 금요일까지 온라인 교육 과정을 완료해야 한다.
(A) solve
(B) replace
(C) participate
(D) complete

해설 문장에서 동사가 빠져있으므로, 문맥상 자연스러운 동사를 고르는 문제이다. '교육 과정을 완료해야 한다'라는 내용이 되어야 자연스러우므로 '완료하다'라는 의미의 complete가 적절하다.

어휘 representative 대표, 대리인 Sales Department 영업부 training session 교육 과정 replace 대체하다

4
국장님은 왓슨 씨를 부장으로 강력히 추천했다.
(A) contacted
(B) recommended
(C) quit
(D) transferred

해설 문맥상 '왓슨 씨를 부장으로 추천했다'라는 내용이 되어야 하므로 recommended를 써야 한다.

어휘 director 국장, 이사 strongly 강(경)하게 manager 부장 contact 연락하다 recommend 추천[천거]하다 quit 그만두다 transfer 옮기다

5
이사회가 다음 달에 그 문제를 해결하기 위해 모일 것이다.
(A) do
(B) participate
(C) solve
(D) apply

해설 문맥상 '문제를 해결하기 위해 모일 것이다'라는 내용이 되어야 한다. solve the problem은 '문제를 해결하다'라는 의미이다.

어휘 board of directors 이사회 gather 모이다 participate 참여[참가]하다 solve 풀다, 해결하다

6
개정된 안내서는 신입 직원들에게 유용한 많은 정보를 포함하고 있다.
(A) contains
(B) is
(C) makes
(D) seems

해설 문맥상 '많은 정보를 포함하고 있다'라는 내용이 되어야 자연스러우므로 '포함하다'라는 의미의 contain이 적절하다.

어휘 revised 개정된 handbook 편람, 안내서 contain 포함하다

7
홍보 책자에 대한 대행사의 제안은 흥미로워 보인다.
(A) interest
(B) interests
(C) interesting
(D) interested

해설 이 문장에서 동사 look은 '~으로 보이다'라는 의미의 2형식 동사로, 주어를 보충 설명하는 주격보어가 빈칸에 들어가야 한다. looks의 보어로는 형용사 형태가 와야 하는데, 주어가 사물인 '제안서(proposal)'이므로 사람의 감정을 설명하는 interested가 아닌 interesting을 정답으로 골라야 한다.

어휘 proposal 제안서 agency 대리점, 대행사 promotional 홍보의, 판촉의

8
신임 부장은 예외 없이 우리를 야근하게 했다.
(A) us
(B) we
(C) our
(D) ours

해설 '~하게 했다'는 의미인 make가 동사로 쓰였고, work는 빈칸의 상태를 설명하는 역할을 하고 있다. 사역의 의미를 지니는 make는 to가 없는 원형부정사를 목적격보어로 취하는 5형식 동사이다. work는 목적격보어이며, 빈칸에는 목적어가 필요하다. 선택지에서 목적어로 쓰일 수 있는 것은 대명사의 목적격인 us이다.

어휘 work overtime 야근하다, 초과 근무를 하다 without any exception 어떤 예외도 없이

9
많은 사람들이 줄을 서서 로비에서 기다렸다.
(A) made
(B) recommended
(C) wrote
(D) waited

해설 Many people이 주어이고 in line in the lobby는 수식어구이다. 문장의 빈칸에는 동사가 들어가야 하는데 빈칸 뒤에 목적어나 보어가 없으므로 「주어 + 동사 + 수식어구」로 이루어진 1형식 문장이라는 것을 알 수 있다. 선택지에서 1형식 동사로 쓰일 수 있는 것은 waited이다. 나머지 동사들은 목적어가 필요한 동사이다.

어휘 in line 줄을 서서 lobby 로비

10
몇몇 관리자들은 평가 시스템이 약간 불편하다는 것을 발견했다.
(A) became
(B) found
(C) turned
(D) appeared

해설 문장에 동사가 빠진 것을 알 수 있다. [주어(some of the managers) + 동사 + 목적어(the evaluation system) + 목적격보어(inconvenient)] 형태의 5형식 문장으로, 문맥상 '그 평가 시스템을 매우 불편하게 여겼다'라는 의미가 되어야 한다. 따라서 found가 정답이다. '~라는 것을 알다, ~라고 생각하다'의 find는 대표적인 5형식 동사이다.

어휘 evaluation 평가 inconvenient 불편한

11

비서는 이용 가능한지 확인하기 위해서 컨벤션 센터에 전화했다.

(A) called

(B) calling

(C) caller

(D) to call

해설 문장에 주어(The secretary), 목적어(the convention center), 수식어구(to check on its availability)는 있지만 동사가 없다. 선택지에서 동사는 called뿐이다.

어휘 availability 이용 가능성

12

메디슨 호텔은 로비에서 고객에게 무료 커피와 음료를 제공한다.

(A) becomes

(B) finds

(C) offers

(D) keeps

해설 guests가 간접목적어, free coffee and drinks가 직접목적어인 4형식 문장으로, 빈칸에는 '제공하다'라는 의미의 동사 offers가 필요하다. offer는 대표적인 4형식 동사이다.

어휘 guest 고객, 손님, 내빈 free 무료로 offer 제공하다 keep 보유하다, 계속하다, 유지하다

13

아델만 씨의 제안은 복잡해 보였지만, 이사회는 그것을 시도해 보기로 결정했다.

(A) suggest

(B) suggestion

(C) suggesting

(D) suggested

해설 문장에 주어가 없으므로 빈칸에는 주어가 와야 한다. 선택지에서 주어로 쓰일 수 있는 것은 명사인 suggestion이다. Mr. Adelman's suggestion looked complicated만으로 하나의 완성된 문장인데, 뒤에 접속사 but이 또 다른 절인 the board of directors decided to try it을 앞의 문장과 연결해 주고 있다.

어휘 complicated 복잡한 board of directors 이사회

14

공장장은 모든 직원들에게 회람을 보냈다.

(A) of

(B) for

(C) in

(D) to

해설 직접목적어 a memo와 간접목적어 all of the employees 사이에 빈칸이 있는 것으로 보아 4형식에서 3형식으로 전환된 문장이다. 동사 sent와 어울리는 전치사를 골라야 하는 문제임을 알 수 있는데, send는 3형식 문장으로 전환될 때 전치사 to를 동반하는 동사이다. 따라서 정답은 (D)이다.

어휘 factory manager 공장장 memo 회람

Part 6

[15-18]

존슨 씨께,

국제 의사 협회에서의 연설에 초대해 주셔서 기쁘게 생각합니다. 이런 말씀을 드리는 것이 유감입니다만, 저는 9월 25일의 회의에 참석할 수 없을 것 같습니다. 최근에, 저는 다른 프로젝트들로 인해 매우 지쳐 있으며, 귀하의 발표를 위해 시간을 낼 수 없을 것 같습니다. 게다가, 저는 9월 18일, 어제 귀하의 초청을 받았기 때문에, 강연을 준비할 시간이 충분하지 않을 것 같습니다. **기회가 주어진다면 다른 때에 강연을 할 수 있다면 좋겠습니다.**

귀하의 회의에 행운이 깃들기를 바랍니다.

빌 마틴스 드림

어휘 give a speech 연설하다 association 협회 currently 현재 spare (시간, 돈을) 할애하다 presentation 발표

15

(A) regrettable

(B) pleased

(C) charged

(D) unfortunate

해설 빈칸에 알맞은 형용사를 고르는 문제이다. 문맥상 '연설을 하게 되어 기쁘다'라는 의미가 되어야 자연스러우므로 pleased가 적절하다. 'be pleased with ~'는 '~에 대해 만족하다, 기쁘게 생각하다'라는 의미의 숙어이다.

어휘 regrettable 유감스러운 pleased 기쁜, 즐거운 give a speech 연설하다 association 협회

16

(A) go

(B) attend

(C) appear

(D) cancel

해설 문맥상 '회의에 참석하다'라는 의미가 되어야 자연스러우므로 동사 attend가 정답이다. 동사 go의 경우 의미상으로는 가능하지만 go to the meeting의 형태가 되어야 한다.

17

(A) prepared

(B) preparing

(C) prepares

(D) to prepare

해설 형용사 enough 다음에는 「명사 + to부정사」의 구조가 되어야 한다. 따라서 동사 prepare의 부정사 형태인 to prepare가 정

답이 된다. enough 다음에는 to부정사가 와야 하므로 현재분사인 preparing은 정답이 될 수 없다.

18

(A) 귀하의 협회에 변경 사항이 있을 경우 저에게 알려 주시기 바랍니다.

(B) 기회가 주어진다면 다른 때에 강연을 할 수 있다면 좋겠습니다.

(C) 귀하의 학회에 참석하지 못한다는 사실을 알리게 되어 유감입니다.

(D) 저희의 학회에 관심을 보여 주셔서 감사합니다.

해설 후반부에서 '현재는 준비할 시간이 없다'라고 말하고 있으므로, '다음에 기회가 주어진다면 기꺼이 연설을 하고 싶다'라는 내용이 이어지는 것이 자연스럽다. 따라서 정답은 (B)이다.

Grammar Step UP!

p.033

Let's Check!

1 구	2 절	3 구
4 절	5 구	

Unit 02 명사 & 대명사

I 명사의 역할

p.037

A

1 meeting / 주어	4 manager / 주어
2 success / 보어	5 gathering / 목적어
3 cooperation / 보어	6 employees / 전치사의 목적어

1 회의는 연기될 것이다.

2 그 행사는 매우 성공적이었다.

3 우리에게 지금 필요한 것은 당신의 협조이다.

4 그 부장은 자신의 업무를 수행하지 못하고 있다.

5 우리는 모임을 준비해야 한다.

6 우리 사장님은 자기 직원들을 만족스러워 한다.

해설

1 주어 역할을 하는 명사 meeting이 와야 한다.

2 2형식 문장으로서 주격보어 역할을 하는 명사 success가 와야 한다.

3 2형식 문장으로 주격보어 역할을 하는 명사 cooperation이 와야 한다.

4 주어 역할을 하는 명사 manager가 와야 한다.

5 동사 arrange의 목적어 역할을 하는 gathering이 와야 한다.

6 전치사 with 뒤에 나오므로 전치사의 목적어 역할을 하는 명사 employees가 와야 한다.

어휘 1 meeting 회의 delay 연기하다, 지연시키다 2 event 행사 huge 거대한, 큰 success 성공 3 cooperation 협조, 협력 cooperate 협조하다 4 manage 경영[관리]하다 fulfill 수행하다 5 arrange 주선[준비]하다 gathering 모임, 집회 gather 모이다 6 boss 사장, 상사 be satisfied with ~에 만족하다 employ 고용하다

B

1 Ⓐ	2 Ⓓ

1 안타깝게도 복사기는 고장 났다.

2 인포테크의 연구개발부에서 전문가를 찾고 있다.

해설

1 문맥상 '복사기가 고장 났다'는 의미가 되어야 하므로 copier를 선택해야 한다. copy는 동사와 명사의 형태가 같은데, 명사일 경우 '복사'라는 뜻이기 때문에 문맥과 어울리지 않는다.

2 전치사 for의 목적어가 필요하고, 문맥상 '전문가를 찾고 있다'라는 의미가 되어야 하므로 명사 specialists가 와야 한다.

어휘 1 unfortunately 안타깝게도 out of order 고장 난 copier 복사기 copy 복사하다; 복사 2 R&D Department 연구개발부 (research and development) special 특별한 specialize 전문화하다; 전공하다 specialist 전문가

II 명사형 접미사

p.038

A

1 significance	6 distributor
2 fulfillment	7 conductor
3 investment	8 trainee
4 safety	9 applicant
5 arrival	10 supervisor

어휘 1 significant 중요한, 의미 있는 significance 중요성, 의의 2 fulfill 달성하다; 이행하다 fulfillment 달성, 성취 3 invest 투자하다 investment 투자 4 safe 안전한 safety 안전; 안전 장치 5 arrive 도착하다 arrival 도착 6 distribute 분배하다[보급하다], 나누어주다 distributor 분배자, 배포자 7 conduct 지휘하다 conductor 지휘자 8 trainee 견습사원 9 applicant 지원자 10 supervise 감독하다, 관리하다 supervisor 감독관, 관리자, 상사

B

1 Ⓒ	2 Ⓑ

1 참가자들은 2층에서 브로셔를 받을 수 있다.

2 컴퓨터 강좌의 등록은 지난 수년간 증가했다.

해설

1 문장의 주어 역할을 할 수 있는 명사가 나와야 한다. 문맥상 '참가자'라는 의미의 단어가 와야 하므로 participants가 정답이다. Ⓓ의 participating은 '참가하는 것'이라는 의미의 동명사로 주어 자리에 올 수는 있지만 문맥에 맞지 않으므로 쓸 수 없다.

2 in computer courses의 수식을 받는 주어(명사)가 와야 한다. 선택지에서 명사는 enrollment이다.

어휘 1 brochure 안내책자, 브로셔 on the second floor 2층에서 2 enroll 등록하다 enrollment 등록 for the past few years 지난 수년간

Ⅲ 명사의 자리 p.039

A

1 Ⓐ	4 Ⓓ
2 Ⓑ	5 Ⓑ
3 Ⓑ	6 Ⓓ

해설

[1-6] 문장의 뜻을 생각하며 주어진 명사의 역할을 파악하고, 명사의 자리는 「관사 뒤, 형용사 뒤, 소유격 대명사 뒤, 전치사 뒤」라는 원칙에 맞춰 알맞은 위치에 넣는다. 3, 5번처럼 명사 앞에 관사와 형용사가 있을 경우, 「관사 + 형용사 + 명사」의 형태로 써야 한다.

어휘 1 qualified (for) 적격의, 적임의 2 supervisor 상사 inform 알리다 3 aggressive 공격적인 campaign 캠페인, 선거운동, 유세 effective 효과적인 4 close (가게 등을) 닫다, 폐쇄하다 renovation 보수 (공사), 수리 5 experienced 경력[경험] 있는 accountant 회계사 hire 고용하다 6 solve 풀다, 해결하다 satisfaction 만족

B

1 Ⓑ	2 Ⓒ

1 특히나 이런 종류의 상황에서는 빠른 결정이 요구된다.

2 우리는 마케팅 분야에서 경력이 2년 된 사람을 찾고 있습니다.

해설

1 형용사 early 다음에는 명사형인 decision이 알맞다

2 전치사 of 다음에는 명사형인 experience가 알맞다.

어휘 1 early 이른 require 요구하다 especially 특히 this kind of 이런 종류의 situation 상황 decide 결정하다 decision 결정 2 look for ~을 찾다 field 분야 experience 경험하다; 경험

Ⅳ 명사의 종류 p.040

A

1 information	3 meetings
2 an agreement	4 luggage

해설

[1-4] information과 luggage는 셀 수 없는 명사이기 때문에 복수형을 만들 수 없다. agreement와 meeting은 셀 수 있는 명사이기 때문에 관사가 붙거나 -s를 붙여 복수형으로 만들 수 있다.

어휘 1 provide 제공하다 general 일반적인 information 정보 health 건강 2 sign 서명하다, 서명 날인하다 agreement 협정; 동의 3 be late for ~에 늦다[지각하다] meeting 회의 4 carry 들고 가다, 나르다 a lot of 많은 luggage 짐, 수하물

B

1 Ⓓ	2 Ⓒ

해설

1 clothing은 '의류'라는 의미의 셀 수 없는 명사이다.

2 machinery는 '기계류, (기계) 장치'라는 의미의 셀 수 없는 명사이다.

어휘 1 need to V ~해야 하다, ~할 필요가 있다 wear 입다 protective 보호하다 construction site 공사 현장 cloth 천, 옷감 clothe ~에게 옷을 입히다, 의복을 걸치다 clothing 의류 protective clothing 방호복 2 research 연구, 학술 조사 show ~을 나타내다, ~을 명백히 하다[설명하다] cause 일으키다, ~의 원인이 되다 noise 소음 machinery 기계류, (기계) 장치

Ⅴ 인칭대명사 p.041

A

1 me	4 yours
2 You	5 Our
3 his	6 your

1 저에게 조언을 해 주세요.

2 당신은 금요일까지 이력서를 제출해야 해요.

3 그의 연락처를 갖고 있나요?

4 여기 저의 신분증이 있습니다. 이제 당신의 것을 보여주세요.

5 우리의 새 소프트웨어 프로그램은 인기를 끌었다.

6 그들은 당신의 제안서에 약간의 수정을 할 것입니다.

해설

1 목적어 자리에 올 수 있는 인칭대명사는 목적격인 me이다.

2 주어 자리에 올 수 있는 인칭대명사는 주격인 you이다.

3 명사 앞에서 소유격으로 쓰이는 대명사는 his이다.

4 '당신의 것'이라는 의미의 소유대명사는 yours이다.

5 '우리의'라는 의미로 명사 앞에서 소유격으로 쓰이는 대명사는 your이다.

6 명사 앞에서 소유격으로 쓰이는 대명사는 your이다.

어휘 1 advice 충고 2 submit 제출하다 résumé 이력서 3 contact information 연락처 4 identification 신분증 5 software program 소프트웨어 프로그램 popular 인기 있는 6 make changes 수정하다 proposal 제안서, 제안

B

1 Ⓒ	2 Ⓓ

해설

1 '그녀의 보고서'를 대신할 소유대명사 hers(그녀의 것)가 알맞다.

2 목적어 자리에 올 수 있는 대명사는 me이다.

어휘 1 finish 끝내다 write up (사건 등을) 자세히 쓰다 report 보고서 yet 아직 2 inform 알리다, 알려주다 schedule changes 일정 변경 [스케줄 변경]

VI 부정대명사 some과 any p.042

A

1 Some	4 some
2 any	5 any
3 any	6 some

1 몇몇 회사들은 이러한 경제 상황에서도 많은 수익을 올린다.

2 경영진은 내년에 어떤 직원도 해고하고 싶어 하지 않는다.

3 당신은 새 직장에 대해 무슨 걱정이 있나요?

4 새 프로젝트를 시작하기 전에 우리 사무실에는 몇 가지 장비가 필요하다.

5 당신은 로비에 있는 어떤 가구도 만져서는 안 됩니다.

6 노리스 씨는 최종 보고서에서 몇몇 실수를 발견했다.

해설

[1-6] some은 긍정문에, any는 부정문과 의문문에 쓴다.

어휘 1 make profits 수익을 올리다 economic situation 경제 상황 2 management (the ~) 경영진 fire 해고하다 3 concern 걱정 job 직장, 일 4 equipment 장비, 설비 5 touch 만지다 furniture 가구 lobby 로비, (현관의) 홀 6 mistake 실수 final report 최종 보고서

B

1 Ⓑ	2 Ⓑ

1 견습생들은 새로운 시스템에 대한 어떤 질문도 없었다.

2 그 기술자들은 몇몇 기계에 치명적인 문제가 있다고 보고했다.

해설

1 questions는 복수이기 때문에 관사 a를 쓸 수 없고, '그들의 것'이라는 의미의 소유대명사 theirs도 쓸 수 없다. 부정문이므로 any를 써야 한다.

2 machinery는 불가산명사이고, 긍정문이므로 some을 쓴다. 관사 a는 불가산명사와 같이 쓸 수 없다. 또한 「some + 불가산명사」일 경우 뒤에 나오는 동사는 단수로 취급한다는 것을 기억해 두어야 한다.

어휘 1 trainee 견습생 system 시스템 2 engineer 기술자 report 보고하다 machinery 기계류 critical 결정적인, 심각한

VII 재귀대명사 p.043

A

1 herself	4 herself
2 himself	5 itself
3 for herself	6 themselves

해설

1 The manager는 3인칭 단수이기 때문에 선택지에서 알맞은 재귀대명사는 herself이다. 이때 herself는 '직접'이라는 의미로 쓰였다.

2 The president는 3인칭 단수이기 때문에 선택지에서 알맞은 재귀대명사는 himself이다. by oneself는 '홀로, 혼자서'라는 의미의 관용 표현이다.

3 for oneself는 '자기 힘으로'라는 의미의 관용 표현이다.

4 Ms. Sanchez는 여성이기 때문에 알맞은 재귀대명사는 herself이다. 이때 herself는 '직접'이라는 의미로 쓰였다.

5 사물인 the new copy machine의 재귀대명사는 itself이다. of oneself 는 '저절로'라는 의미의 관용 표현이다.

6 Martha and Kevin은 두 명으로 복수이므로 알맞은 재귀대명사는 themselves이다. 여기에서 themselves는 '직접'이라는 의미로, 주어를 강조하기 위해 쓰였다.

어휘 1 contact 연락하다 2 deliver 전달하다, 배달하다 document 서류, 문서 by oneself 홀로, 혼자서 3 have[has] to ~해야 하다 reserve 예약하다 for oneself 자기 힘으로 4 give a tour 구경시켜 주다 factory 공장 5 suddenly 갑자기 copy machine 복사기 of oneself 저절로 work 작동하다 6 make up a plan 계획을 수립하다

B

1 Ⓐ	2 Ⓒ

1 제니퍼 리는 여러 사람과 여행하는 것보다는 혼자서 여행하는 것을 좋아한다고 말했다.

2 이사회 임원들은 직접 분석을 실시하기로 결정했다.

해설

1 by oneself 는 '홀로, 혼자서'라는 의미의 관용 표현으로, 여성인 Jennifer Lee를 받는 재귀대명사는 herself이다.

2 빈칸에는 '직접'이라는 의미를 나타내는 재귀대명사가 와야 한다. The executives of the board는 복수이므로 알맞은 재귀대명사는 themselves이다.

어휘 1 prefer A to B B보다 A를 더 좋아하다 2 executive 임원, 간부

토익 실전 연습 p.045

1 (C)	2 (B)	3 (D)	4 (A)	5 (A)
6 (B)	7 (C)	8 (C)	9 (A)	10 (D)
11 (D)	12 (A)	13 (A)	14 (D)	15 (C)
16 (C)	17 (A)	18 (C)		

Part 5

1

노라 씨는 그 문제에 대한 해결책을 혼자서 찾아보기로 결정했다.

(A) her

(B) hers

(C) herself

(D) she

해설 by oneself는 '홀로, 혼자서'라는 의미의 관용 표현이다. 여성인 Ms. Nora의 재귀대명사는 herself이다. her는 '그녀를/그녀에게'라는 의미의 목적격이며, hers는 '그녀의 것'이라는 의미의 소유대명사이다. she는 '그녀는/그녀가'라는 의미의 주격 인칭대명사이다.

어휘 decide 결정하다 solution 해결책, 해답

2
주차증을 받고 싶다면 당신의 사진이 부착된 신분증을 가지고 와야 한다.
(A) you
(B) your
(C) yours
(D) yourself

해설 빈칸에는 명사 앞에 올 수 있는 대명사가 필요하다. 명사 앞에 들어갈 수 있는 대명사는 소유격 대명사이므로 your가 정답이다.

어휘 make sure ~반드시 …하다 photo ID 사진이 있는 신분증 parking permit 주차증

3
그 직책의 지원자들은 해당 분야에서 최소한 2년의 경력을 보유하고 있어야 한다.
(A) Applying
(B) Apply
(C) To apply
(D) Applicants

해설 주어 자리에 올 수 있는 것은 명사인데, 선택지에서 명사는 '지원자'라는 의미의 applicants이다. applying은 '지원하기'라는 의미의 동명사로 이것도 주어 자리에 올 수는 있지만 문맥상 적절하지 않기 때문에 답이 될 수 없다.

어휘 applicant 지원자 field 분야 apply 지원하다

4
의뢰인들은 우리가 그들에게 투자에 대한 팁을 제공해 줄 수 있는지 물어 보는 중이었다.
(A) any
(B) much
(C) little
(D) neither

해설 tips는 셀 수 있는 명사의 복수형이므로 보기에서 들어갈 수 있는 것은 any뿐이다. 셀 수 없는 명사와 함께 쓰는 much나 little은 정답이 될 수 없다. neither의 경우 뒤에 단수 명사와 주로 쓰이기 때문에 알맞지 않다.

어휘 provide 제공하다 tips 정보, 조언 investment 투자

5
귀하의 협력에 대해 다시 한 번 감사 드리고 싶습니다.
(A) cooperation
(B) cooperating
(C) cooperate
(D) to cooperate

해설 소유격 대명사 your 다음에는 명사가 와야 한다. 선택지에서 명사는 '협력'이라는 의미의 cooperation이다.

어휘 express 표현하다 cooperate 협력하다 cooperation 협력

6
*투데이스 리포트*에 의해 시행된 최근 연구에서 몇 가지 놀라운 결과가 나타났다.
(A) researching
(B) research
(C) to research
(D) researched

해설 형용사 recent 다음에는 명사가 와야 하는데,선택지에서 명사는 '연구, 조사'라는 의미의 research이다. researching은 동명사로서 '연구하는 것'이라는 뜻이므로 의미상 정답이 될 수 없다.

어휘 recent 최근의 surprising 놀라운

7
경영진은 회사에 발생한 모든 변화를 직원들에게 알릴 것이다.
(A) manage
(B) to manage
(C) management
(D) managing

해설 주어를 완성해야 하는 문제로 정관사 the 뒤에는 명사가 와야 한다. 선택지에서 명사형은 management(경영진)이다.

어휘 management 경영진 inform 알리다

8
고객의 요구를 알아내기 위한 조사를 실시하는 데 많은 돈이 든다.
(A) office
(B) ourselves
(C) survey
(D) equipment

해설 문맥상 '고객의 요구를 알아내기 위한 조사'라는 의미가 되어야 적절하다. conduct a survey가 '조사를 실시[시행]하다'라는 의미의 표현이라는 것을 기억해 두자.

어휘 take 들다, 걸리다 conduct 실시하다[수행하다] find out 발견하다, 얻어내다 customers' needs 고객의 요구 survey 조사 equipment 장비, 장치

9
우리는 리 씨에게 나중에 다시 오고 싶은지를 물었다.
(A) she
(B) her
(C) hers
(D) herself

해설 빈칸에는 Ms. Lee를 받는 대명사가 필요하다. 주어 자리이므로 목적격과 소유격 대명사인 her는 알맞지 않고 주격 대명사인 she가 와야 한다.

어휘 if ~인지 아닌지 later 뒤에, 더 뒤의

10
조수는 그 문제를 혼자서 처리하기로 결정했다.
(A) he
(B) him
(C) his

(D) himself

해설 by oneself는 '혼자서'라는 의미의 재귀대명사 구문이다. 앞에 나온 명사 assistant를 받는 재귀대명사 himself를 써야 한다.

어휘 assistant 조수 deal with 다루다, 처리하다

11
그 기구는 전 세계의 가난한 아이들을 돕기 위해 1977년에 설립되었다.
(A) consultant
(B) agreement
(C) transportation
(D) organization

해설 문맥상 '기구가 설립되었다'라는 의미가 되어야 자연스러우므로 '기구, 조직'이라는 의미의 organization이 정답이다.

어휘 be established 설립되다 poor children 가난한 어린이들 consultant 자문 agreement 합의 transportation 교통 organization 기구, 조직

12
교통 혼잡 시간대에는 일반적으로 대중 교통을 이용하는 것이 자동차를 운전하는 것보다 빠르다.
(A) transportation
(B) convenience
(C) appointment
(D) agreement

해설 문맥상 '대중 교통을 이용하다'라는 의미가 되어야 하므로 '교통, 수송'이라는 의미의 transportation을 써야 한다.

어휘 public transportation 대중 교통 rush hour 교통이 혼잡한 시간대 convenience 편의 appointment 예약, 약속 agreement 합의

13
회사는 우리의 경영상의 문제와 관련해 도움을 주기 위해 컨설턴트를 고용할 것이다.
(A) consultant
(B) trainee
(C) candidate
(D) contractor

해설 '경영상의 문제에 도움을 줄 수 있는 컨설턴트를 고용할 것이다'라는 의미가 되어야 하므로 consultant를 써야 한다.

어휘 hire 고용하다 management 경영 candidate 후보자 trainee 견습생 consultant 컨설턴트, 고문 contractor 계약자

14
스튜어트 박사와 예약을 잡으려면 전화하거나 이메일을 보내 주세요.
(A) development
(B) possibility
(C) renovation
(D) appointment

해설 '예약을 잡으려면 전화를 하거나 이메일을 보내주세요'라는 의미가 되어야 하므로 appointment가 정답이다.

어휘 make a call 전화하다 make an appointment 예약을 하다, 약속을 하다 development 발달, 발전 possibility 가능성 renovation 수리, 보수 공사; 혁신

Part 6

[15-18]

수신: 전 판매 대리인
발신: 지역 관리자
제목: 월간 판매 회의 일정 변경

여러분도 아시다시피, 이번 주에 우리 회사 건물에서 공사가 진행될 것입니다. 이것 때문에, 우리는 이번 달 판매 회의의 일정을 변경해야 할 것 같습니다. 1월 15일 목요일 대신에, 우리는 1월 20일 수요일 오전 11시에 3층 회의실에서 만날 것입니다. **이에 맞게 여러분의 달력에 표시해 주세요.**

일정의 갑작스러운 변경에 대해 유감스럽게 생각합니다.

어휘 sales representative 판매 대리인, 영업 사원 regional 지역의 reschedule 일정을 다시 잡다 monthly 월간의 sales meeting 영업 회의 construction 공사 due to ~ 때문에 accordingly 그에 맞춰

15
(A) us
(B) ours
(C) our
(D) ourselves

해설 문맥상 '우리 회사'라는 말이 되어야 하므로 명사 앞에 소유격 대명사 our가 오는 것이 적절하다.

16
(A) Thanks to
(B) Rather than
(C) Instead of
(D) Despite

해설 동명사 앞에 들어갈 알맞은 전치사구를 고르는 문제이다. 문맥상 '목요일에 만나는 대신에'라는 의미가 되어야 자연스러우므로 '~하는 대신에'라는 의미의 전치사구 instead of가 정답이 된다.

어휘 thanks to ~ 덕분에 rather than ~라기 보다는 instead of ~ 대신에 despite ~에도 불구하고

17
(A) 이에 맞게 여러분의 달력에 표시해 주세요.
(B) 가능한 한 빨리 안건을 제출해야 한다는 것을 잊지 마세요.
(C) 회의실은 공사 중일 것입니다.
(D) 회신을 기다리고 있겠습니다.

해설 영업 회의의 일정이 변경되었음을 알려준 다음, '이 변동 사항을 달력에 표시하라'라는 내용이 이어져야 문맥이 자연스러워진다. 그러므로 (A)가 정답이다.

18
(A) changing
(B) to change

(C) change
(D) changeable

해설 빈칸 앞에 형용사인 sudden이 있으므로 빈칸에는 형용사의 수식을 받을 수 있는 명사가 와야 한다. 그러므로 정답은 명사인 change이다.

Grammar Step UP!

p.048

Let's Check!

1 is 2 glasses 3 means
4 isn't 5 times

Unit 03 형용사 & 부사

I 형용사의 역할과 자리

p.051

A

1 Ⓐ 4 Ⓓ
2 Ⓑ 5 Ⓑ
3 Ⓓ 6 Ⓒ

해설

1 '다양한 회사들'이라는 의미가 되어야 하므로 형용사 various가 명사 companies 앞에 와야 한다.
2 '유용한 정보'라는 의미가 되어야 하므로 형용사 useful이 명사 information 앞에 와야 한다.
3 2형식 문장으로, 주어 the work의 보어가 필요하다. 형용사 difficult가 동사 became 뒤에서 주격 보어로 쓰인다. 부사인 very가 있는데, 형용사가 부사의 수식을 받을 때는 부사 뒤에 위치하므로 정답은 Ⓓ이다.
4 형용사 useful이 동사 found 뒤에서 목적어 it의 목적격보어로 쓰인다.
5 '편리한 방법'이라는 의미가 되어야 하므로 형용사 convenient가 명사 way 앞에서 수식해야 한다.
6 '비싼 물건'이라는 의미가 되어야 하므로 형용사 expensive가 명사 products 앞에서 수식해야 한다.

어휘 1 various 다양한 attend 참석하다, 출석하다 fair 박람회, 전시회 2 useful 유용한, 쓸모 있는 pamphlet 팜플렛 information 정보 online shopping 온라인 쇼핑 3 difficult 어려운 5 convenient 편리한 way 방법 6 expensive (값)비싼 sell 팔다 product 제품

B

1 Ⓑ 2 Ⓒ

1 모두가 그것이 경쟁이 심한 시장이라는 것을 알고 있다.
2 워크숍 기간 동안 모든 직원들은 협조적이었다.

해설

1 명사 market을 수식할 수 있는 단어가 필요하다. 형용사가 명사 앞에 나와 명사를 수식하므로 형용사인 competitive를 써야 한다.
2 동사 is는 대표적인 2형식 동사로, 이 문장에는 주어인 all the staff members의 주격보어가 필요하다. 선택지에서 주격보어로 쓰일 수 있는 말은 형용사 cooperative이다.

어휘 1 market 시장 compete 경쟁하다 competitive 경쟁적인 competitively 경쟁적으로 competition 경쟁 2 during 동안 workshop 워크숍 cooperate 협력[협동]하다 cooperation 협력, 협조 cooperative 협력적인, 협동의 cooperatively 협력적으로

II 반드시 알아야 할 형용사 표현

p.052

A

1 awful 4 likely
2 successful 5 eligible
3 aware 6 subject

해설

1 awesome은 '멋진, 훌륭한'이라는 의미의 형용사, awful은 '끔찍한'이라는 의미의 형용사이다.
2 successive는 '연속하는', successful은 '성공적인'이라는 의미의 형용사이다.
3 be aware of는 '~을 인식하다[알다]'라는 의미의 숙어이다.
4 be likely to는 '~일 것 같다'라는 의미의 숙어이다.
5 be eligible for는 '~할 자격이 있다'라는 의미의 숙어이다.
6 be subject to 는 '~할 수 있다; ~하게 마련이다'라는 의미의 숙어이다.

어휘 1 have to ~해야 하다 (과거형: had to) face 직면하다, 직시하다 awesome 훌륭한, 멋진 awful 끔찍한 result 성과, 결과 2 employee training 직원 교육, 직원 연수 quite 꽤, 매우 successive 연속하는 successful 성공적인 3 be capable of ~할 능력이 있다, ~에 능숙하다 be aware of ~을 인식하다[알다] danger 위험(성) change 변화 4 be likely to ~일 것 같다 ready 준비가 된 step down 사임하다, 은퇴하다 5 able ~할 수 있는 be eligible for ~할 자격이 있다 promotion 승진 6 schedule 일정, 스케줄 be subject to ~할 수 있다; ~하게 마련이다 change 바뀌다, 변하다 without notice 예고 없이, 돌연

B

1 Ⓒ 2 Ⓓ

해설

1 considerable은 '상당한'이라는 의미의 형용사이다.
a considerable number of가 '상당한 수의'라는 의미를 나타내는 표현임을 기억해 두어야 한다.
2 be capable of는 '~할 능력이 있다, ~하는 데 능숙하다'라는 의미의 형용사 숙어이다.

어휘 deal with 다루다, 처리하다 unexpected 예기치 않은, 뜻밖의 responsible 책임이 있는; 신뢰할 수 있는 awesome 멋진, 훌륭한

III 부사의 역할과 자리 p.053

A

1 highly	4 properly
2 currently	5 successfully
3 Unfortunately	6 carefully

해설

1 동사 recommended를 수식할 수 있는 말은 부사 highly이다. 부사는 일반 동사 앞 또는 뒤에 위치한다.

2 out of order는 형용사구로 문장의 보어 역할을 한다. 형용사구를 수식할 수 있는 말은 부사 currently로 형용사구 앞에 위치한다.

3 문장의 맨 앞 혹은 뒤에서 문장 전체를 수식할 수 있는 말은 부사이다. 따라서 Unfortunately가 정답이다.

4 일반동사 work를 수식할 수 있는 말은 부사 properly로, 부사는 일반동사 앞 또는 뒤에 위치한다.

5 일반동사 completed를 수식할 수 있는 것은 부사 successfully로, 부사는 일반동사 앞 또는 뒤에 위치한다.

6 일반동사 drive를 수식할 수 있는 말은 부사 carefully이다. 부사는 일반동사 앞 또는 뒤에 위치한다.

어휘 1 sales clerk 점원 highly 몹시, 대단히 recommend 추천하다 item 제품, 품목, 아이템 2 copy machine 복사기 currently 현재, 지금 current 지금의, 현행의 out of order 고장 난 3 unfortunately 안타깝게도 unfortunate 불운한[불행한] available (이용)할 수 있는 시간이 비는 4 work 움직이다, 작동하다 properly 알맞게, 적당히; proper 적절한, 적당한 5 successfully 성공적으로 successful 성공한, 잘된 complete 끝내다, 완료하다 project 프로젝트, 기획 6 should ~해야 하다 drive 운전하다 careful 주의 깊은, 조심스러운 carefully 주의하여, 조심스럽게

B

1 ©	2 ©

1 그 새로운 정책은 시행하기 매우 어려웠다.

2 부사장은 지난 월요일 부로 공식적으로 퇴임했다.

해설

1 형용사 difficult를 수식할 수 있는 말은 부사 extremely이다.

2 동사 retired를 수식할 수 있는 말은 부사 officially이다.

어휘 1 policy 정책 implement 실시하다, 이행하다 extreme 극도의; 극단, 극단적인 것 extremely 매우, 극단적으로 2 vice president 부사[회]장, 부통령 retire 은퇴하다[퇴직하다] as of last Monday 지난 월요일 날짜로 official 공식의, 직무의; 공무원 officially 공식적으로, 공무상

IV 반드시 알아야 할 부사 p.054

A

1 nearly	4 late
2 never	5 near
3 hard	

해설

1 near는 '가까이', nearly는 '거의'라는 의미의 부사이다

2 never는 '결코 ~하지 않다'라는 의미의 부사이다.

3 hardly는 '거의 ~않는', hard는 '열심히'라는 의미의 부사이다.

4 lately는 '최근에'라는 의미의 부사이고, late는 '늦게'라는 의미의 부사이다. late는 동사 arrive를 수식하고 있다.

5 near는 '가까이, 근처의'라는 의미의 부사이다.

어휘 1 nearly 거의 2 boss 상사, 사장 never 결코[한 번도] ~없는 hardly 거의 ~않는 call in sick 몸이 아파 나가지 못한다고 전화로 말하다 3 Public Relations Department 홍보부 hard 힘든; 열심히 4 major stockholder 대주주 arrive 도착하다 late 늦은; 늦게 lately 최근에 5 near 가까이 conference hall 회의장

B

1 ©	2 Ⓐ

1 낮은 수요 때문에 최근에 자동차 가격이 하락했다.

2 내 동료는 결코 늦게 오는 적이 없다. 그는 항상 정시에 온다.

해설

1 동사 have decreased를 수식하는 부사로 lately(최근에)가 어울린다.

2 '항상 시간에 맞춰 온다'라는 뒷문장을 통해 동료가 '절대로 지각하지 않는다'는 것을 알 수 있다. never는 '결코 ~않다'라는 의미의 빈도부사이다.

어휘 1 decrease 감소하다 due to ~때문에 low demand 낮은[저조한] 수요 2 coworker 동료 come in late 늦게 출근하다 on time 정시에, 시간에 맞추어 usually 보통, 대개 sometimes 때때로

V 형용사와 부사의 원급비교 p.055

A

1 effective	4 smoothly
2 creative	5 quietly
3 qualified	6 fast

해설

1 as ~ as가 the new printer의 보어 역할을 하므로 as ~ as 사이에는 형용사가 들어간다.

2 as ~ as가 his suggestion의 보어 역할을 하므로 as ~ as 사이에는 형용사가 들어간다

3 as ~ as가 they의 보어 역할을 하므로 as ~ as 사이에는 형용사가 들어간다.

4 as ~ as가 동사 is going을 수식하는 역할을 하므로 as ~ as 사이에는 부사가 들어간다.

5 as ~ as가 동사 entered를 수식하는 역할을 하므로 as ~ as 사이에는 부사가 들어간다.

6 as ~ as가 동사구 deal with를 수식하는 역할을 하므로 as ~ as 사이에는 부사가 들어간다. fast는 형용사와 부사의 형태가 같다.

어휘 1 effective 효과적인 effectively 효과적으로 2 creative 창조[창의]적인 3 qualified 적임의, 자격이 있는 qualify ~에게 자격을 주다, ~의 자격을 얻다 4 smooth 매끄러운, 평탄한 smoothly 원활하게, 매끄럽게 expect 예상하다, 기대하다 5 enter ~에 들어가다 quiet 조용한 quietly 조용하게 6 deal with 다루다, 처리하다 customer complaints 고객 불만 fast 빠른; 빨리

B

1 Ⓑ 2 Ⓓ

1 당신은 가능한 한 빨리 영업 보고서를 상사에게 제출해야 합니다.
2 올해의 임금 인상분은 지난해 분만큼 높다.

해설

1 as ~ as가 동사구 hand in을 수식하므로 as ~ as 사이에는 부사가 들어간다.
2 as ~ as가 this year's salary increase의 보어 역할을 하므로 as ~ as 사이에는 형용사가 들어간다.

어휘 1 hand in 제출하다 sales report 영업 보고서 boss 상사, 사장 2 salary increase 급여[봉급] 인상

Ⅵ 형용사와 부사의 비교급 p.056

A

1 higher than
2 sooner
3 more carefully
4 more greatly
5 faster than
6 much more serious than

해설

1 high는 1음절의 비교적 짧은 형용사이므로 '더 높은'이라는 비교급을 만들 때 high에 -er을 붙여 higher로 쓴다. 비교의 대상이 문장 안에 있으므로 higher 뒤에 than을 함께 쓴다.
2 '더 빨리'라는 의미의 비교급을 표현하려면 sooner가 정답이다. 1음절의 비교적 짧은 부사의 비교급은 부사 뒤에 -er을 붙인다.
3 '더 주의 깊게'라는 의미의 비교급을 표현하려면 more carefully가 알맞다. 2음절 이상의 긴 부사의 비교급은 「more + 부사」로 나타낸다. 이 문장에서는 비교의 대상이 없으므로 than을 쓰지 않는다.
4 부사 greatly는 2음절의 비교적 긴 단어이므로 비교급을 만들 때 부사 greatly 앞에 more을 붙여 more greatly로 쓴다.
5 '지금보다 더 빨리'라는 의미의 비교급을 표현하려면 faster가 정답이다. 부사 fast는 -er을 붙여 비교급을 만든다.
6 much는 '훨씬'이라는 의미로 비교급을 강조하는 부사이고, 형용사 serious는 2음절 이상의 비교적 긴 단어이므로 비교급을 만들 때 more serious로 쓴다. 그리고 비교 대상이 같은 문장 안에 있으므로 부사 than을 함께 써서 much more serious than의 형태로 쓴다.

어휘 1 cost 비용 2 soon 일찍 meeting 회의 think 생각하다 3 carefully 주의 깊게 review 검토하다 4 greatly 크게 export 수출 increase 증가하다, 늘리다[오르다] expect 예상하다, 기대하다 5 oil price 원유[석유] 가격 6 serious 심각한 traffic jam 교통 체증, 교통 정체 before이전에

B

1 Ⓒ 2 Ⓐ

1 그 공장의 생산성은 예전보다 더 낮아졌다.
2 그 기기의 사용법은 내가 생각했던 것보다 훨씬 더 어려웠다.

해설

1 비교급 구문임을 나타내는 부사 than이 있으므로 low의 비교급인 lower가 나와야 한다.
2 '훨씬'이라는 의미로 비교급을 강조해 주는 부사는 a lot이다.

어휘 1 productivity 생산성 factory 공장 2 usage 사용(법), 용법 device 기기, 장치

Ⅶ 형용사와 부사의 최상급 p.057

A

1 the smallest
2 the most impressive
3 the most
4 the worst
5 the most efficiently
6 the best

해설

1 small은 1음절의 비교적 짧은 형용사이다. 따라서 '가장 작은 노트북'이라는 의미의 최상급을 표현하기 위해서는 small에 -est를 붙여 smallest로 표현하면 된다. 최상급 앞에는 항상 정관사 the가 나온다.
2 impressive는 2음절 이상의 비교적 긴 형용사이다. 따라서 '가장 인상적인'이라는 의미의 최상급을 표현하기 위해서는 impressive 앞에 most를 붙여 most impressive라고 써야 한다. 최상급 앞에는 항상 정관사 the가 필요하다.
3 much는 불규칙한 형태의 최상급을 취하는 부사이다. '가장 많이'라는 최상급 표현을 할 때 much가 most로 바뀐다는 것을 기억해 두자. 최상급 앞에는 정관사 the가 필요하다.
4 bad는 불규칙한 형태의 최상급을 취하는 형용사이다. '최악의'라는 의미의 최상급으로 표현할 때에는 bad를 worst로 써야 한다. 최상급 앞에는 항상 정관사 the가 필요하다.
5 efficiently는 2음절 이상의 비교적 긴 부사이므로, 최상급으로 표현할 때 efficiently 앞에 most를 쓴다. 최상급 앞에는 항상 정관사 the가 필요하다.
6 good은 불규칙적으로 변하는 형용사로, '최선의'라는 의미의 최상급을 표현하기 위해서는 good을 best로 쓴다. 최상급 앞에는 항상 정관사 the가 필요하다.

어휘 1 develop 개발하다 laptop computer 노트북 2 impressive 인상 깊은 presentation 발표, 프레젠테이션 3 at least 적어도 4 sales record 매출[판매] 실적 5 efficiently 효율적으로 6 offer 제공하다 quality 품질 seafood 해산물

B

1 Ⓑ	2 Ⓑ

해설

1 reliable은 2음절 이상의 비교적 긴 형용사이므로 '가장 믿을 수 있는'이라는 의미의 최상급을 표현하기 위해서는 reliable을 최상급 most reliable로 써야 한다.

2 at the latest는 '늦어도'라는 의미의 최상급 관용 어구이다.

어휘 1 sales department 영업부 reliable 믿을 수 있는
2 submit 제출하다

Ⅷ 원급비교 · 비교급 · 최상급 관용 표현 p.058

A

1 largest	4 as
2 the harder	5 the most
3 tallest	6 more

해설

1 「one of the 최상급 + 복수 명사」는 '가장 ~한 것들 중 하나'라는 의미의 최상급 구문이다. large의 최상급은 largest이다.

2 「the + 비교급, the + 비교급」은 '…하면 할수록 더 ~하다'라는 의미의 비교급 구문이다. hard의 비교급은 harder이다.

3 「one of the 최상급 + 복수 명사」는 '가장 ~한 것들 중 하나'라는 의미의 최상급 구문이다. tall의 최상급은 tallest이다.

4 「not as[so] + 형용사 + as」는 '…만큼 ~하지는 않은'이라는 의미의 원급비교 구문이다.

5 「the 최상급 + 명사 + 주어 + have[has] + ever + 과거분사」는 '…한 중에 가장 ~한'이라는 의미의 최상급 구문이다. hardworking의 최상급은 the most hardworking이다.

6 「the + 비교급, the + 비교급」은 '…하면 할수록 더 ~하다'라는 의미의 비교급 구문이다. interesting의 비교급은 more interesting이다.

어휘 2 employee 직원 earn 벌다 3 tall 높은 building 건물
4 expensive 비싼 5 hardworking 열심히 일하는, 근면한
6 difficult 어려운 get (어떤 상태로) 되게[이르게] 하다 interesting 흥미 있는, 재미있는

B

1 Ⓓ	2 Ⓐ

1 가장 큰 국제 회의 중 하나가 이 나라에서 열릴 것이다.

2 생활비는 우리가 예상했던 것만큼 높지 않았다.

해설

1 「one of the 최상급 + 복수 명사」는 '가장 ~한 것 중의 하나'라는 의미의 최상급 구문이다. big의 최상급은 biggest이다.

2 「not as[so] + 형용사 + as」는 '…만큼 ~하지는 않은'이라는 의미의 원급비교 구문이다.

어휘 1 international conference 국제 학회 hold 열다, 개최하다
2 cost of living 생활비 expect 예상하다, 기대하다

토익 실전 연습 p.060

1 (C)	2 (A)	3 (C)	4 (B)	5 (C)
6 (B)	7 (C)	8 (B)	9 (B)	10 (D)
11 (B)	12 (B)	13 (C)	14 (A)	15 (B)
16 (A)	17 (B)	18 (A)		

Part 5

1

최근의 설문 조사에 따르면 지난 분기 동안 우리의 시장 점유율이 10퍼센트 증가했다.

(A) various
(B) legal
(C) recent
(D) late

해설 「관사 + 형용사 + 명사」의 구조를 완성해야 하는 문제이다. 문맥상 '최근의 설문조사'라는 의미가 되어야 하므로 형용사 recent가 적절하다.

어휘 survey 설문조사 market share 시장 점유율 quarter 분기
various 다양한 legal 법적인

2

그 문제에 대해서는 경비실에서 적절한 조치를 취할 것이다.

(A) proper
(B) permanent
(C) competitive
(D) complimentary

해설 문맥상 '적절한 조치를 취해야 한다'라는 의미가 되어야 하므로 proper가 알맞다.

어휘 security 안전, 보안 take action 조치를 취하다 with regard to ~에 관하여 proper 적절한 permanent 영구적인, 영속적인
competitive 경쟁적인 complimentary 무료의, 칭찬하는

3

회장은 그 회의가 자신이 겪었던 것 중 가장 생산적인 회의였다고 말했다.

(A) more productive
(B) productive
(C) most productive
(D) productivity

해설 「the 최상급 + 명사 + 주어 + have[has] + ever + 과거분사」는 '…한 중에 가장 ~한'이라는 의미의 최상급 구문이다. productive의 최상급은 most productive이다.

어휘 productive 생산적인

4

그 팀장은 상당히 인상적인 방법으로 대중 연설을 했다.

(A) impress
(B) impressive
(C) impressed
(D) impressively

해설 관사와 명사 사이에 명사를 수식하는 형용사가 필요하다. 선택지 중에서 형용사는 '인상적인'이라는 의미의 impressive이다.

어휘 make a speech 연설하다 impress 깊은 인상을 주다 impressive 인상적인 impressively 인상적으로

5
우리는 늦어도 다음 금요일까지 보고서를 끝낼 필요가 있습니다.
(A) later
(B) late
(C) latest
(D) lately

해설 at the latest는 '늦어도'라는 의미의 최상급 관용 어구이다.

어휘 by next Friday 다음 금요일까지 at the latest 늦어도 lately 최근에

6
더 많은 문의 사항이 있을 경우, 즉시 행정실로 가세요.
(A) direct
(B) directly
(C) direction
(D) directive

해설 동사 go 뒤에서 go를 수식하는 부사가 나와야 한다. 선택지 중에서 부사는 directly이다. 부사의 일반적인 형태는 「형용사 + -ly」라는 것을 기억해 두자.

어휘 further 추가의 admin office 행정실 directly 직접 direction 지시, 방향 directive 지시하는

7
우리는 고객의 불만을 처리하는 데 있어서 그 매뉴얼이 절대적으로 중요하다는 것을 알게 되었다.
(A) importantly
(B) importance
(C) important
(D) importing

해설 목적어 the manual의 보어 역할을 하며 부사 absolutely의 수식을 받는 형용사가 필요하다. 선택지에서 형용사는 important이다. (D)의 importing은 동사 import(수입하다)의 현재분사형 또는 동명사형이다.

어휘 absolutely 정말로, 절대적으로 customer complaints 고객 불만 importance 중요성 import 수입하다

8
직원들이 동기 부여가 되면 될수록 생산성은 더 높아진다.
(A) high
(B) higher
(C) highly
(D) more highly

해설 「the + 비교급, the + 비교급」은 '…하면 할수록 더 ~하다'라는 의미의 비교급 구문이다. high의 비교급은 higher이다.

어휘 motivated 동기부여가 된 worker 일꾼, 일하는 사람 productivity 생산성 highly 매우, 몹시

9
가능한 한 자세히 사용안내서를 읽으실 것을 권장합니다.
(A) careful
(B) carefully
(C) most carefully
(D) more carefully

해설 as ~ as 사이에 동사 read를 수식하는 부사의 원급이 필요하다.

어휘 recommend 추천하다 instructional manual 교육용 매뉴얼

10
예산 삭감은 우리의 프로젝트를 훨씬 더 어렵게 만들었다.
(A) many
(B) very
(C) so
(D) even

해설 '훨씬'이라는 의미로 비교급을 강조하는 부사는 even이다.

어휘 budget cut 예산 삭감

11
해외 여행을 할 때, 모든 필요 서류들을 확실히 소지하세요.
(A) need
(B) necessary
(C) necessarily
(D) needs

해설 명사 documents를 수식할 수 있는 것은 형용사로, 선택지에서 형용사는 necessary이다.

어휘 travel abroad 해외로 여행하다 document 서류

12
그들은 손님을 더 많이 끌기 위해서 최근에 가게들을 개조했다.
(A) late
(B) recently
(C) likely
(D) hard

해설 문맥상 '그들이 최근에 상점들을 개조했다'라는 의미가 되어야 자연스러우므로 '최근에'라는 뜻의 부사 recently를 써야 한다.

어휘 renovate 개조하다, 수리하다 attract (관심, 손님 등을) 끌다 late 늦게 recently 최근에

13
우리는 누가 그 자리에 적격인지에 대해 논의할 것이다.
(A) afraid
(B) aware
(C) eligible
(D) subject

해설 be eligible for는 '~할 자격이 있다'라는 의미의 형용사 숙어이다.

어휘 discuss 논의하다 position 자리, 지위 afraid 두려워하는 aware 알아차리는, 의식하고 있는 be eligible for ~할 자격이 있는 subject ~의 영향을 받기 쉬운

14
그 태양열 전지판은 우리가 예상했던 것만큼 효율적이지 않았다.
(A) efficient
(B) efficiently
(C) more efficient
(D) most efficient

해설 '~만큼 …하지는 않은'이라는 「not as[so] 형용사 as」 원급 비교 구문이 the solar panels의 보어 역할을 하고 있다. so와 as 사이에는 형용사 efficient가 나와야 한다.

어휘 solar panel 태양열 전지판 efficient 효율적인 anticipate 예상하다, 기대하다

Part 6

[15-18]

> **구인**
>
> 알로 테크에서는 시카고 소재의 우리 영업 팀에 소속될 활기차고 상당히 재능 있는 판매 대리인을 찾고 있습니다. **이 직무에는 제품의 판매와 고객 응대가 포함됩니다.**
>
> 지원자는 관련 분야에서 최소한 2년의 경험이 필요합니다. 학사 학위는 우대되지만, 필수적인 것은 아닙니다. 모든 지원서는 아래의 주소로 늦어도 12월 10일까지 발송되어야 합니다.
>
> 이메일 지원서 역시 환영합니다. 여러분의 자기소개서와 이력서를 jobapplications@bestmail.com으로 보내 주세요.

어휘 energetic 열정적인 talented 재능 있는 applicant 지원자 at least 적어도 a bachelor's degree 학사 학위 application 지원, 지원서 no later than 늦어도 ~까지

15
(A) high
(B) highly
(C) height
(D) higher

해설 빈칸 뒤의 talented sales는 「형용사 + 명사」의 형태인데, 빈칸에는 형용사를 꾸며 줄 수 있는 부사가 와야 한다. 보기에서 부사는 highly이므로 정답은 (B)이다.

16
(A) 이 직무에는 제품의 판매와 고객 응대가 포함됩니다.
(B) 지원자들은 며칠 전에 지원서를 제출했어야 합니다.
(C) 지원자들에 대한 더 많은 정보는 웹 사이트에서 찾을 수 있습니다.
(D) 우리는 시카고의 몇몇 상점들을 닫을 계획입니다.

해설 광고되고 있는 일의 자격 요건에 대해서 언급한 다음, 어떤 일을 하게 되는지 소개하는 내용인 (A)의 The job includes selling products and taking care of customers가 빈칸에 오는 것이 자연스럽다.

17
(A) necessity
(B) necessary
(C) necessarily
(D) necessitate

해설 빈칸은 be동사의 보어가 와야 하는 자리이다. 의미상 '필요한'이라는 뜻의 형용사인 necessary가 정답이다.

18
(A) welcome
(B) adjustable
(C) portable
(D) decisive

해설 문맥상 '이메일 지원도 환영이다'라는 의미가 되어야 하므로 '환영하는'이라는 의미의 형용사인 welcome이 정답이다.

어휘 application 지원 adjustable 조정 가능한 portable 휴대하기 쉬운 decisive 결정적인, 결정력이 빠른

Grammar Step UP!

p.063

Let's Check!

1 yet	2 Furthermore
3 seldom	4 Nevertheless

Unit 04 동사의 시제

I 현재 시제

p.067

A

1 gets	4 reviews
2 work	5 starts
3 goes	6 is

해설

[1-6] 현재 시제는 반복되는 행동이나 일, 현재의 상태, 현재 사실, 일반적 사실/진리를 표현한다. 동사가 일반동사일 때 1인칭 단수 주어 「I」, 2인칭 주어 「you」, 또는 복수 주어일 때는 현재 시제를 동사원형으로 나타낸다. 하지만 3인칭 단수 주어일 경우에는 동사의 성격에 따라 동사 끝에 –s/(i)es를 붙인다. be동사는 주어에 따라 am / is / are로 쓴다.

cf. 3인칭 단수 주어일 때 일반동사는 흔히 끝에 -s를 붙입니다. 하지만 -s, -ss, -ch, -sh, -o로 끝나는 동사는 동사 뒤에 -es를 붙입니다. 「자음 + y」로 끝나는 동사는 y를 i로 바꾸고 -es를 붙입니다. be동사의 경우, 주어가 I일 때는 am을, you나 복수 주어일 때는 are를, she와 he처럼 단수 주어일 때는 is로 씁니다.

어휘 2 as ~로서 consultant 컨설턴트, 상담자 3 go on a business trip 출장을 가다 4 review 검토하다 6 analysis report 분석 보고서 stock market 주식시장

B

1 Ⓐ	2 Ⓑ

1 영업 회의는 보통 5시에 시작한다.

2 만약 그가 팀에 합류하면 우리는 그 프로젝트를 곧바로 시작할 것이다.

해설

1 현재에 반복되는 일을 나타내고 있으므로 현재 시제로 써야 한다. 주어가 3인칭 단수인 the sales meeting이므로 begins가 정답이다.

2 시간(when, before 등)과 조건(if)의 부사절에는 현재 시제를 써서 미래를 나타낸다.

어휘 1 sales meeting 영업 회의 2 right away 곧, 곧바로 join 합류하다

Ⅱ 과거 시제 p.068

A

1 worked	4 liked
2 gave	5 wrote
3 closed	6 started

해설

[1-6] 일반동사 규칙형의 경우 과거 시제를 나타낼 때 「동사원형 + -(e)d」로 쓴다. 일반적으로는 뒤에 -ed를 붙이는데, -e로 끝나는 동사들은 뒤에 -d만, 「자음 + y」로 끝나는 동사는 y를 i로 고친 후 -ed를 붙인다. 하지만 go → went, meet → met처럼 불규칙적인 형태로 변하는 동사들도 많은데, 불규칙적으로 변하는 동사들은 외워 두어야 한다.

어휘 1 all night long 밤새도록 2 give a speech 연설을 하다 3 close the deal 거래[협상]를 끝내다 4 executive board 이사회 suggestion 제안 5 a letter of complaint 항의 서한 last month 지난달 6 firm 회사 look for ~을 찾다

B

1 Ⓑ	2 Ⓒ

1 내 상사는 지난 금요일에 출장을 갔다.

2 지난주에 그는 성공적으로 그 프로젝트를 마쳤다.

해설

1 과거를 나타내는 부사구 last Friday (지난 금요일에)가 있으므로 과거 시제인 went로 써야 한다.

2 과거를 나타내는 부사구 last week (지난주에)가 있으므로 과거 시제인 finished로 써야 한다.

어휘 2 successfully 성공적으로

Ⅲ 미래 시제 p.069

A

1 will begin	4 will visit
2 is going to retire	5 complete
3 is going to join	6 will drop

해설

[1-6] 문장 내에 미래를 나타내는 부사(구)가 있으면 미래 시제로 써야 한다. 미래 시제는 「will + 동사원형」 혹은 「be going to + 동사원형」의 형태로 나타낸다. be going to는 앞의 주어에 따라 be의 형태가 달라진다. 1인칭 단수 주어일 때는 am, 3인칭 단수 주어일 때는 is, 2인칭 주어 및 복수 주어일 때는 are로 쓴다.

어휘 2 retire 퇴임하다, 은퇴하다 4 visit 방문하다 branch 지사, 지점 5 at this rate 이 속도라면, 이대로 간다면 6 engineer 기술자, 엔지니어 drop by 들르다

B

1 Ⓐ	2 Ⓒ

1 헬렌은 다음 주에 A&T 커뮤니케이션즈를 떠날 것이다.

2 다행히, 소포는 며칠 뒤에 도착할 것이다.

해설

1 미래를 나타내는 부사구 next week (다음 주)가 있으므로 미래 시제인 is going to leave로 써야 알맞다. be going to 다음에는 항상 동사 원형을 쓴다.

2 미래를 나타내는 부사구 in a few days (며칠 뒤에)가 있으므로 미래 시제인 will arrive로 써야 한다.

어휘 1 leave 떠나다, 나가다 2 hopefully 다행히도 package 소포 arrive 도착하다; 닿다

Ⅳ 현재진행 & 과거진행 p.070

A

1 was preparing	4 is reviewing
2 are discussing	5 were participating
3 were fixing	6 were having

해설

1 과거를 나타내는 부사구 last night (어젯밤)이 쓰였음에 주의해야 한다. 주어가 I이고 '준비하고 있었다'라는 과거진행의 의미를 나타내기 위해서는 was preparing으로 써야 한다. -e로 끝나는 동사를 진행형으로 만들 때에는 뒤의 e를 빼고 -ing를 붙인다.

2 주어가 복수인 they이고 '논의하고 있다'라는 의미가 되어야 하므로 현재진행형인 are discussing으로 쓴다.

3 주어가 복수인 the technicians이고 '고치고 있었다'라는 과거진행의 의미를 나타내기 위해서는 were fixing으로 쓴다.

4 현재를 나타내는 부사 now(지금, 현재)가 사용된 것에 주의하여 문제를 풀어야 한다. 이 문장에서 the committee는 집합명사인데, 이는 단수로 취급한다. '현재 검토하고 있다'라는 의미가 되어야 하므로 is reviewing으로 쓴다.

5 주어가 복수인 some of the staff members이고 '참석하고 있었다'라는 과거 진행의 의미가 되어야 하므로 were participating으로 쓴다.

6 과거를 나타내는 부사구 an hour ago (한 시간 전에)가 쓰인 것에 주의해야 한다. 주어가 복수인 they이고 '연회를 열고 있었다'라는 과거 진행의 의미가 되어야 하므로 were having으로 쓴다.

어휘 1 prepare a presentation 발표[프레젠테이션] 준비를 하다

2 expert 전문가 discuss 논의하다, 토론하다 matter 문제 in detail 자세히, 상세히 3 technician 기술자 fix 고치다, 수리하다 4 committee 위원회 application form 지원서 5 staff 직원 participate in ~에 참가하다[참석하다] 6 reception 연회, 리셉션 client 고객

B

1 Ⓒ	2 Ⓑ

1 샘은 일자리를 찾고 있었지만 많지 않았다.

2 임원들은 지금 논쟁을 하고 있다.

해설

1 접속사 but으로 연결된 절의 동사가 과거 시제인 were로 쓰였다. 이것을 통해 샘이 일자리를 찾는 행위가 '과거'에 하고 있던 일임을 알 수 있다. Sam은 3인칭 단수 주어이므로 was looking으로 써야 한다.

2 '현재, 지금'이라는 의미의 부사구 at the moment가 사용되었으므로 현재 진행 시제로 써야 한다는 것을 알 수 있다. 복수 주어이므로 are having으로 써야 알맞다.

어휘 2 executive 임원 have an argument 논쟁을 하다 at the moment 현재, 지금

V 현재완료 p.071

A

1 has just completed	4 have visited
2 have increased	5 has increased
3 have already finalized	6 has taken

해설

[1-6] 현재완료는 과거의 어떤 상황이나 행동이 현재에도 영향을 미치고 있거나, 관련이 있을 때 쓰는 시제로 '계속, 완료, 결과, 경험'의 4가지 의미로 쓰인다. 현재완료는 「have[has] + 과거분사(p.p.)」의 형태인데, 3인칭 단수 주어일 때 「has + 과거분사(p.p.)」로 쓴다는 것을 알아 두자. 현재분사는 흔히 just, since, over the past year, for the past[last] year, so far 등과 같은 부사구와 함께 쓰이는 경우가 많다. increase → increased처럼 과거분사형이 규칙적으로 변하는 동사도 있지만 take → taken처럼 불규칙적으로 변하는 동사들도 있으므로 동사의 과거분사형을 잘 알아 두자.

어휘 1 complete 끝내다[마치다], 완료하다 just 막, 방금 2 oil price 석유 가격[유가] increase 오르다, 증가하다, 늘리다 a lot 많이 for the past two years 지난 2년 동안 3 finalize 끝내다; 완성하다 4 visit 방문하다 attend a conference 회의에 참석하다 5 workforce 직원, 노동력 by ~만큼, ~정도까지 over the last two years 지난 2년간 6 since ~이후[부터] take a business trip 출장을 떠나다

B

1 Ⓒ	2 Ⓐ

1 지난 겨울부터, 그들은 재정적인 어려움을 겪고 있다.

2 잭슨 씨는 그 회사에서 10년간 일해왔다.

해설

1 '지난 겨울부터 (since last winter) 현재까지 계속' 어려움을 겪고 있으므로 현재완료 시제로 써야 한다. since는 현재완료 구문에서 많이 쓰이는 부사라는 것을 기억해 두자. 주어가 복수인 they이므로 have experienced로 쓴다.

2 주어가 3인칭 단수이고, 10년 전부터 현재까지 계속 그 회사에서 근무해오고 있는 것이므로 현재완료인 has worked가 정답이다.

어휘 1 financial difficulty 경제적 어려움, 재정적 곤란 experience 겪다, 경험하다 2 work for ~을 위해 일하다 firm 회사

VI 현재완료 vs. 과거 시제 p.072

A

1 conducted	4 has worked
2 have tried	5 finished
3 quit	6 have worried

1 지난 8월에 그들은 조사를 실시했다.

2 그들은 지난 월요일부터 그 보고서를 완성하려고 노력하고 있다.

3 그는 두 달 전에 일을 그만두었다.

4 스티브는 2018년부터 이 회사에서 일하고 있다.

5 그 팀은 며칠 전에 조사를 끝냈다.

6 고객들은 지난 몇 년 동안 서비스에 대해 걱정해왔다.

해설

1 과거의 한 시점을 나타내는 부사구 'last August (지난 8월)'가 쓰였으므로, 동사의 과거형인 conducted를 써야 한다.

2 과거에 시작된 일이 현재까지 영향을 미치고 있음을 드러내는 부사구 'since last Monday (지난 월요일부터)'가 쓰였으므로 현재완료 시제로 써야 한다. 주어가 복수이므로 have tried로 쓴다.

3 과거의 한 시점을 나타내는 부사구 'two months ago (두 달 전에)'가 쓰였으므로 quit의 과거형인 quit이 정답이다. 동사 quit은 현재형, 과거형, 과거분사형이 모두 quit라는 것을 알아 두자.

4 과거에 시작된 일이 현재까지 영향을 미치고 있음을 드러내는 부사구 'since 2018 (2018년부터)'이 쓰였으므로 현재완료 시제로 써야 한다. Steve는 3인칭 단수 주어이므로 has worked로 쓴다.

5 과거의 한 시점을 나타내는 부사구 'a few days ago (며칠 전에)'가 쓰였으므로 과거형 finished로 쓴다.

6 과거에 시작되어 현재까지 지속되고 있음을 나타내는 부사구 'for the past few years (지난 몇 년간)'가 쓰였으므로 현재완료 시제로 써야 한다. 주어가 복수인 customers이므로 have worried로 쓴다.

어휘 1 conduct 시행[실시]하다 survey 조사 3 quit 그만두다 4 firm 회사 5 investigation 조사, 연구 6 worry 걱정하다 customer 고객

B

1 Ⓒ	2 Ⓓ

1 취업 박람회는 지난달 시카고에서 열렸다.

2 지난 9월부터 그들은 많은 이익을 내고 있다.

해설

1 과거의 한 시점을 나타내는 부사구 'last month (지난달에)'가 쓰였으므로 빈칸에는 과거형 took이 알맞다.

2 현재완료 구문에 자주 쓰이는 부사 'since (~이래로)'가 나왔으므로 현재완료인 have made로 쓴다.

어휘 1 job fair 취업 박람회 take place 일어나다, 발생하다 2 profit 이익

Ⅶ 과거완료 & 미래완료

p.073

A

1 had worked	4 had broken
2 had stolen	5 will have been
3 will have worked	6 will have completed

해설

1 이 회사에 온 것보다 컨설팅 회사에서 일한 것이 더 이전에 벌어진 일이므로 과거완료인 had worked가 정답이다.

2 그들이 깨달은 것보다 누군가가 파일을 훔친 것이 먼저 벌어진 일이므로 과거완료인 had stolen이 정답이다.

3 미래의 어떤 시점에 '~되어 있을 것이다'라는 의미가 되어야 하므로 미래완료인 will have worked가 정답이다.

4 내가 안 것보다 누군가가 사무실을 침입한 것이 먼저 벌어진 일이므로 과거완료인 had broken으로 써야 한다.

5 2030년이라는 미래의 시점이 되면 그가 그 업종에 종사한 지 20년이 되는 셈이므로 미래완료인 will have been이 정답이다.

6 '다음 주면 보고서가 완성되어 있을 것'이라는 미래의 시점을 나타내야 하므로 미래완료인 will have completed로 써야 한다.

어휘 1 consulting firm 컨설팅 회사 2 realize 깨닫다, 분명히 파악하다 steal 훔치다 (과거분사형: stolen) 3 as of next month 다음 달이면, 다음 달 부로 4 break into 침입하다[난입하다] 5 be in the business (어떤) 업계에 종사하다 6 annual report 연차보고서

B

1 Ⓑ	2 Ⓑ

1 다음 2월 부로 회계부장은 회사를 떠나 있은 지 2년이 된다.

2 그들은 제안서를 제출하기 전에 그것에 대해 많은 연구를 했다.

해설

1 '다음 2월 부로 (as of next February)'라는 미래의 시점이 되면 회사를 떠나 있은 지 2년이 되는 것이므로 '~한 셈이 된다'라는 의미를 나타내기 위해서는 미래완료 시제인 will have been으로 써야 한다.

2 제안서를 제출하는 것보다 연구를 한 것이 먼저 일어난 일이므로 과거완료인 had done으로 쓴다.

어휘 1 as of next February 다음 2월 부로 accounting manager 회계부장 2 proposal 제안서 research 연구, 조사

토익 실전 연습

p.075

1 (C)	2 (A)	3 (D)	4 (A)	5 (C)
6 (A)	7 (B)	8 (B)	9 (D)	10 (D)
11 (C)	12 (C)	13 (C)	14 (A)	15 (A)
16 (B)	17 (B)	18 (C)		

Part 5

1

ICD사는 내년에 신제품을 출시할 것이라고 발표했다.

(A) remain

(B) conduct

(C) launch

(D) renew

해설 문맥상 '내년에 신제품을 출시할 것이다'는 내용이 되어야 하므로 launch를 써야 한다.

어휘 announce 발표하다, 알리다 remain 남다 conduct 수행하다 launch 출시하다 renew 갱신하다

2

여행사 직원이 우리를 위해 항공권과 호텔을 예약해 주었다.

(A) booked

(B) complained

(C) increased

(D) met

해설 문맥상 '비행기표를 예약했다'라는 의미가 되어야 하므로 booked를 쓴다.

어휘 travel agent 여행사 직원 arrange 배열하다; 준비하다 complain 불평하다

3

그 회사는 관리부의 인력을 줄이기로 결정했다.

(A) afford

(B) reserve

(C) postpone

(D) reduce

해설 문맥상 '인력을 줄이다'라는 의미가 되어야 하므로 reduce를 쓴다.

어휘 workforce 인력; 직원 Maintenance Department 관리부 afford ~할 여유가 있다 reserve 예약하다 delay 연기하다, 늦추다[지체시키다] reduce 줄이다, 감소시키다

4

오브라이언 씨는 지난 금요일에 월간 보고서를 제출했다.

(A) submitted

(B) submit

(C) submits

(D) submission

해설 과거를 나타내는 부사구 'last week (지난주에)'가 쓰였으므로 과거 시제인 submitted가 정답이다.

어휘 submit 제출하다 submission 제출 monthly report 월간 보고서

5
우리는 한 달 후에 중국 시장에 새 모델을 소개할 것이다.
(A) introduce
(B) introduced
(C) will introduce
(D) were introducing

해설 미래를 나타내는 부사구 'in a month (한 달 후에)'가 있으므로 미래 시제인 will introduce가 정답이다.

어휘 introduce 소개하다, 도입하다

6
몇 년 전에, 인사부에서 매달 직원 교육 훈련을 개최했다.
(A) held
(B) holds
(C) holding
(D) will hold

해설 'last year (작년에)'라는 과거 시점을 나타내는 시간의 부사구가 있으므로 과거 시제인 held가 정답이다.

어휘 HR Department 인사부

7
지난해 동안 우리 경쟁사들에 대한 우려가 높아졌다.
(A) have been
(B) has been
(C) was
(D) be

해설 '지난해 동안'이라는 현재완료 구문에 자주 쓰이는 부사구 for the last year에 주의하며 정답을 찾아야 한다. There is[are / was / were]로 시작하는 문장에서는 be동사 다음에 오는 명사가 주어가 되는데, 다음에 나오는 명사인 increased concern이 단수이다. be동사의 과거분사형은 been인데, 이 문장은 현재완료 시제 문장이므로 빈칸에는 has been이 들어가야 한다.

어휘 increased concern 높아진[증가된] 우려 competitor 경쟁사, 경쟁 상대

8
이사회는 지금 새로운 마케팅 전략을 검토하는 중이다.
(A) was reviewing
(B) is reviewing
(C) reviews
(D) reviewed

해설 '지금, 현재' 라는 의미의 부사구 at the moment가 있으므로 현재진행 시제인 is reviewing이 정답이다.

어휘 marketing strategy 마케팅 전략 at the moment 지금

9
내년이면, 머레이 씨는 회장으로 근무한 지 5년이 된다.
(A) serve
(B) has been serving
(C) has served
(D) will have served

해설 미래의 어느 시점에 '~한 셈이 될 것이다'라는 의미를 표현해야 하므로 미래완료 시제인 will have served가 정답이다.

10
샌더슨 씨는 여기에 오기 전에 마케팅 회사에서 근무했다.
(A) has worked
(B) works
(C) working
(D) had worked

해설 '여기에 온 것'보다 '마케팅 회사에서 근무한 것'이 더 먼저 일어난 일이므로 과거완료인 had worked로 써야 한다.

어휘 marketing firm 마케팅 회사 before ~ 전에

11
킴벌리 씨는 다음 주 화요일까지 국외에 있을 것이다.
(A) was
(B) is
(C) will be
(D) has been

해설 문맥상 '~까지 국외에 있을 것이다'라는 의미가 되어야 자연스러우므로 미래 시제 will be가 정답이다.

어휘 until ~까지 out of the country 국외에

12
팀장은 그녀가 부재중일 때 방문한 사람이 있었는지 물어보았다.
(A) is
(B) are
(C) had been
(D) has been

해설 물어본 시점보다 전화가 걸려왔는지가 시점상 앞서므로 과거완료 시제로 써야 한다. 선택지에서 과거완료는 had been이다.

어휘 visitor 방문객 away 떠나 있는, 나가 있는

13
2030년까지 전기차에 대한 수요는 두 배로 증가해 있을 것이다.
(A) will increase
(B) has increased
(C) will have increased
(D) increases

해설 'by 2030 (2030년까지)'라는 미래의 어느 시점에 완료될 일을 나타내는 미래완료 시제를 써야 한다. 선택지에서 미래완료는 will have increased이다.

어휘 demand 수요 twofold 두 배

14
만일 경영자들이 직원들의 초과 근무를 원한다면, 그들은 직원들에게 더 많은 돈을 지불해야 할 것이다.
(A) want
(B) will want

(C) wants
(D) have wanted

해설 시간과 조건의 부사절에서는 미래 시제 대신에 현재 시제를 쓴다. 따라서 빈칸에는 현재형의 동사가 필요하다. 주어가 managers(경영자들)로 복수이므로 want가 정답이다.

어휘 manager 경영자; 부장 work overtime 초과 근무를 하다 pay 지불하다

Part 6

[15-18]

우리는 애너벨 하트가 마케팅 전무 이사직에 임명된 것을 알리게 되어 기쁩니다.

하트 씨는 지난 10년 동안 마케팅 관리자로서 우리와 함께 해왔고, 더 많은 고객들에게 우리의 제품을 알리는 데 큰 성공을 거두었습니다. 그녀가 우리 회사에 입사하기 전에, 그녀는 경영학 석사 학위를 획득했습니다.

그녀의 승진을 축하하기 위해 특별한 연회가 준비되어 있습니다. **우리는 여러분들 모두 그녀의 승진을 축하하는 데 함께하기를 바랍니다.**

여러분들 모두 그곳에서 만날 수 있기를 고대하겠습니다.

어휘 be pleased to ~하게 되어 기쁘다 announce 알리다, 발표하다 appointment 임명 Executive Director of Marketing 마케팅 전무 이사 make a huge success 큰 성공을 거두다 banquet 파티, 연회 celebrate 축하하다 promotion 승진 look forward to ~할 것을 고대하다

15
(A) announce
(B) spread
(C) welcome
(D) appreciate

해설 문맥상 '임명(appointment)을 알리게 되어 기쁘다'라는 의미가 되어야 하므로 '알리다'라는 의미의 동사 announce가 알맞다.

어휘 appointment 임명 position 직위 executive director 전무 이사

16
(A) is
(B) has been
(C) have been
(D) will have been

해설 지난 10년간 이라는 의미의 'for the last 10 years'와 어울리는 시제는 현재 완료이다. 그런데 주어가 3인칭 단수이므로 (C) have been은 정답이 될 수 없다. 정답은 (B)의 has been이다.

17
(A) earns
(B) earned
(C) has earned
(D) will earn

해설 하트 씨가 학위를 취득한 것은 과거의 일이므로 단순 과거 시제인 earned를 쓰는 것이 적합하다.

18
(A) 그녀가 기념식에 참석하지 않을 것이라는 사실을 알려 드립니다.
(B) 이러한 변경으로 인하여 행사가 지연되어 유감입니다.
(C) 우리는 여러분들 모두 그녀의 승진을 축하하는 데 함께하기를 바랍니다.
(D) 당신이 승진할 자격이 없다면 저에게 알려 주시기 바랍니다.

해설 공지의 마지막 부분에서 승진 축하를 위한 특별한 연회가 준비되었다고 했으므로, 모두 함께 하기를 바란다는 내용이 이어지는 것이 자연스럽다. 따라서 (C)가 정답이다.

Grammar Step UP!

p.078

Let's Check!

1 hire	2 work
3 use	4 quit

Unit 05 능동태와 수동태

I 능동태 vs. 수동태

p.081

A

1 is reviewed	4 takes
2 hold	5 is installed
3 are broken	6 is sent

해설

1 '검토된다'라는 수동의 의미이므로 수동형의 is reviewed가 알맞다.
2 '회의를 연다'라는 능동의 의미이므로 능동형의 hold가 알맞다.
3 주어가 복수인 'all the windows (모든 창문)'이고, '깨져있다'라는 수동의 의미이므로 수동형 are broken이 알맞다. break의 과거분사형이 broken 이라는 것을 알아 두자.
4 take place는 '발생하다, 일어나다'라는 의미의 숙어이다. 이 경우 주어가 사물이라도 능동형으로 쓴다.
5 주어가 단수인 'new software (새 소프트웨어)'이고, '설치된다'라는 수동의 의미이므로 수동형인 is installed가 알맞다.
6 '보내진다'라는 수동의 의미이므로 수동형 is sent가 알맞다. send의 과거분사형이 sent라는 것을 알아 두자.

어휘 2 hold a conference 컨퍼런스, 회의를 열다 once a month 한 달에 한 번 3 break 깨다, 부수다 4 book fair 도서 박람회 take place 일어나다, 발생하다 5 install 설치하다 regularly 정기적으로 6 send 보내다

B

1 Ⓒ	2 Ⓐ

1 news는 복수처럼 보이지만 단수로 취급한다. '소식이 게시된다'라는 수동의 의미가 되어야 하므로 수동형인 is posted가 정답이다.

2 주어가 복수이고 사람이다. '프로그램을 설치한다'라는 능동의 의미가 되어야 하므로 install이 알맞다.

어휘 1 related to ~와 관련된 bulletin board 게시판 post 게시하다 2 technician 기술자, 전문가 on a regular basis 정기적으로

II 현재 · 과거 · 미래의 수동태 p.082

A

1 was postponed	4 will be made
2 will be cleaned	5 is distributed
3 is paid	6 will be completed

해설

1 주어인 'the project (그 프로젝트)'가 3인칭 단수이고, '프로젝트가 연기되었다'라는 과거의 수동태 의미를 나타내야 하므로 was postponed이 정답이다.

2 '청소될 것이다'라는 미래의 수동태 의미를 나타내기 위해서는 will be cleaned라고 써야 한다. 수동태의 미래형은 be동사 앞에 will을 붙여 「will be + 과거분사」로 쓴다.

3 주어가 'a lot of attention (많은 관심)'이어서 복수 같지만 단수로 취급한다. 따라서 '관심이 기울여진다'라는 현재의 수동태 의미를 나타내기 위해서는 is paid라고 써야 한다.

4 '변화가 일어날 것이다'라는 미래의 수동태 의미를 나타내기 위해서는 will be made라고 써야 한다.

5 직원 안내서가 '배부되는 것'이므로 is distributed라고 써야 한다. 주어가 단수인 'the employ handbook (직원 안내서)'이므로 be동사는 is가 되어야 한다.

6 문장에 미래를 나타내는 부사구인 'by next Friday (다음주 금요일)'가 있고, 건설 작업이 그 시점에 '완료될 것'이므로 will be completed가 되어야 한다.

어휘 1 postpone 연기하다 2 clean 청소하다 3 pay attention to ~에 관심을 기울이다 4 make a change 변화를 일으키다, 변경하다 5 handbook 안내서 distribute 배부하다, 보급하다; 분배하다 6 construction work 건설 공사

B

1 Ⓒ	2 Ⓐ

1 지난주에 회의에서 합의가 이루어졌다.

2 조수 자리가 늦어도 다음 달까지는 채워질 것이다.

해설

1 문장에 과거를 나타내는 부사인 'last week (지난주)'가 있고, 문맥상 합의가 '이루어지는 것'이므로 과거 수동형인 was made가 알맞다.

2 'no later than next month (늦어도 다음 달까지)'라는 미래를 나타내는 부사구가 있다. 조수 자리가 '채워질 것이다'라는 의미이므로 미래 수동형인 will be filled가 알맞다.

어휘 1 make an agreement 합의하다 2 assistant position 조수 직책 fill 채우다 no later than 늦어도 ~까지

III 조동사의 수동태와 완료 수동태 p.083

A

1 has to review → has to be reviewed
2 may canceled → may be canceled
3 has taken care of → has been taken care of
4 send → have been sent
5 loved → has been loved
6 should is submitted → should be submitted

해설

1 조동사의 수동형은 「조동사 + be + 과거분사」의 형태로 나타낸다. 따라서 has to be reviewed라고 써야 한다.

2 조동사의 수동형은 「조동사 + be + 과거분사」의 형태로 나타내므로 may be canceled라고 써야 한다.

3 현재완료 수동태는 「have[has] been + 과거분사」의 형태로 나타낸다. 따라서 has been taken care of라고 써야 한다.

4 과거부터 현재에 이르기까지를 의미하는 현재완료 시간 부사구 'so far (지금까지)'가 있고, 주어가 복수인 'hundreds of encouraging letters (수백 통의 편지)'이므로 현재완료 수동태인 have been sent가 정답이다.

5 제품이 'for more than 10 years(10년 이상)' 사랑 받아 오고 있는 것이므로 현재완료 수동태로 표현해야 한다. 따라서 have been loved가 정답이다.

6 조동사의 수동형은 「조동사 + be + 과거분사」의 형태로 나타내므로 should be submitted라고 써야 한다.

어휘 2 event 행사 due to ~ 때문에 heavy rain 폭우 cancel 취소하다 3 take care of 처리하다, 해결하다 without much difficulty 큰 어려움 없이 4 hundreds of 수백의, 수많은 encouraging letter 격려 편지 so far 지금까지 5 more than ~보다 많은, ~ 이상의 6 order form 주문서, 신청서 process 처리하다

B

1 Ⓒ	2 Ⓓ

1 지금까지 보고서의 많은 부분이 수정되었다.

2 새로운 비서가 지금 당장 고용되어야 한다.

해설

1 현재완료 구문에 쓰이는 시간의 부사구 so far에 주의해야 한다. '지금까지 수정되었다'라는 의미를 나타내기 위해서는 현재완료 수동형으로 써야 한다. 주어가 복수인 'many modifications (많은 수정)'이므로 have been made로 쓴다.

2 ought to 는 '~해야 한다'라는 의미의 조동사이다. 문맥상 '고용되어야 한다'라는 수동의 의미를 나타내야 하므로 조동사의 수동형 ought to be hired로 쓴다.

어휘 1 modification 수정 2 secretary 조수 ought to ~해야 한다 right away 당장 hire 고용하다

Ⅳ 4형식과 5형식의 수동태 p.084

A

1 A free gift was given to all the customers.
2 They were asked to leave the conference room.
3 The product is called MegaTech by young children.
4 An official letter will be sent to all the participants.

해설

1 「They(주어) + gave(동사) + all the customers(간접목적어) + a free gift(직접목적어)」 형태의 4형식 문장을 수동태로 표현하면 간접목적어가 주어가 되는 'All the customers were given a free gift (by them).'와 직접목적어가 주어가 되는 'A free gift was given to all the customers.'로 쓸 수 있다. 직접목적어가 수동태 문장의 주어가 되는 경우 알맞은 전치사를 써야 한다. 동사 give와 함께 쓰이는 전치사는 to이다.

2 '(일반인 주어) asked them to leave the conference room.'이라는 5형식 능동태 문장을 수동태로 바꾸면 'They were asked to leave the conference room.'이 된다.

3 'Young children call the product MegaTech.'라는 5형식 능동태 문장을 수동태로 고치면 'The product is called MegaTech by young children.'이 된다.

4 '(일반인 주어) will send all the participants an official letter.'라는 4형식 문장을 직접목적어가 문장의 주어가 되는 수동태 문장으로 고치면 'An official letter will be sent to all the participants.'가 된다.

어휘 1 free gift 무료 선물 customer 고객 2 leave 나가다, 떠나다 4 official letter 공식 서한 participant 참가자

B

1 Ⓑ 2 Ⓓ

해설

1 주어가 복수인 'some of the part-timers (몇몇 시간제 근로자)'이고, 회사를 떠나도록 '요청 받은 것'이므로 were asked가 정답이 된다.

2 과거를 나타내는 시간 부사구 'a few days ago (며칠 전에)'가 쓰였고, 소포가 '배달된 것'이므로 was delivered가 알맞다.

어휘 1 part-timer 시간제 근로자, 아르바이트생 2 package 소포 mailman 우편 배달부 deliver 배달하다

Ⅴ 주의해야 할 수동태 표현 p.085

A

1 with	4 in
2 to	5 in
3 to	6 with

해설

1 be faced with는 '~에 직면하다'라는 의미의 수동태 표현이다.

2 be dedicated to는 '~에 전념하다'라는 의미의 수동태 표현이다.

3 be related to는 '~에 관련이 있다'라는 의미의 수동태 표현이다.

4 be involved in은 '~에 관련이 되다[연루되다]'라는 의미의 수동태 표현이다.

5 be interested in은 '~에 관심을 가지다'라는 의미의 수동태 표현이다.

6 be filled with는 '~로 가득 차다'라는 의미의 수동태 표현이다.

어휘 1 be faced with ~에 직면하다 economic difficulty 경제적 어려움 2 be dedicated to ~에 전념하다[헌신하다] develop 개발하다 3 be related to ~에 관련이 있다 mistake 실수 4 be involved in ~에 관련이 되다[연루되다] crime 범죄 5 agency 대리점 be interested in ~에 관심을 가지다 consultant 컨설턴트 6 be filled with ~으로 가득 차다 newly 새로이 hired 고용된

B

1 Ⓑ 2 Ⓐ

해설

1 be accustomed to는 '~에 익숙하다'라는 의미의 수동태 표현이다.

2 be committed to는 '~에 전념하다[헌신하다]'라는 의미의 수동태 표현이다.

어휘 1 be accustomed to ~에 익숙하다 2 be committed to ~에 전념하다[헌신하다] high-quality service 고품격 서비스

토익 실전 연습 p.087

1 (A)	2 (C)	3 (C)	4 (A)	5 (C)
6 (D)	7 (A)	8 (B)	9 (A)	10 (D)
11 (C)	12 (D)	13 (A)	14 (C)	15 (C)
16 (D)	17 (B)	18 (B)		

Part 5

1

판매 보고서에서 몇 개의 오류들이 발견되었다.

(A) were found
(B) found
(C) find
(D) be found

해설 주어가 'several mistakes (몇 개의 오류들)'로 복수형이고, 문맥상 '오류들이 발견되었다'라고 해야 자연스럽다. 따라서 수동태인 were found가 알맞다. (D)의 be found도 수동태의 형태이기는 하지만 앞에 조동사가 있을 경우에만 be동사의 원형을 쓸 수 있기 때문에 답이 될 수 없다.

어휘 sales report 판매 보고서

2
클락 씨가 증거를 마주했을 때, 그는 자신의 유죄를 인정할 수밖에 없었다.
(A) in
(B) from
(C) with
(D) on

해설 be faced with는 '~에 직면하다'라는 의미의 수동태 표현이다.

어휘 be faced with ~에 직면하다 admit 인정하다 guilt 유죄

3
연례 회의가 시카고 컨벤션 센터에서 개최된다.
(A) holding
(B) holds
(C) is held
(D) to hold

해설 주어가 3인칭 단수인 the annual conference이고, 문맥상 회의가 '개최되다'라는 의미의 수동태 표현이 되어야 하므로 is held가 알맞다.

어휘 annual conference 연례 회의

4
2주 내에 새로운 배달원이 채용될 것이다.
(A) be hired
(B) is hired
(C) hires
(D) hire

해설 문맥상 새로운 배달원이 고용될 것이라는 의미가 되어야 하므로 수동형의 동사가 와야 한다. 조동사 will이 있으므로 be hired가 정답이다.

어휘 messenger 배달원 within a couple of weeks 몇 주 이내에

5
이 마케팅 직책은 관련 분야에서 최소 2년의 경력을 요구 한다.
(A) require
(B) requiring
(C) requires
(D) is required

해설 require는 '~을 요구하다, 필요로 하다'라는 의미의 동사이다. 문맥상 마케팅 직책이 경력을 '필요로 하다'라는 의미이므로 이 문장에서는 능동형으로 써서 requires가 알맞다.

어휘 require ~을 요구하다, 필요로 하다 at least 적어도 experience 경력, 경험 related field 관련 분야

6
교육은 오후 1시에 세미나실에서 이루어질 것이다.
(A) took
(B) is taken
(C) taking
(D) take

해설 미래 시제를 나타내는 be going to 뒤에는 동사원형이 와야 한다. take place는 '발생하다, 일어나다'라는 의미의 숙어로 사물이 주어일 때에도 능동형으로 쓴다.

어휘 training 훈련, 교육 take place 발생하다, 일어나다

7
Clark 컨설팅 그룹은 공공 부문 단체들을 돕는 데 전념하고 있다.
(A) to
(B) within
(C) of
(D) in

해설 be dedicated to는 '~하는 데 헌신하다[전념하다]'라는 의미의 수동태 표현이다.

어휘 be dedicated to ~에 헌신하다 organization 기구, 조직

8
사장이 좋아하지 않았기 때문에 그 건설 계획에는 많은 수정이 이루어졌다.
(A) have made
(B) have been made
(C) made
(D) are made

해설 the president did not like it을 통해 종속절의 시제가 과거임을 알 수 있다. 문장의 주어가 복수인 'many changes (많은 수정)'이며 문맥상 '많은 수정들이 이루어졌다'라고 해야 자연스럽다. (D)의 are made는 현재 시제이므로 답이 될 수 없다. 현재완료 수동태인 have been made가 정답이다.

어휘 construction plan 건설 계획 president 사장, 회장

9
회장은 그 회사에서 30년간 일한 후에 퇴임했다.
(A) retired
(B) retiring
(C) was retired
(D) retirement

해설 문맥상 '회장이 퇴임했다'라고 해야 자연스러우므로 능동형의 동사가 빈칸에 알맞다. 회사에서 30년 일한 것이 회사를 퇴임하는 것보다 앞선 일이다. 따라서 회사에서 일한 것은 과거완료로, 퇴임한 것은 과거 시제로 써야 하므로 retired가 정답이다.

어휘 retire 퇴임하다[은퇴하다] retirement 퇴직, 은퇴

10
사무용품들은 다음 주에 귀하의 사무실에 배달될 것입니다.
(A) delivered
(B) will deliver

(C) delivering

(D) will be delivered

해설 미래를 나타내는 부사구 'next week (다음 주에)'이 있고, 문맥상 '사무용품들이 배달될 것이다'라는 의미가 되어야 자연스러우므로 미래 시제 수동태인 will be delivered가 알맞다.

어휘 office supplies 사무 용품 deliver 배달하다

11

몇몇 고객들은 온라인으로 반품하는 것에 익숙하지 않다.

(A) in

(B) with

(C) to

(D) at

해설 be accustomed to는 '~하는 데 익숙하다'라는 의미의 수동태 구문이다.

어휘 be accustomed to ~에 익숙하다 purchase 구매

12

회사의 기술자들은 고장 난 컴퓨터들을 수리하도록 요청 받았다.

(A) asks

(B) is asking

(C) was asking

(D) were asked

해설 '컴퓨터를 수리하도록 요청 받다'라는 수동형이 되든지 '컴퓨터를 수리하도록 요청하다'라는 능동형으로 써야 하는데, 주어가 복수인 'the company technicians (회사 기술자들)'이므로 복수 동사가 와야 한다. 선택지 중에 이 조건을 만족시키는 것은 (D)의 were asked 밖에 없다.

어휘 technician 기술자 fix 고치다, 수리하다 broken 고장 난

13

연구개발팀은 새로운 제품을 검사할 것이다.

(A) examine

(B) relocate

(C) solve

(D) refrain

해설 문맥상 '새로운 제품을 검사할 것이다'라는 의미가 되어야 자연스러우므로 examine이 알맞다.

어휘 R&D team 연구개발팀 examine 검사하다, 살펴보다 relocate 이전하다, 이동시키다 solve 해결하다 refrain 금하다

14

우리는 어떤 종류의 결론에든 도달하기 전에 그것에 관해 자세히 논의할 필요가 있다.

(A) replace

(B) quit

(C) reach

(D) fill

해설 문맥상 '결론에 도달하다'라는 의미가 되어야 자연스러우므로 reach가 알맞다. reach a conclusion은 '결론에 도달하다, 합의에 이르다'라는 의미의 숙어이다.

어휘 in detail 자세히 replace 교체하다 fill 채우다 reach a conclusion 결론에 도달하다, 합의에 이르다

Part 6

[15-18]

프랑코 영화사

포트 가 2341번지, 시애틀

몇 주 후에, 프랑코 영화사는 니콜라스 시몬스 주연의 신작 장편 영화인 *디 아워스*를 개봉할 것입니다. 이는 그가 10년 만에 처음으로 모습을 드러내는 것입니다.

영화의 시사회는 프랑코 영화사의 가까운 친구들과 VIP 손님들을 위해 준비되었습니다. 이는 12월 24일 오후 7시에 하야트 리젠시 클럽에서 열릴 것입니다.

귀하께서 이번 특별 시사회에 참석해 주시기를 정중히 초청하는 바입니다. 귀하를 위한 티켓이 동봉되어 있는데, 입장하실 때 이것이 필요합니다. 관람을 마치신 후, 다과와 경품 추첨이 이어질 것입니다.

어휘 release 개봉하다 appearance 출현, 나타남 preview 시사회 enclose 동봉하다 admission 입장 showing 상영 refreshment 다과 lucky draw 경품 추첨

15

(A) releases

(B) is released

(C) will release

(D) will be released

해설 '몇 주 후에'라는 의미의 in a few weeks와 어울리는 시제는 미래 시제이다. 그런데 (D)의 will be released는 '개봉될 것이다'라는 수동의 의미이므로 주어와 어울릴 수 없다. 따라서 정답은 능동형인 (C)의 will release이다.

16

(A) hold

(B) be held

(C) will hold

(D) will be held

해설 hold는 '개최하다'라는 의미의 동사이다. 빈칸 앞의 대명사 it은 시사회를 가리키므로 문장의 의미는 '시사회가 개최될 것이다'가 되어야 한다. 따라서 빈칸에는 '수동태'이면서 '미래 시제' 형태가 와야 하므로 정답은 (D)의 will be held이다.

17

(A) 상영에 대한 귀하의 논평과 제안을 환영합니다.

(B) 귀하께서 이번 특별 시사회에 참석해 주시기를 정중히 초청하는 바입니다.

(C) VIP 손님들을 위한 무료 티켓은 더 이상 사용이 불가능합니다.

(D) 이 행사의 날짜와 장소는 아직 확정되지 않았습니다.

해설 가까운 친구들과 VIP들을 위한 특별한 시사회가 있다는 내용 다음에 이어지기에 자연스러운 문장은 '귀하를 이 특별 시사회에 초대하고 싶다'라는 뜻의 (B) You are cordially invited to attend this special preview이다.

18
(A) submission
(B) admission
(C) supervision
(D) appreciation

해설 문맥상 '동봉된 티켓이 입장을 위해 필요하다'라고 해야 자연스러우므로 '입장'이라는 의미의 명사 admission이 알맞다.

어휘 enclosed 동봉된 submission 제출 admission 입장 supervision 관리 appreciation 감사, 공감

Grammar Step UP!

p.090

Let's Check!

1 were asked to	2 is scheduled to
3 are expected to	4 is supposed to

Unit 06 to부정사

I to부정사의 명사적 용법 p.093

A

1 일자리 찾기에 성공하는 것은 쉽지 않다. / 주어
2 그 경영자는 직원들에게 열심히 일하라고 격려했다. / 목적격보어
3 내 꿈은 HD사에서 일하는 것이다. / 주격보어
4 지배인은 세 명의 지원자와 면접을 보고 싶어했다. / 목적어
5 진은 내가 그 보고서를 완성하는 것을 도왔다. / 목적격보어

해설
1 to부정사가 문장 앞에서 주어로 사용된 문장이다.
2 동사 encourage는 5형식 동사로, to부정사가 목적격 보어로 사용된 문장이다.
3 2형식 문장으로 to부정사가 문장의 주격보어로 사용되었다.
4 to부정사가 동사 wanted의 목적어로 사용된 문장이다.
5 to부정사가 목적어 me의 목적격보어로 사용된 문장이다. help는 5형식 문장에서 목적격보어로 to부정사 또는 동사원형을 취할 수 있는 동사라는 것을 알아 두자.

어휘 1 succeed (in) 성공하다 2 encourage 격려하다 4 interview 면접을 보다

B

1 Ⓐ 2 Ⓒ

해설
1 빈칸에는 동사 needs의 목적어가 필요하다. to hire가 needs의 목적어로 올 수 있다.
2 뒤에 목적어 the issue를 이끌면서 주격보어로 쓰일 수 있는 말이 필요하다. 이 조건을 만족시키는 것은 to discuss이다.

어휘 2 purpose 목적 issue 문제, 사안

II to부정사의 형용사적/부사적 용법 p.094

A

1 그들은 시카고에 있는 사무실을 방문할 계획을 세웠다. / 형용사적 용법
2 그는 몸매를 유지하려고 규칙적으로 운동을 한다. / 부사적 용법: 목적
3 첫 번째 할 일은 직원과 회의하는 것이다. / 형용사적 용법
4 나는 그 소식을 들어서 매우 기쁘다. / 부사적 용법: 원인
5 그 회사는 인력을 감축했다가 생산성만 떨어졌다. / 부사적 용법: 결과

해설
1 to visit이 a plan을 수식하고 있으므로 형용사적 용법이다.
2 '몸매를 유지하려고'라는 '목적'의 의미가 있는 to부정사의 부사적 용법이다
3 to do가 the first thing을 수식하고 있으므로 형용사적 용법이다.
4 '그 소식을 들었기 때문에' 기쁜 것이므로 '감정의 원인'이 되는 to부정사의 부사적 용법이다.
5 회사의 생산성을 떨어뜨리기 위해 인력을 감축한 것이 아니라 '인력을 감축해서 생산성이 떨어진 것'이다. 따라서 '결과'를 나타내는 to부정사의 부사적 용법이다.

어휘 1 make a plan 계획을 세우다 visit 방문하다 2 exercise 운동하다 regularly 규칙적으로 keep in shape 몸매를 유지하다 3 staff 직원 5 downsize (인원을) 축소하다 workforce 인력, 직원 productivity 생산성

B

1 Ⓐ 2 Ⓓ

해설
1 '목적'을 나타내는 to부정사의 부사적 용법으로 '승진을 하기 위하여'로 해석된다.
2 '감정의 원인'을 나타내는 to부정사의 부사적 용법이다.

어휘 1 get a promotion 승진하다 2 surprised 놀란

III to부정사의 의미상의 주어 · 부정 p.095

A

1 of you	4 of Jeff
2 for Koreans	5 for Mr. Johnson
3 not to be	6 for you

해설

1 문장의 주어와 to부정사의 주어가 일치하지 않을 경우 to부정사의 의미상의 주어를 별도로 표시한다. 사람의 감정이나 평가를 나타내는 형용사가 쓰였을 경우 to부정사의 의미상의 주어를 「of + 목적격」으로 표시한다.

2 문장의 주어와 to부정사의 주어가 일치하지 않을 경우 to부정사의 의미상의 주어를 따로 표시한다. 일반적인 to부정사의 의미상의 주어는 「for + 목적격」으로 나타낸다.

3 to부정사의 부정은 to부정사 바로 앞에 not을 붙인다.

4 사람의 감정이나 평가를 나타내는 형용사 wise가 쓰였으므로 to부정사의 의미상의 주어를 「of + 목적격」으로 표시한다.

5 감정이나 사람에 대한 평가를 나타내는 형용사가 아닌 다른 일반적인 형용사가 쓰였을 때 to부정사의 의미상의 주어는 「for + 목적격」으로 쓴다.

6 감정이나 사람에 대한 평가를 나타내는 형용사가 아닌 다른 일반적인 형용사가 쓰였을 때 to부정사의 의미상의 주어는 「for + 목적격」으로 쓴다.

어휘 1 the poor 가난한 사람들 2 difficult 어려운 Koreans 한국 사람들 3 late for work 직장에 지각하는, 일에 늦은 4 reconsider 재고하다 offer 제의, 제안 6 sign up for 신청하다, 등록하다 improve 향상시키다 job skill 직무 능력

B

1 ⓒ 2 ⓓ

해설

1 to부정사의 부정은 바로 앞에 not을 붙이므로 not to wear가 정답이다.

2 difficult는 감정이나 사람에 대한 평가를 나타내는 형용사가 아니므로 to부정사의 의미상의 주어는 「for + 목적격」으로 쓴다.

어휘 1 dangerous 위험한 worker 일꾼 safety gear 안전 2 explain 설명하다 reason 이유 decision 결정

Ⅳ to부정사를 취하는 동사·명사·형용사 p.096

A

1 to sign
2 to review
3 to increase

해설

1 agree는 to부정사를 목적어로 취하는 동사이므로 to sign이 알맞다.

2 time은 뒤에 to부정사를 취할 수 있는 명사이다. 「take + 시간 + to부정사」는 '~하는 데 (얼마의) 시간이 걸리다'는 표현이다

3 「be likely to부정사」는 '~할 것 같다'라는 의미의 표현이다.

어휘 1 agree 동의하다 sign the contract 계약서에 사인하다 2 checklist 검사 항목, 체크리스트 3 interest rate 금리, 이자율 be likely to ~할 것 같다 the first quarter 1사분기

B

1 Ⓐ 2 Ⓓ

1 우리는 당신과 만나서 그 일에 대해 이야기하고 싶습니다.

2 나는 많은 사람들이 그 일에 지원할 기회를 가질 것이라고 생각하지 않는다.

해설

1 「be eager to부정사」는 '매우 ~하고 싶다'는 의미의 표현이다.

2 「chance + to부정사」는 많이 쓰이는 표현으로 '~할 기회'로 해석된다.

어휘 1 be eager to 매우 ~하고 싶다 issue 사안, 문제 2 chance 기회

Ⅴ too ~ to / enough to p.097

A

1 buying → to buy
2 enough clever → clever enough
3 handling → to handle
4 be elected → to be elected
5 tired too → too tired
6 getting → to get

해설

1 「too + 형용사/부사 + to부정사」는 '~하기에는 너무 …하다'는 표현이다. 따라서 buying을 to buy로 고쳐야 한다. 이 문장에서 for me는 to부정사의 의미상의 주어이다.

2 enough to의 어순은 「형용사/부사 + enough + to부정사」이다. 따라서 enough clever를 clever enough로 고쳐야 한다.

3 「형용사/부사 + enough + to부정사」이므로 handling을 to handle으로 고쳐야 한다.

4 '…하기에는 너무 ~하다'라는 표현은 「too + 형용사/부사 + to부정사」로 나타낸다. 따라서 be elected를 to be elected로 고쳐야 한다.

5 '…하기에는 너무 ~하다, 너무 …해서 ~할 수 없다'는 표현은 「too + 형용사/부사 + to부정사」로 쓴다. 따라서 tired too를 too tired로 고쳐야 한다.

6 enough to의 어순은 「형용사/부사 + enough + to부정사」이다. 따라서 getting을 to get으로 고쳐야 한다.

어휘 1 expensive 비싼 2 clever 영리한 pass (시험에) 붙다, 통과하다 promotion test 승진 시험 3 handle 다루다, 처리하다 4 candidate 후보(자) arrogant 오만한 elect 선출하다, 고르다 president 대통령 6 smart 똑똑한 get a job 일자리를 얻다

B

1 Ⓓ 2 ⓒ

1 이 장소는 직원들이 프로젝트를 할 수 있을 정도로 충분히 조용하다.

2 올해의 매출 목표는 우리가 달성하기에는 너무 높았다.

해설

1 enough to의 어순은 「형용사/부사 + enough + to부정사」이다. 따라서 to work가 나와야 한다. 여기에서 for the staff는 to부정사의 의미상의 주어이다.

2 「too + 형용사/부사 + to부정사」는 '~하기에는 너무 …하다'는 표현이다. 따라서 to achieve가 나와야 한다. for us는 to부정사의 의미상의 주어이다.

어휘 1 quiet 조용한 2 sales target 매출 목표 achieve 달성하다

토익 실전 연습 p.099

1 (C)	2 (C)	3 (D)	4 (D)	5 (D)
6 (A)	7 (C)	8 (A)	9 (A)	10 (A)
11 (B)	12 (C)	13 (C)	14 (A)	15 (C)
16 (C)	17 (C)	18 (A)		

Part 5

1

우리는 그 제품들이 품절되었는지 아닌지를 알아내기 위하여 그 상점에 전화했다.

(A) to finding

(B) for finding

(C) to find

(D) find

해설 문맥상 '어떤 사실을 알아내기 위하여 전화했다'라는 '목적'을 나타내는 to부정사의 부사적 용법으로 해석해야 한다.

2

테일러 씨는 사람들을 설득하는 능력을 가졌다.

(A) persuading

(B) persuade

(C) to persuade

(D) persuasion

해설 ability는 뒤에 to부정사를 취하는 명사이다.

어휘 persuade 설득하다 ability 능력

3

모든 참가자들은 지원서를 작성할 것을 요청 받는다.

(A) fill

(B) filled

(C) filling

(D) to fill

해설 ask는 「ask + 목적어 + 목적격보어(to부정사)」의 구조를 취하는 동사이다. 목적어가 주어 자리로 오면서 수동태 문장이 되면 'be asked to ~'의 구조가 만들어진다. 'be asked to부정사'를 '~하도록 요청 받다'라는 의미로 숙어처럼 암기해 두는 것이 좋다.

어휘 participant 참가자 application form 지원서

4

왓슨 씨는 고객을 도우려고 열심히 노력했으나 고객을 화나게 만들었을 뿐이었다.

(A) upset

(B) have upset

(C) upsetting

(D) to upset

해설 문맥상 '열심히 도우려고 했으나 결과적으로는 고객을 화나게 했다'는 의미의 문장이다. '결과'를 나타내는 to부정사의 부사적 용법으로 쓴다.

어휘 upset 화나게 하다

5

매출을 늘리기 위하여 우리는 지역 신문에 자사의 제품을 광고하기로 결정했다.

(A) Increase

(B) Increasing

(C) Increased

(D) To increase

해설 문맥상 '매출을 늘리기 위하여'라는 의미가 되어야 하므로 '목적'을 나타내는 to부정사의 부사적 용법으로 쓴다.

어휘 advertise 광고하다 local newspaper 지역 신문

6

우리의 신제품은 더 많은 고객들의 관심을 끄는 데 실패했다.

(A) to attract

(B) attract

(C) attracting

(D) to be attracted

해설 fail은 to부정사를 목적어로 취하는 동사이다.

어휘 product 제품 fail to ~하는 데 실패하다, ~하지 못하다 attract (매력, 관심)을 끌다

7

그 회사는 고객 만족을 높이기 위하여 모든 노력을 다했다.

(A) boost

(B) boosting

(C) to boost

(D) for boosting

해설 effort는 뒤에 to부정사를 취하는 명사이다.

어휘 made an effort ~하려고 노력하다 customer satisfaction 고객 만족 boost 높이다, 증대시키다; 북돋우다

8

새 피트니스 센터가 개장했다는 소식을 전하게 되어 기쁘다.

(A) to inform

(B) inform

(C) to be informed

(D) information

해설 감정을 나타내는 형용사 뒤에 to부정사가 나오면 '감정의 원인'을 나타내는 부사적 용법으로 해석된다. be pleased to inform은 '~을 알리게 되어 기쁘다'라는 의미이다.

어휘 be pleased to ~하게 되어 기쁘다 inform 알리다

9
이번 회의의 목적은 마케팅 전략에 대한 합의에 도달하기 위한 것이다.
(A) to reach
(B) reach
(C) reached
(D) to reaching

해설 2형식 문장으로 빈칸에는 주격보어를 완성하기 위한 말이 필요하다. be동사 뒤에 to부정사가 주격보어로 쓰여서 '합의에 도달하기 위한 것'으로 해석된다.

어휘 purpose 목적 reach an agreement 합의에 도달하다 strategy 전략

10
나의 동료가 어려운 상황에서 나를 도와줄 준비가 전혀 되어있지 않다는 것은 불행한 일이다.
(A) to help
(B) helping
(C) to be helped
(D) helped

해설 「be ready to부정사」가 '~할 준비가 되다'라는 의미의 표현이므로 to help가 알맞다.

어휘 unfortunate 불운한

11
당신에게는 환불을 요청할 권리가 있다.
(A) asking
(B) to ask
(C) of asking
(D) ask

해설 right은 뒤에 to부정사를 취하는 명사이므로 to ask가 정답이다.

어휘 ask for 요청하다, 요구하다 right 권리 refund 환불

12
그들은 그 질병이 퍼지는 것을 막으려고 노력했다.
(A) deal
(B) comment
(C) prevent
(D) apologize

해설 「prevent A from B」는 'A가 B하는 것을 막다'라는 의미의 표현이다.

어휘 disease 질병 spreading 퍼짐 deal 다루다, 처리하다 comment 말하다, 논평하다 prevent 막다, 예방하다 apologize 사과하다[사죄하다]

13
많은 회사들이 자사의 제품 가격을 올리기 위하여 최근의 유가 상승을 이용했다.
(A) point
(B) exposure
(C) advantage
(D) means

해설 문맥상 최근의 유가 상승을 '이용했다'라는 의미가 되어야 한다. take advantage of는 '~을 이용하다'라는 의미의 표현이다.

어휘 rising 올라가는, 오르는 raise 올리다 price 가격 exposure 노출; 탄로 means 수단, 방법

14
관리자는 고객의 불만 사항을 처리하기 위해서 조치를 취할 것이다.
(A) steps
(B) footsteps
(C) care
(D) look

해설 take steps는 '조치를 취하다'라는 의미의 표현이다.

어휘 deal with ~를 다루다 complaints 불만

Part 6

[15-18]

> 친애하는 로랜트 씨께,
>
> 귀하께서 5년 동안 저의 상점에서 판매 점원으로 근무했던 크레이그 애들러에 관해 요청하신 정보를 제공하게 되어 기쁩니다.
>
> 크레이그 애들러는 상당한 열정과 활기를 가지고 우리와 함께 일했으며, 그는 주말과 휴일을 포함하여 정규 이외의 시간에도 언제나 기꺼이 일했습니다. 그가 우리와 함께 일했던 5년 동안, 그는 자기 자신이 진지하고 근면한 직원이라는 것을 확실히 증명했습니다. **저는 그가 귀하와 함께 근무할 준비가 잘 되어 있다는 것을 보증할 수 있습니다.** 여기에서 제공하는 이 정보가 귀하가 더 나은 결정을 내리는 데 도움이 되기를 바랍니다.
>
> 로레타 코틀랜드 드림
> 점포 관리자

어휘 regarding ~에 관해서 enthusiasm 열정 be willing to ~ 기꺼이 ~하다 odd 이상한, 특이한 certainly 확실히 prove 입증하다 sincere 성실한 hard-working 열심히 하는

15
(A) provide
(B) providing
(C) to provide
(D) to be provided

해설 'be glad to ~'는 '~하게 되어 기쁘다'라는 의미의 표현이다. 비슷한 표현으로 'be pleased to ~'가 있다.

16
(A) work
(B) working
(C) to work
(D) worked

해설 'be willing to ~'는 '기꺼이 ~하다'라는 의미의 숙어이다.

17

(A) 그가 귀사에 도움의 될 사람일지에 대해 저는 잘 모르겠습니다.

(B) 귀하게 요청하신 정보는 정확하지 않다는 것을 알려 드립니다.

(C) 저는 그가 귀하와 함께 근무할 준비가 잘 되어 있다는 것을 보증할 수 있습니다.

(D) 귀하가 그 직책에 지원하는 것을 고려하시기를 바랍니다.

해설 편지 글의 전체적인 내용이 자신의 이전 직원을 '추천'하고 있는 것이므로 '그가 귀하와 함께 일할 준비가 되어 있다고 확신한다'라는 내용이 들어가야 알맞다.

18

(A) decision

(B) notice

(C) announcement

(D) modification

해설 문맥상 '더 나은 결정을 하다'라는 의미가 되어야 자연스러우므로 빈칸에는 '결정'이라는 의미의 명사 decision이 필요하다.

어휘 make a decision 결정하다 notice 공지 announcement 알림 modification 수정

Grammar Step UP!

p.102

Let's Check!

1 do	2 talk
3 to come	4 to develop

Unit 07 동명사

I 동명사의 역할

p.105

A

1 getting / 목적어
2 Testing / 주어
3 Solving / 주어
4 calling / 전치사의 목적어
5 Reducing / 주어

1 그들은 새 사무실을 얻는 것에 대해 제안했다.
2 새로운 기기를 테스트하는 것은 항상 즐겁다.
3 그 문제를 해결하는 데에는 많은 시간과 돈이 든다.
4 호텔에 전화해서 예약할 수 있습니다.
5 비용을 줄이는 것은 우리가 예상했던 것보다 더 어려웠다.

해설

1 동사 suggest의 목적어 역할을 하는 동명사 getting이 필요하다.

2 동사 is 앞의 주어부를 완성해야 한다. test는 명사와 동사형이 같은데, 동사가 주어 자리에 올 수는 없고, 명사는 뒤에 목적어를 취할 수 없기 때문에 명사로도 쓰일 수 없다. 주어 자리에 오면서, 목적어를 취할 수 있는 것은 동명사이다. 동명사는 명사의 역할을 하기 때문에 주어 자리에 올 수 있고, 동시에 동사적 성질을 갖고 있기 때문에 뒤에 명사(구)를 목적어로 취할 수 있다.

3 동사 took 앞의 주어부를 완성해야 한다. 「동사 + 명사」는 주어가 될 수 없다. 뒤에 나오는 명사 the problem과 함께 쓰일 수 있는 것은 동명사형인 Solving이다.

4 전치사 by의 목적어로 쓰일 수 있는 것은 동명사형인 calling이다.

5 동사 was 앞의 주어부를 완성해야 한다. 뒤에 명사 the costs를 목적어로 취해야 하므로 쓰일 수 있는 것은 동명사형인 Reducing이다.

어휘 1 suggest 제안하다 2 test 테스트하다, 검사하다 device 기기, 장치 3 solve 풀다 take 걸리다; 필요로 하다 4 make a reservation 예약하다 5 cost 비용 expect 예상하다

B

1 Ⓑ	2 Ⓒ

해설

1 빈칸에 보어를 완성하는 말이 필요하므로 동명사 answering이 와야 한다.

2 전치사 in의 목적어가 필요하므로 동명사형인 getting이 와야 한다.

어휘 2 be interested in ~에 관심[흥미]이 있다 get medical checkups 건강 검진을 받다

II 동명사를 목적어로 취하는 동사

p.106

A

1 They put off having a meeting.
2 Have you ever considered quitting your job?
3 I don't mind working overtime.
4 You should avoid using cell phones while working.
5 The mayor kept insisting on increasing tax revenues.
6 The technician suggested getting rid of a few computers in the office.

1 그들은 회의하는 것을 미뤘다.
2 당신의 일을 그만두는 것을 생각해 본 적이 있나요?
3 나는 초과 근무하는 것을 꺼리지 않는다.
4 당신은 근무하는 중에 휴대폰 사용하는 것을 피해야 한다.
5 그 시장은 계속해서 세수를 늘리는 것을 주장했다.
6 그 기술자는 사무실 내의 컴퓨터 몇 대를 없애자고 제안했다.

해설

[1-6] 「put off, consider, mind, avoid, keep, suggest」는 항상 동명사를 목적어로 취하는 동사이다.

어휘 1 put off 미루다, 연기하다 2 consider 고려하다 quit 그만두다 3 mind 꺼리다, 싫어하다 work overtime 초과 근무하다, 잔업

하다 4 avoid 피하다 cell phone 휴대폰 5 mayor 시장 keep V-ing 계속해서 ~하다 insist 주장하다, 우기다 tax revenue(s) 세수, 조세 수입 6 technician 기술자 get rid of ~을 없애다[제거하다]

B

1 Ⓓ 2 Ⓒ

1 그들은 샌디에고에 새로운 지사를 여는 것을 미뤘다.

2 회계팀은 제안서 작성을 완료하지 못했다.

해설

[1-2] postpone과 finish는 동명사를 목적어로 취하는 동사이다.

어휘 1 postpone 미루다 open 개업하다, 열다 2 write up 자세히 쓰다

Ⅲ 자주 쓰이는 동명사 표현 p.107

A

1 reading	4 to using
2 going	5 hearing
3 promoting	6 shopping

해설

1 'be worth V-ing'는 '~할 만한 가치가 있다'라는 의미의 동명사 표현이다.

2 'feel like V-ing'는 '~하고 싶다'라는 의미의 동명사 표현이다.

3 'be devoted to V-ing'는 '하는 데 헌신하다[전념하다]'라는 의미의 동명사 표현이다.

4 'be accustomed to V-ing'는 '~하는 데 익숙하다'라는 의미의 동명사 표현이다.

5 'look forward to V-ing'는 '~할 것을 고대하다'라는 의미의 동명사 표현이다.

6 'spend V-ing'는 '~하는 데 시간, 돈 등을 쓰다'라는 의미의 동명사 표현이다.

어휘 2 go out 외출하다, 밖에 나가다 3 promote 판매를 촉진하다 6 lunchtime 점심시간

B

1 Ⓒ 2 Ⓐ

1 그 팀은 새로운 소프트웨어 프로그램을 개발하느라 바쁘다.

2 스미스 씨는 새로운 근무 환경에 적응하는 데 애를 먹었다.

해설

1 'be busy V-ing'는 '~하느라 바쁘다'라는 의미의 동명사 표현이다.

2 'have difficulty V-ing'는 '~하는 데 어려움을 겪다'라는 의미의 동명사 표현이다.

어휘 2 get used to ~하는 데 적응하다 working environment 근무 환경

Ⅳ 동명사·to부정사를 목적어로 취하는 동사 p.108

A

1 지원서를 제출하는 것을 잊지 마세요.

2 내가 그 일에 지원했다는 것을 잊고 있었기 때문에, 그들이 나에게 전화했을 때 놀랐다.

3 나는 이 회사에서 일했던 것을 후회하지 않는다.

4 면밀한 검토를 거친 후에 귀하의 제안서가 받아들여지지 않았다는 사실을 알리게 되어 유감입니다.

해설

1 'forget to V'는 '~할 것을 잊다'라는 의미이다.

2 'forget V-ing'는 '~했던 것을 잊다'라는 의미이다.

3 'regret V-ing'는 '~했던 것을 후회하다'라는 의미이다.

4 'regret to V'는 '~하게 되어 유감이다'라는 의미이다.

어휘 1 application form 지원서 2 surprised 놀란 4 reject 받아들이지 않다, 거절하다 careful 신중한, 주의 깊은

B

1 Ⓓ 2 Ⓑ

해설

1 'remember to V'는 '~할 것을 기억하다'라는 의미이다.

2 'regret V-ing'는 '~했던 것을 후회하다'라는 의미이다.

어휘 1 close 닫다 2 previous 앞의, 이전의 be pleased with ~에 만족하다[기뻐하다]

토익 실전 연습 p.110

1 (B)	2 (A)	3 (D)	4 (C)	5 (B)
6 (C)	7 (B)	8 (A)	9 (D)	10 (B)
11 (D)	12 (C)	13 (A)	14 (D)	15 (C)
16 (B)	17 (A)	18 (C)		

Part 5

1

식당을 수리하면 더 많은 손님을 끌 것이다.

(A) Renovation

(B) Renovating

(C) Renovated

(D) To renovating

해설 문장의 주어를 완성해야 하는 문제로, 보기에서 주어로 쓰일 수 있는 것은 동명사 renovating뿐이다. 명사 renovation도 주어 자리에 쓰일 수 있지만 뒤에 목적어를 취할 수 없기 때문에 답이 될 수 없다. 동명사는 목적어(the restaurant)를 취할 수 있다.

어휘 renovate 수리하다, 개조하다 attract 끌다

2
Better Land 식품점은 지역의 고객들에게 신선한 과일과 야채를 제공하는 것을 전문으로 한다.
(A) providing
(B) provision
(C) to provide
(D) provided

해설 전치사 in 다음에 동사를 쓸 때는 동명사의 형태가 알맞다. 전치사 뒤에 명사도 쓰일 수 있지만 명사는 목적어를 취할 수 없기 때문에, 빈칸 뒤에 목적어가 있는 경우에는 명사가 아닌 동명사를 써야 한다.

어휘 specialize in ~을 전문으로 하다 local 지역 customer 고객

3
사장은 직원들에게 더 잘 해주기 위해서 새로운 직원 휴게실을 짓는 것을 제안했다.
(A) to build
(B) build
(C) built
(D) building

해설 suggest는 동명사를 목적어로 취하는 동사이다.

어휘 staff lounge 직원 휴게실 serve 시중 들다, 접대하다; 섬기다

4
갑작스러운 요청에도 불구하고 회의에 참석해 주신 모든 분께 감사를 드립니다.
(A) come
(B) to come
(C) coming
(D) came

해설 전치사 for 다음에는 동명사를 써야 한다.

어휘 thank for ~에 대해 감사하다 short notice 촉박한 통보

5
카터 씨는 지난달부터 숙련된 연구 전문가를 찾는 데 어려움을 겪고 있다.
(A) find
(B) finding
(C) to find
(D) found

해설 'have difficulty V-ing'는 '~하는 데 어려움을 겪다, ~하는 데 애먹다'라는 의미의 동명사 표현이다.

어휘 experienced 숙련된 research specialists 연구 전문가

6
지난 6개월 동안의 급격한 매출 감소 때문에, 우리는 두 곳의 지점을 추가로 폐점할 수밖에 없었다.
(A) shut
(B) to shut
(C) shutting
(D) to be shut

해설 'cannot help V-ing'는 '~하지 않을 수 없다'라는 의미의 동명사 표현이다.

어휘 drastic 극적인 decrease 감소 over the six months 지난 6개월 간 cannot help -ing 하지 않을 수 없다 shut down 폐쇄하다, 폐점하다

7
저희 웹사이트를 방문하시거나 지점 중 한 곳에 들르시면 간단하게 티켓을 예약할 수 있습니다.
(A) visits
(B) visiting
(C) visit
(D) to visit

해설 전치사 by 뒤에 오면서 명사구 our website를 목적어로 취해야 하므로 동명사인 visiting이 정답이다. 또한 뒤에 나오는 dropping by one of our stores의 dropping이 앞의 전치사 by에 걸리기 때문에 빈칸에 동명사형이 나와야 한다는 것을 알 수 있다.

어휘 simply 간단하게 book 예약하다 drop by 들르다

8
귀하의 지원이 거절되었다는 사실을 알리게 되어 유감입니다.
(A) to tell
(B) told
(C) telling
(D) tells

해설 지원자에게 거절 통보를 하는 내용이므로 '~하게 되어 유감이다'라는 의미의 'regret to V'가 정답이다.

어휘 application 지원, 신청 reject 거절하다

9
Earth Joy는 다음 주 월요일부터 무료 배송 서비스 제공을 중단할 것이다.
(A) offer
(B) offers
(C) offered
(D) offering

해설 문맥상 '무료 배송 서비스 제공을 중단하다'라는 내용이 되어야 하므로 '~하는 것을 멈추다'라는 의미인 'stop V-ing'로 써야 한다.

어휘 offer 제공하다 delivery 배달 starting ~부터 시작하여

10
경비원의 수를 늘리는 것은 절도가 발생할 가능성을 낮출 것이다.
(A) Increase
(B) Increasing
(C) Increased
(D) To increasing

해설 문장의 주어를 완성하는 문제이다. 주어 자리에 오면서, 목적어를 취할 수 있는 것은 동명사이다. 동명사는 동사와 명사의 성격을 동시에 갖고 있다.

어휘 security guard 경비원 hopefully 희망적으로 reduce 줄이다, 감소시키다 chance 가능성; 기회 theft 절도

11
애틀란티스 사는 직원들이 개인적인 이유로 사무실 전화를 사용하는 것을 엄격히 금지하고 있다.
(A) use
(B) to use
(C) used
(D) using

해설 전치사 from의 목적어로 나올 수 있는 것은 동명사형인 using이다.

어휘 strictly 엄격하게 prohibit 금(지)하다 personal 개인적인 reason 이유

12
그 회사는 지사를 보스턴으로 이전하는 것을 지난 몇 주간 고려했다.
(A) relocation
(B) to relocate
(C) relocating
(D) relocated

해설 consider는 동명사를 목적어로 취하는 동사이다. 명사 relocation도 목적어 자리에 올 수 있지만 뒤에 동사의 목적어 역할을 하는 its branch가 있으므로 명사형은 올 수 없다.

어휘 consider 고려하다 relocate 이전하다 for the past few weeks 지난 몇 주간

13
우리는 고객들이 그들의 지역 시장을 어떻게 생각하고 있는지 알아보기 위해 설문 조사를 실시하고 있다.
(A) conducting
(B) informing
(C) filling
(D) producing

해설 문맥상 '설문조사를 시행하다'라고 해야 자연스러우므로 '실시하다, 시행하다'라는 의미의 동사 conduct가 나와야 알맞다.

어휘 conduct 실시하다, 시행하다 find out ~을 알아내다

14
이 나라의 생활 양식은 매우 달라서 적응하는 데 어느 정도의 시간이 걸릴 것이다.
(A) accustom
(B) refer
(C) postpone
(D) adjust

해설 문맥상 '거기에 적응하는 데 시간이 걸릴지도 모른다'라는 의미가 되어야 자연스러우므로 '~에 적응하다'라는 의미의 동사 adjust가 정답이다.

어휘 refer to ~을 참고하다 adjust to ~에 적응하다

Part 6

[15-18]

친애하는 리 씨께,

귀하께서 저희로부터 구매하신 팩스 기기에 완전하게 만족하지 못하신 점에 대해 유감입니다. 우리는 마침내 제대로 작동하지 않는 팩스의 검사를 마쳤고 팩스 기기의 문제를 발생시킨 원인을 찾았습니다.

귀하가 요청하신 것처럼, 저희는 교체용 팩스 기기를 제공할 준비가 되었습니다. 우리는 즉시 교체 기기를 귀하의 사무실로 배송할 것입니다.

이 문제를 저에게 알려 주셔서 감사합니다. 다시 한 번, 저희는 이 문제로 인해 발생한 불편에 대해 죄송하게 생각합니다. 문의 사항이나 제안 사항이 더 있을 경우, 망설이지 말고 저희에게 연락해 주시기 바랍니다.

마크 론 드림

어휘 completely 완전히 be satisfied with ~에 만족하다 purchase 구매하다 malfunctioning 제대로 작동하지 않는 replacement 대체(품) deliver 배달하다 inconvenience 불편함 inquiry 문의 hesitate 주저하다, 망설이다

15
(A) inspect
(B) to inspect
(C) inspecting
(D) inspected

해설 동사 finish는 동명사를 목적어로 취하므로 정답은 (C)의 inspecting이다.

16
(A) widely
(B) immediately
(C) effectively
(D) mostly

해설 문맥상 '대체품을 사무실로 즉시(빨리) 보내드리겠다'라고 해야 자연스러우므로 '즉시'라는 의미의 부사 immediately가 정답이다.

어휘 replacement 대체품 widely 널리 immediately 즉시 effectively 효과적으로 mostly 대게, 주로

17
(A) 이 문제를 저에게 알려 주셔서 감사합니다.
(B) 저희를 도와 주겠다는 당신의 제안에 감사합니다.
(C) 팩스기기의 가격은 더 이상 동일하지 않습니다.
(D) 요청하셨던 대체품을 찾을 때까지 기다려 주시기 바랍니다.

해설 빈칸이 포함된 문단은 편지를 마무리하는 내용이다. 빈칸 앞까지의 내용이 '작동이 잘 되지 않는 팩스기기를 교체해 준다'는 것임을 고려할 때, 보기 중에서는 '이 문제를 저에게 알려 주셔서 감사합니다'는 내용의 (A)가 편지를 마무리하는 내용으로 자연스럽다.

18
(A) contact
(B) contacting

(C) to contact
(D) be contacting

해설 동사 hesitate는 to부정사를 목적어로 취하므로 정답은 (C) to contact이다.

Grammar Step UP!

p.113

Let's Check!

1 Reducing	2 developing
3 service	4 change

Unit 08 분사

I 현재분사 & 과거분사

p.117

A

1 attached	4 listed
2 warning	5 fascinating
3 impressed	6 increasing

해설

1 '첨부된'이라는 수동의 의미이므로 과거분사인 attched가 정답이다.

2 '경고하는 문구'이므로 능동의 의미의 현재분사 warning이 알맞다.

3 '감명을 받은' 것이므로 수동 의미의 과거분사 impressed가 알맞다.

4 카탈로그에 '실려 있는'이라는 수동의 의미이므로 과거분사인 listed가 알맞다.

5 제품이 '(사람을) 반하게 만드는, 멋진'이라는 능동의 의미이므로 현재분사인 fascinating이 알맞다.

6 '(점점) 증가하는 수의 사람'이라는 능동의 의미이므로 현재분사인 increasing이 알맞다.

어휘 1 refer 참조하다 attached 첨부된 price list 가격표 2 warning label 경고 문구 3 over 끝나서, 지나서 impressed 감명을 받은 4 listed (표에) 실린 catalogue 카탈로그 5 fascinated 매료된 fascinating 반하게 만드는, 매혹적인

B

1 Ⓓ	2 Ⓑ

1 우리는 숙련된 직원을 찾고 있다.

2 사장은 회의를 취소하라고 지시했다.

해설

1 '숙련된' 즉, 경험을 갖추고 있다는 수동의 의미이므로 과거분사 experienced가 알맞다.

2 동사의 목적어 the meeting을 보충 설명하는 목적격보어가 필요한 문장이다. 문맥상 '회의가 취소된 것'이므로 과거분사인 canceled가 알맞다.

어휘 1 look for ~을 찾다 experienced 숙련된, 노련한, 경력이[경험이] 있는 2 order 지시하다, 명령하다 cancel 취소하다, 중지하다

II 주의해야 할 분사형 형용사

p.118

A

1 disappointing	4 disappointed
2 excited	5 confusing
3 pleased	6 interested

해설

[1-6] 감정을 나타내는 분사형 형용사는 주어에 따라 사용되는 형태가 달라진다. 사람이 주어이고, 주어가 '어떤 감정을 느끼는' 것일 때에는 과거분사형 형용사를 쓰고, 주어가 사물이나 상황 또는 행위이고 주어가 '어떤 감정을 유발시키는' 것일 때는 현재분사형 형용사를 쓴다.

어휘 1 disappoint 실망시키다, 실망하다 2 audience 관객 performance 공연 excite (흥미를) 일으키다 3 please 만족시키다, 기쁘게 하다 4 chief executive 사장, 최고 경영자 5 road system 도로 체계 confuse 혼란스럽게 하다 citizen 시민 6 representative 담당자, 대리인 interes 관심을 갖게 하다 electronic goods 전자제품 import 수입하다

B

1 Ⓒ	2 Ⓑ

1 고객들은 새로운 주문 시스템에 매우 혼란스러워한다.

2 시장 점유율이 너무 좋지 않아서 우리는 더 강한 조치를 취하기로 결정했다.

해설

1 주어가 사람인 '고객들 (the customers)'이고, 고객들이 '혼란스러운 감정을 느끼는' 것이므로 '혼란스러운'이라는 의미의 과거분사형 형용사 confused를 써야 한다.

2 주어가 상황인 '시장 점유율 (the market share)'이고, 시장 점유율이 '(우리를) 침울하게 만드는' 것이므로 현재분사형 형용사인 depressing으로 쓰는 게 알맞다.

어휘 1 ordering system 주문 시스템 confusing 당황케 하는, 혼란시키는 confuse 혼동하다, 혼란시키다 confusion 혼란, 혼동 2 market share 시장 점유 take strong action 강력한 조치를 취하다 depress 낙담시키다, 우울하게 하다 depressing 침울하게 만드는, 울적한 depressed 낙담한, 의기소침한 depression 우울(증), 의기소침; 불경기

III 분사구문

p.119

A

1 Entered → Entering
2 X

3 Locating → Located
4 X
5 explaining → explained
6 Being giving → Giving / When giving

해설

1 '건물에 들어갈 때는'이라는 능동의 의미이므로 entered를 현재분사인 entering으로 고쳐야 한다. 이 분사구문을 원래의 부사절로 고치면 'When you enter the building, ~'이 된다.

2 '양식을 보내는 것'은 능동의 의미이므로 sending이 알맞고, '동봉된 봉투'는 수동의 의미이므로 enclosed라고 써야 한다. 따라서 틀린 곳이 없는 문장이다. 이 분사구문을 원래의 부사절로 고치면 'When you send the form, ~'이 된다. 분사구문에서 접속사 when을 삭제하지 않고 남겨 둔 형태이다.

3 식당이 '분주한 곳에 위치해 있는' 것이므로 Locating을 수동의 의미를 나타내는 과거분사 Located로 고쳐야 한다. 이 분사구문을 원래의 부사절로 고치면 'Because it[this restaurant] is located in busy area, ~'가 된다.

4 '그가 부사장으로 승진이 된' 것이므로 수동의 의미를 나타내는 과거분사 promoted로 쓰는 것이 알맞다. 틀린 곳이 없는 문장이다. 이 분사구문을 원래의 부사절로 된 문장으로 고치면 'When he was promoted to vice president, ~'가 된다.

5 '매뉴얼에 설명이 되어 있는' 것이므로 explaining을 수동의 의미를 나타내는 과거분사 explained로 고쳐야 한다. 이 분사구문을 원래의 부사절로 고치면 'As it[this product] is explained in the manual, ~'이 된다. 분사구문에서 접속사 as를 삭제하지 않은 형태이다.

6 '연설을 할 때'라는 능동의 의미이므로 Being 없이 현재분사인 Giving으로 쓰면 된다. 접속사를 삭제하지 않을 경우 'When giving'으로 쓸 수 있다. 수동형 문장일 때 분사구문을 「Being + 과거분사(p.p.) ~」로 쓰지만 이 경우에도 Being은 생략 가능하다. 이 분사구문을 원래의 부사절 문장으로 고치면 'When you give a speech, ~'가 된다.

어휘 1 enter ~에 들어가다 present 내놓다, 제출하다 proper 적절한 (a form of) identification 신분증 2 form 양식 enclosed 동봉된 envelope 봉투 3 locate (위치·자리를) 정하다 a lot of 많은 4 promote 승진시키다, 진급시키다 get a pay raise 임금이 인상되다 5 explain 설명하다 be compatible with ~와 호환성이 있다 color printer 컬러 프린터 6 give a speech 연설하다 speak slowly 천천히 말하다 speak clearly 분명하게[또렷하게] 말하다

B

1 Ⓒ 2 Ⓐ

1 미국에서 배송되었기 때문에 일부 책들은 심각하게 파손되었다.
2 휴가를 가기 전에 부장님께 보고해야 합니다.

해설

1 문맥상 '미국에서 배달되어서'라고 해야 자연스러우므로 수동 의미의 과거분사 delivered로 써야 한다. 분사구문을 부사절로 다시 쓰면 'Because it was delivered from the USA, ~'가 된다.

2 문맥상 '휴가를 가기 전에'라고 해야 자연스러우므로 능동 의미의 현재 분사 going으로 써야 한다. 분사구문을 부사절로 다시 쓰면 'Before you go on vacation, ~'이 된다.

어휘 1 seriously 심각하게 damage 손상시키다 delivery 배송, 배달 2 go on vacation 휴가를 떠나다 report 보고하다

Ⅳ 분사구문의 종류 p.120

A

1 (Being) Promoted / Although promoted
2 Taking a right turn
3 Making a decision / When making a decision
4 Looking around us

1 승진했음에도 불구하고 그는 월급이 오르지 않았다.
2 오른쪽으로 돌면 코잇 타워를 보실 수 있습니다.
3 결정을 내릴 때는 잘 생각하셔야 합니다.
4 우리들을 둘러보면서, 스펜서 씨는 발표를 시작했다.

해설

1 승진되는 것은 수동의 의미이므로 과거분사인 promoted로 쓴다. 이때 Being은 삭제할 수 있다. 또한 부사절 접속사 although를 삭제하지 않고 'Although promoted, ~'라고 쓸 수도 있다.

2 오른쪽으로 도는 것은 능동의 의미이므로 현재분사인 taking으로 쓴다. 이 경우, 부사절 접속사 if가 분사구문에 그대로 들어가면 어색한 문장이 된다.

3 결정을 내리는 것은 능동의 의미이므로 현재분사인 making으로 쓴다. 분사구문에서 접속사 when은 생략하지 않는 경우도 있다.

4 '우리를 둘러보는 행위'와 '발표를 시작하는 행위'가 동시에 이루어지고 있다. 부대상황(동시 동작)을 나타내는 분사구문으로 바꾸어 써야 하는데, 둘러보는 행위는 능동의 의미이므로 현재분사 looking으로 쓴다. 이 경우, 부사절 접속사 as가 분사구문에 남아 있으면 어색한 문장이 된다.

어휘 1 although ~에도 불구하고, 비록 ~일지라도 get a raise 월급이 오르다 2 take a right turn 우회전을 하다, 오른쪽으로 돌다 3 think twice 잘 생각하다, 재고하다 4 look around (좌우를) 둘러보다

B

1 Ⓒ 2 Ⓒ

해설

1 '결제할 때'라는 능동의 의미가 되어야 자연스러우므로 현재분사인 sending이 알맞다. 이 분사구문을 부사절로 다시 쓰면 'When you send the payment, ~'가 된다.

2 문맥상 '스페인어로 쓰여 있어서'라는 수동의 의미가 되어야 자연스러우므로 과거분사인 written이 와야 한다. 이 분사구문을 부사절로 다시 쓰면 'Because it is written in Spanish, ~'가 된다.

어휘 1 payment 결제(액), 지불(액) present 내놓다, 제출하다 order number 주문 번호 2 Spanish 스페인어의 understand 이해하다

토익 실전 연습

p.122

1 (B)	2 (B)	3 (D)	4 (C)	5 (C)
6 (B)	7 (A)	8 (D)	9 (C)	10 (D)
11 (C)	12 (B)	13 (A)	14 (C)	15 (B)
16 (A)	17 (A)	18 (A)		

Part 5

1
인도에서 제조된 모든 제품들은 제품 테스트를 통과해야만 한다.
(A) manufacturing
(B) manufactured
(C) manufacture
(D) to manufacture

해설 문맥상 '생산된 모든 제품'이 가장 적절하기 때문에 수동의 과거분사 manufactured가 알맞다.

어휘 item 제품 pass 통과하다

2
그 건물은 손상된 상태에 있다.
(A) damaging
(B) damaged
(C) damages
(D) damage

해설 명사인 condition을 수식하는 말이 필요한 문장이다. 문맥상 '손상된 상태'라고 해야 자연스러우므로 수동의 의미인 과거분사 damaged가 알맞다.

어휘 in ~ condition ~한 상태에[상황에] damaging 손해를 끼치는, 해로운 damaged 손상된, 손해를 입은 damage 손해, 피해; 손해를 입히다

3
지원서를 작성할 때 오타가 없도록 확인하세요.
(A) fills
(B) filled
(C) to fill
(D) filling

해설 부사절 접속사 When이 남아 있는 분사구문으로서, 문맥상 '지원서를 작성할 때'라고 해야 자연스러우므로 능동의 의미인 현재분사 filling을 써야 한다. 이 분사구문을 부사절로 다시 쓰면 'When you fill out the application form, ~'이 된다.

어휘 fill out 작성하다 make sure ~을 확인하다 typo 오타

4
영어 교육 프로그램에 관심 있는 분은 코디네이터와 상담해야 합니다.
(A) interest
(B) interests
(C) interested
(D) interesting

해설 문맥상 '관심이 있는 분'이 되어야 하므로 수동의 과거분사 interested가 알맞다.

어휘 interest 관심, 관심을 끌다

5
올해의 영업 실적은 경영진과 직원 모두에게 실망스러웠다.
(A) disappoints
(B) disappoint
(C) disappointing
(D) disappointed

해설 주어가 사물인 '올해의 영업 실적(sales this year)'이고 이것이 '실망스러웠다'라는 내용이 되어야 자연스러우므로, '실망스러운'이라는 의미의 현재분사 disappointing을 쓴다. 과거분사 disappointed는 사람의 감정을 설명할 때 쓰이며 '(사람이) 실망한'이라는 의미이다.

어휘 this year 올해 both A and B A와 B 둘 다 management 경영진 disappoint 실망시키다, 실망하다

6
기자들은 그 상원 의원의 사무실에 들어가는 많은 사람들을 보았다.
(A) enters
(B) entering
(C) entered
(D) entrance

해설 문맥상 '들어가는 사람들'이 알맞기 때문에 능동의 현재분사 entering이 정답이다.

어휘 reporter 기자 enter 들어가다

7
지난주에 많은 상여금이 지급되어서 모든 직원들은 만족한 것처럼 보였다.
(A) Given
(B) Giving
(C) Give
(D) To give

해설 분사구문 문제로, '상여금이 직원들에게 주어졌기 때문에'라는 수동의 의미를 나타내는 문장이 되어야 자연스럽다. 따라서 과거분사 (Being) Given이 알맞다. 이 문장을 부사절로 다시 쓰면 'Because[When] they were given big bonuses last week, ~'가 된다.

어휘 bonus 상여금, 보너스 pleased 만족한, 기쁜

8
김 씨의 제안은 혼란스러웠고, 몇 가지 개념은 이해하기 어려웠다.
(A) confuses
(B) confused
(C) confuse
(D) confusing

해설 주어가 '김 씨의 제안 (Mr. Kim's suggestion)'이고, 그 제안이 '혼란스럽게 했다'라는 내용의 문장이 되어야 자연스러우므로 현재분사 confusing이 알맞다. confused는 사람의 감정을 설명할 때

쓰이고, '(사람이) 혼란스러워하는, 혼란스러운'이라는 의미이다.

어휘 concept 개념 confused 혼란스러운 confuse 혼동시키다, 혼란시키다 confusing 혼란스럽게 하는

9
KTO 주식회사는 전 세계에서 선도적인 다국적 기업들 중 하나가 되었다.
(A) lead
(B) led
(C) leading
(D) to lead

해설 문맥상 '선도하는 다국적 기업'이 가장 적절하므로 능동의 현재분사 leading이 알맞다.

어휘 lead 이끌다

10
요청된 정보를 게시판에 게시해 주십시오.
(A) request
(B) requesting
(C) to request
(D) requested

해설 명사 '정보(information)'를 수식하는 말이 필요한 문장이다. 정보는 스스로 요청할 수 없고 '요청되는' 것이므로 수동의 의미를 나타내는 과거분사인 requested가 알맞다.

어휘 bulletin board 게시판 request 요청하다

11
도서 박람회의 참가자들은 상당히 만족한 것처럼 보였다.
(A) satisfaction
(B) satisfying
(C) satisfied
(D) satisfy

해설 빈칸에 주어를 보충 설명하는 주격보어가 필요한 문장이다. 주어가 사람인 '도서 박람회의 참가자들 (the participants at the book fair)'이고, 그 사람들이 '만족감을 느낀 것처럼 보였다'라는 의미가 되어야 하므로 '만족한'이라는 의미의 분사형 형용사 satisfied가 오는 것이 알맞다.

어휘 book fair 도서 전시회, 도서전 quite 상당히, 꽤; 아주 satisfaction 만족 satisfying 만족을 주는 satisfied 만족한 satisfy 만족시키다

12
저희 웹사이트에서 최신 제품들에 대한 상세한 정보를 찾으실 수 있습니다.
(A) detail
(B) detailed
(C) details
(D) detailing

해설 문맥상 '상세한 정보'가 되어야 하므로 '상세한'을 뜻하는 detailed이 알맞다.

어휘 latest 최신의

13
기존 시설들을 보수하지 않으면, 그 학교는 향후 안전 검사를 통과할 수 없을 것이다.
(A) existing
(B) leading
(C) extended
(D) built

해설 문맥상 '기존의 시설'이 되어야 하므로 '기존의'를 뜻하는 existing이 알맞다.

어휘 renovate 개조하다, 보수하다 facility 시설 leading 선도하는 extended 확장된

14
H&P 사는 패션 분야에서 전도유망한 기업 중 하나이다.
(A) warning
(B) operating
(C) promising
(D) missing

해설 빈칸에 promising을 넣으면 '패션 분야의 전도유망한 기업'이라는 의미가 되어 자연스러운 문장이 된다.

어휘 filed 분야 warning 경고하는 operating 운영의 promising 전도유망한 missing 없어진, 분실한

Part 6

[15-18]

> 매디슨 아파트의 모든 입주자분들께
>
> 올해 3월 1일에 공지되었듯이, 모든 매디슨 아파트의 집세가 4월 1일에 10% 인상될 것입니다. 최근에 우리 아파트가 시설을 개선했기 때문에 이 인상은 불가피합니다. 또한 일부 입주자들이 제한된 수의 주차 공간에 대해 불만을 제기했기 때문에 우리는 주차장도 개조하였습니다.
>
> **이러한 인상에 대해 유감스럽게 생각합니다.** 하지만, 우리는 여러분들께 더 나은 서비스와 더 좋은 시설을 제공해 드리기 위해 최선을 다할 것입니다. 우리는 분명히 이 변경 사항이 매디슨 아파트를 모든 입주자들이 살기에 더 좋은 곳으로 만들 것이라고 믿습니다.
>
> 여러분의 이해에 감사를 드립니다.
>
> 아파트 관리소장 드림

어휘 recently 최근에 make improvements 개선하다 facility 시설 inevitable 불가피한 conditional 조건부의 doubtful 의심스러운 hopeful 희망적인

15
(A) announce
(B) announced
(C) announcing
(D) announces

해설 '공지된 것처럼'이라는 의미인 'As it was announced'가 축약된 구문이다. 이는 「as + 과거분사」로 표현할 수 있으므로 정답은 과거분사 announced이다.

16

(A) inevitable

(B) conditional

(C) doubtful

(D) hopeful

해설 문맥상 '시설이 개선되었기 때문에 인상은 불가피하다 (반드시 있을 것이다)'는 의미가 되어야 자연스럽다. 따라서 '불가피한'을 뜻하는 (A)의 inevitable이 정답이다.

17

(A) limited

(B) operated

(C) attached

(D) complicated

해설 문맥상 수동의 의미인 '제한된 수'가 되어야 하므로 과거분사 형태인 limited가 정답이다.

18

(A) 이러한 인상에 대해 유감스럽게 생각합니다.

(B) 우리의 계획에 대해 자세히 설명해 드리겠습니다.

(C) 이러한 변경 사항을 안내해 드리게 되어 기쁩니다.

(D) 새로운 주차 시설이 다음 달에 완공될 것입니다.

해설 대조를 의미하는 부사인 However로 시작되는 문장 바로 앞에 들어갈 문장을 찾아야 한다. 따라서 임대료 인상에 대한 사과의 문장인 '인상에 대해 유감스럽게 생각한다'가 나온 다음, '하지만 더 좋은 서비스를 제공하겠다'라는 내용이 이어져야 자연스럽다.

Grammar Step UP!

p.125

Let's Check!

1 preferred	2 proposed
3 designated	4 opening

Unit 09 접속사

I 등위접속사 & 상관접속사

p.129

A

1 either	4 and
2 so	5 but
3 but	

해설

1 내용상 '팩스'나 '우편' 중 어떤 것이라도 이용할 수 있으므로 'either A or B' 구문을 사용하는 것이 가장 적절하다.

2 스미스 씨가 '아팠기 때문에' 일하러 가지 않는 것이므로 이유와 결과를 연결해 주는 so가 가장 적절하다.

3 'A뿐만 아니라 B도'라는 표현은 'not only A but also B'나 'B as well as A'로 표현한다.

4 'A, B 둘 다', 'A, B 양쪽 모두'라는 표현은 'both A and B'로 나타낸다.

5 내용상 역접의 관계이므로, but를 사용하는 것이 자연스럽다.

어휘 1 fax 팩스로 전송하다 mail 우편으로 보내다 2 sick 아픈 3 machine 기계 complicated 복잡한 4 bring 가져오다 passport 여권 flight ticket 비행기표, 탑승권 5 cheap 값이 싼

B

1 Ⓑ	2 Ⓓ

해설

1 샘 혹은 톰 둘 중 한 명이 파견될 것이므로 'either A or B' 구문을 사용해야 한다.

2 '일을 좋아하지 않은 것'이 '일을 그만둔 것'의 이유가 되므로, 인과관계를 나타내 주는 so를 쓰는 것이 가장 자연스럽다.

어휘 2 yet 하지만, 그럼에도 불구하고

II 명사절 접속사 (that / if / whether)

p.130

A

1 that	4 whether
2 if	5 That
3 that	

해설

1 '그가 유능하다는 것'이 문장의 목적어로 사용되고 있으므로 명사절 접속사인 that을 사용해야 한다.

2 더 많은 직원을 '고용할 것인지 아닌지'를 결정하지 못한 것이므로 명사절 접속사인 if를 써야 한다. 이 때의 if절은 문장 내에서 목적어 역할을 담당하고 있다.

3 내용상 그 팀이 '마감 기한을 맞출 것임'을 믿는 것이기 때문에 whether보다는 that이 사용되는 것이 보다 자연스럽다.

4 '~인지 아닌지'를 표현할 때 문장의 끝에 위치하는 or not은 주로 if나 whether와 함께 사용된다.

5 '그녀가 발표 중 실수를 했다는 것'이 문장의 주어로 사용되고 있기 때문에 명사절 접속사인 that이 사용되어야 한다. if는 문맥상으로도 부적절할 뿐만 아니라 주어를 이끄는 접속사로 쓰이지 않는다.

어휘 1 everybody 모든 사람 2 decide 결정하다, 결심하다 hire 고용하다 3 strongly 강하게 meet the deadline 마감 기한을 맞추다 4 issue 화제, 문제 qualified 자격이 있는 5 critical 중요한 mistake 실수 shocking 놀라운

B

1 Ⓒ	2 Ⓑ

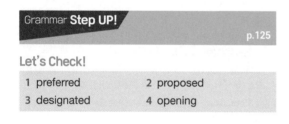

해설

1 그에게 돈이 '있는지 없는지'를 모르는 상황이므로 if나 whether를 사용하는 것이 자연스럽다.

2 내용상 주어 My dream을 설명해 주는 보어가 필요하므로, 보어 역할을 가능하게 해주는 명사절 접속사 that이 사용되어야 한다.

어휘 1 enough 충분한 invest 투자하다 stock market 주식 시장 2 run 운영하다

III 부사절 접속사 (시간 · 조건) p.131

A

1 after → if
2 Once → While
3 Since → As soon as
4 Unless → As long as
5 when → since

해설

1 내용상 '가입할 수 있으면'이라는 조건을 나타내야 하므로 if를 사용하는 것이 가장 자연스럽다.

2 once는 '~하면', '~한다면'이라는 조건의 뜻을 가지고 있기 때문에, 시간을 나타내는 접속사인 while로 바꾸어 쓰는 것이 더 적절하다.

3 since는 주로 '~ 이후로', '~ 이래로'라는 의미이기 때문에, '~ 하자마자'라는 뜻을 나타내기 위해서는 as soon as를 써야 한다.

4 unless는 그 자체에 부정적인 의미가 포함되어 있으므로 부정을 나타내는 not이나 never와는 잘 쓰이지 않는다. 따라서 unless를 as long as로 고쳐서 '비가 오지 않는 한'이라는 의미를 나타내야 한다.

5 '20살 때부터'라는 의미가 담겨져 있으므로 when을 since로 바꾸어야 한다. since는 현재완료와 자주 어울려 사용된다.

어휘 1 join 가입하다 2 hurt 다치게 하다 back 등, 허리 3 package 소포, 꾸러미 4 reception 연회, 리셉션

B

1 Ⓓ 2 Ⓓ

해설

1 '사인하기 전에'라는 시간의 의미를 나타낼 수 있는 접속사는 before이다.

2 '제 시간에 오지 않는다면'이라는 부정의 의미가 담겨 있고, 부사절 내에 부정의 의미를 나타내는 표현이 없으므로 unless를 선택해야 한다.

어휘 1 sign 서명하다 contract 계약(서) carefully 주의 깊게, 신중하게 2 get paid 돈을 받다 on time 정시에, 정각에

IV 부사절 접속사 (이유 · 양보 · 목적 · 결과) p.132

A

1 Although 4 Since
2 Because 5 while
3 Even though 6 because

해설

1 '준비가 되지 않았음에도 불구하고'라는 양보의 표현을 나타내기 위해서는 although를 사용해야 한다.

2 원인과 결과의 내용이 이어지고 있으므로 because를 선택해야 한다.

3 내용상 '이야기했음에도 불구하고'라는 양보의 의미를 나타내야 하므로 even though가 정답이다.

4 원인의 의미를 지니는 부사절을 이끌 수 있는 접속사에는 because, since, as 등이 있다.

5 '~한 반면에'라는 의미는 while이나 whereas 로 나타낼 수 있다.

6 '그녀가 게으르다는 점'이 사람들이 그녀를 싫어하는 원인이 되고 있으므로 because를 선택해야 한다.

어휘 1 ready 준비된 2 support 지지하다, 지원하다 3 always 항상 late 늦은, 지각한 4 give out 나누어 주다 free gift 무료[공짜] 선물 5 sales representative 판매원, 영업 사원 deal with 다루다 client 고객 6 lazy 게으른

B

1 Ⓒ 2 Ⓑ

해설

1 새 기계를 샀음에도 불구하고 매출이 감소했으므로 양보를 나타내는 접속사인 although를 선택해야 한다.

2 'so that ~ can'은 '~하기 위하여', '~할 수 있도록'이라는 표현으로 '목적'의 의미를 나타내는 경우 주로 사용된다.

어휘 1 machine 기계 decrease 감소하다, 줄어들다 2 make a copy of ~을 복사하다 proposal 제안, 제안서

토익 실전 연습 p.134

1 (C)	2 (B)	3 (C)	4 (C)	5 (C)
6 (B)	7 (A)	8 (B)	9 (A)	10 (B)
11 (D)	12 (C)	13 (D)	14 (B)	15 (A)
16 (D)	17 (C)	18 (B)		

Part 5

1

직원들뿐만 아니라 임원들도 무슨 일이 발생할지 예측하지 못했다.

(A) or

(B) and

(C) nor

(D) so

해설 문장 내에 neither가 쓰이고 있으므로 'neither A nor B'를 써서 'A도 B도 아닌'이라는 의미를 완성해야 한다.

2
퍼스 씨는 상당한 노력을 기울였다, 하지만 그는 판매 목표를 충족시키지 못했다.
(A) and
(B) but
(C) because
(D) so

해설 '노력한 것'과 '실패한 것'은 상반된 내용이므로 '그러나'를 뜻하는 역접의 접속사 but이 정답이다.

어휘 make an effort 노력하다

3
부사장이 우리에게 질문을 했을 때, 우리는 정말로 긴장 되었다.
(A) Although
(B) Unless
(C) When
(D) So

해설 부사장이 질문한 '때'에 긴장이 되었다는 의미가 되어야 하므로 시간을 나타내는 접속사를 사용해야 한다.

어휘 vice president 부사장, 부회장 ask ~ a question ~에게 질문을 하다 nervous 긴장한

4
비행기가 지연되지 않는다면, 공연자들은 콘서트장에 시간에 맞춰 도착할 것이다.
(A) If
(B) Since
(C) Unless
(D) When

해설 문맥상 '비행기가 지연되지 않는다면, 공연자들이 늦지 않게 도착할 수 있다'라는 의미가 되어야 한다. 따라서 '~하지 않는다면'을 뜻하는 접속사 unless가 알맞다.

어휘 delay 지연시키다 performer 공연자

5
그 기업은 신제품이 이윤을 신장시킬 것이라는 점을 확신하고 있다.
(A) because
(B) whether
(C) that
(D) if

해설 문장의 목적어 역할을 할 수 있는 명사절이 필요하므로 명사절을 이끌 수 있는 접속사 that이 들어가야 한다.

어휘 be sure that ~을 확신하다 boost 신장시키다 profit 이윤, 수익

6
테일러 씨는 너무나 똑똑해서 모든 사람들이 그녀를 존경한다.
(A) such
(B) so
(C) very
(D) too

해설 「so ~ that」 구문은 '너무 …해서 ~하다'라는 '결과'의 의미를 나타낸다.

어휘 intelligent 똑똑한 respect 존경하다

7
보고서의 수치가 틀렸기 때문에, 우리는 데이터를 검토할 더 많은 시간이 필요하다.
(A) Because
(B) Providing
(C) Whereas
(D) Although

해설 자료를 검토할 시간이 더 필요한 이유는 보고서 수치가 틀렸기 때문이다. 따라서 이유를 나타내는 접속사 because가 알맞다.

어휘 report 보고서 providing 만약 ~라면 whereas 반면에 although ~임에도 불구하고

8
그는 필요한 자격을 갖추지는 못했지만, 고용되었다.
(A) because
(B) although
(C) now that
(D) as

해설 내용상 자격이 충분하지 않았지만 고용되었으므로 양보의 의미를 이끌 수 있는 접속사가 들어가야 한다.

어휘 necessary 필요한 qualification 자격요건

9
두 당사자들이 합의에 도달할지 여부는 예측하기 힘들다.
(A) Whether
(B) Because
(C) What
(D) Which

해설 문맥상 '합의에 도달할지 하지 못할지'라는 의미가 되어야 하므로, '~인지 아닌지'의 뜻을 나타내는 접속사 whether가 정답이다.

10
지난주에 귀하께서 요청하신 물품들은 월요일이나 화요일에 배송될 것입니다.
(A) nor
(B) or
(C) and
(D) so

해설 either가 사용되고 있으므로 「either A or B」 구문으로 완성해야 한다.

어휘 deliver 배달하다; 배송하다

11
이 프로젝트는 거의 5개월 전에 시작되었고 12월에 끝날 것으로 예상된다.

(A) or
(B) also
(C) therefore
(D) and

해설 '5개월 전에 시작되었고 12월에 끝난다'라는 내용이므로 순접의 접속사 and가 나오는 것이 적절하다.

어휘 almost 거의 be expected to (~할 것으로) 예상되다[보이다]

12
밀러 씨는 사무실 가까이에 살고 있기 때문에 지각하는 경우가 거의 없다.
(A) often
(B) readily
(C) hardly
(D) usually

해설 hardly는 ever와 어울려 쓰이는데, hardly ever는 '거의 ~하지 않는'의 뜻을 나타낸다.

13
김 씨는 회사에서 사무용품 구매를 담당하는 사람이다.
(A) records
(B) satisfaction
(C) effort
(D) supplies

해설 '사무용품'이라는 표현은 office supplies이다.

어휘 be in charge of ~을 담당하다 purchase 구매하다, 사다 office supplies 사무용품 effort 노력

14
당신을 시애틀 지사에 정중하게 초대합니다.
(A) necessarily
(B) cordially
(C) highly
(D) impressively

해설 빈칸에 아무것도 들어가지 않아도 문장이 성립하므로 빈칸에는 수식어가 들어가야 한다. 여기서는 invited를 가장 자연스럽게 수식해 줄 수 있는 부사인 cordially (진심으로, 정중하게)가 들어가야 가장 자연스러운 문장이 된다. 'You are cordially invited to ~'는 관용적으로 쓰이는 격식을 갖춘 초대 문구이다.

어휘 invite 초대하다, 초청하다 branch office 지사 necessarily 필수적으로 cordially 진심으로, 정성껏 highly 매우 impressively 인상 깊게

Part 6

[15-18]

수신: 회계부 직원
발신: 앨런 잭슨, 회계부 관리자
보낸 날짜: 2월 1일 월요일
제목: 실적 평가

회계부 전 직원들께,

다음 주에 걸쳐 회계부 전 직원에 대한 실적 평가가 실시될 예정이므로, 여러분께 평가 과정에 대해 말씀을 드리고자 합니다.

먼저, 저희는 여러분 각자를 직접 면담할 것이며 면담은 대략 30분 정도 계속될 것입니다. 그 다음에, 여러분들은 스스로 평가서를 작성하여 그것을 인사부에 돌려 주어야 합니다. 마지막으로, 우리는 여러분들의 업무 성과를 요약하는 보고서를 작성하여 2월 말까지 여러분들의 상사에게 보낼 것입니다.

우리는 이것이 여러분들의 직무 목적과 목표를 되돌아볼 수 있는 좋은 기회이기를 바랍니다. **평가에 대해 질문이 있으면 우리에게 알려 주시기 바랍니다.**

감사합니다.

앨런 잭슨
회계부 관리자

어휘 accounting 회계 performance review 실적 평가 approximately 대략, 거의 evaluation 평가 Personnel Department 인사부 summarize 요약하다 supervisor 상사 aim 목적 objective 목표

15
(A) so
(B) but
(C) since
(D) because

해설 빈칸 앞의 내용은 평가 과정에 대하여 설명하는 이유를 나타내고 있다. 그러므로 빈칸에는 결과의 접속사인 so가 필요하다.

16
(A) approximating
(B) approximation
(C) approximate
(D) approximately

해설 숫자 앞에 올 수 있고 '대략, 약'을 뜻하는 단어는 approximately이다.

17
(A) so that
(B) but
(C) and
(D) now that

해설 앞 문장과 뒤 문장을 '그리고'로 연결하는 것이 의미상 자연스럽다. 따라서 순접의 접속사 and가 정답이다.

18
(A) 이것이 귀사에 끼치게 될 불편함에 대해 사과를 드립니다.
(B) 평가에 대해 질문이 있으면 우리에게 알려 주시기 바랍니다.
(C) 업무 평가는 금요일까지 연기될 것입니다.
(D) 지원서는 회사의 웹사이트서 찾을 수 있습니다.

해설 이메일 가장 마지막에 오는 내용은 새로운 정보를 제공하는 것이 아니라 대응책을 요구하거나, 발신자의 바람을 나타내는 것이 적절하다. 따라서 '평가에 대해 질문이 있으면 우리에게 알려 주시기 바랍니다.'라는 내용의 (B)가 정답이다.

Unit 10 전치사

I 시간의 전치사 p.141

A

1 for	4 by
2 in	5 during
3 until	

해설

1 '동안'의 의미를 나타내는 전치사는 for와 during이 있다. for는 구체적인 숫자와 함께 쓰이고, during은 'summer vacation'과 같이 '기간'을 나타내는 명사(구)와 함께 쓰인다. 이 문장에서는 '5시간 (5 hours)'이라는 구체적인 숫자와 함께 쓰이므로 for를 써야 한다.

2 연도를 표시할 때는 전치사 in을 쓴다.

3 '~까지'를 나타내는 전치사에는 until과 by가 있다. until은 동작의 '지속'에 초점을 맞추고, by는 동작의 '완료'의 의미가 강하다. 이 문장에서는 '5월까지는 계속 개방될 것이다'라는 의미이므로 until을 쓴다.

4 '사무실로 돌아오는' 동작의 완료의 느낌이 강하므로 전치사 by를 쓴다.

5 '동안'의 의미를 나타내는 전치사는 for와 during이 있는데, 'the Christmas season'은 구체적인 숫자가 아닌 특정 기간을 지칭하는 명사이므로 during과 함께 써야 한다.

어휘 1 last 지속하다 2 found 설립하다 organization 기관, 조직 3 be open 개방하다, 문을 열다 4 come back to ~로 돌아오다

B

1 Ⓓ	2 Ⓑ

해설

1 '30일 안에 보증금을 내야 한다'는 내용이 되어야 자연스러운 문장이 된다. '~ 이내에'라는 의미의 전치사는 within이다.

2 특정 시각, 시점과 함께 쓰이는 전치사는 at이다. 'at noon (정오에)' 외에도 'at midnight (한밤중에)' 등이 있다.

어휘 1 deposit 보증금 2 annual 연간의, 해마다의 noon 정오

II 장소/방향의 전치사 p.142

A

1 at	4 in
2 on	5 on
3 under	6 across

해설

1 교차로는 특정 지점을 나타내므로 전치사 at이 알맞다.

2 '층 위에 있는' 것이므로 '표면 위에'라는 의미를 가지는 전치사 on이 적합하다.

3 '~ 아래에'를 의미하는 전치사는 under이다. between은 '(둘) ~ 사이에'를 나타낸다.

4 도시나 나라처럼 큰 공간 '~ 안에'를 나타내는 전치사는 in이다.

5 '게시판 위에' 공지사항이 붙어 있는 것이므로 '표면 위'를 나타내는 전치사 on이 적합하다.

6 '~의 건너편에'라는 의미의 전치사는 across이다. through는 '~을 통과해서'라는 의미이다.

어휘 1 intersection 교차로 3 paper shredder 서류 분쇄기 4 museum 박물관 5 notice 공지사항, 통지, 전단 6 law firm 법률 회사, 법률 사무소 lay off 정리해고 하다 lawyer 변호사

B

1 Ⓐ	2 Ⓑ

1 중역들은 복도를 따라서 걸었다.

2 기차는 5분 후에 필라델피아로 출발할 것이다.

해설

1 '~을 따라서'라는 의미의 전치사는 along이다.

2 '(어떤 방향을) 향하여'라는 의미를 나타낼 때 전치사 for를 쓸 수 있다.

어휘 1 corridor 복도 along ~을 따라서 among (셋 이상일 때) 사이에 within ~ 이내에 2 train 기차 for ~을 향하여 in five minutes 5분 후에

III 기타 전치사 (수단·목적·원인·이유·주제·분야·자격) p.143

A

1 as → about[on]	4 with → for
2 at → by	5 for → with
3 Of → As	

해설

1 '~에 관한'이라는 '주제'를 나타내는 전치사는 about과 on이다.

2 '지하철로, 지하철을 타고'라는 의미이므로 '수송, 수단'을 나타내는 전치사 by를 써야 한다.

3 'CEO로서'라고 '자격'을 나타내므로 전치사 as가 알맞다.

4 for는 '~ 때문에, ~으로 인하여'라는 '이유와 원인'을 나타낼 때 쓸 수 있는 전치사이다.

5 '새로운 공정을 사용하여' 제품 생산 비용을 낮춘 것이므로 '수단·도구'의 의미를 나타내는 전치사 with를 써야 한다.

어휘 1 article 기사 current 현재의 economic situation 경제 상황 3 important 중요한 4 sales representative 영업사원 apologize 사과하다, 사죄하다 rude 무례한 5 reduce 줄이다, 감소시키다 process 공정, 과정, 처리 cost 비용, 가격

B

1 Ⓑ	2 Ⓒ

1 금리에 관한 회의가 이번 주 수요일에 열릴 것이다.

2 우리는 그 뉴스 보도에 놀랐다.

해설

1 '~에 관한'의 의미를 나타내는 전치사는 on 또는 about이다.

2 at은 '원인·이유'를 뜻하는 전치사로도 쓰인다. be surprised at '~에 놀라다'를 숙어처럼 외워 두자.

어휘 1 interest rate 금리, 이자율　2 news report 뉴스 보도 be surprised at ~에 놀라다

IV 구 전치사 & -ing 형태의 전치사 p.144

A

1 across on → across from
2 As addition to → In addition to
3 regarded → regarding
4 According → According to
5 concerns → concerning

해설

1 '~의 건너편에, ~의 맞은편에'는 across from으로 쓴다.

2 '~ 외에도'라는 의미의 구 전치사는 in addition to이다.

3 '~에 관하여'라는 전치사는 regarding이다.

4 '~에 따르면'이라는 의미의 구 전치사는 according to이다.

5 '~에 관하여'라는 전치사는 concerning이다.

어휘 1 copy room 복사실　2 device 장치　4 job opening 일자리

B

1 Ⓓ　　2 Ⓑ

1 나이와 성별에 상관 없이 누구나 그 일에 지원할 수 있습니다.

2 영국을 포함한 10개국이 그 기관에 가입했다.

해설

1 문맥상 '나이와 성별에 상관 없이'라는 내용이 나와야 자연스러우므로 '~에 상관 없이'를 의미하는 전치사구 regardless of를 써야 한다.

2 빈칸은 동사의 자리가 아니므로 '포함하다'라는 의미의 동사 include가 올 수 없다. '영국을 포함한 10개국'이라는 의미가 되어야 자연스러우므로 '~을 포함하여'를 의미하는 전치사 including이 알맞다.

어휘 1 age 나이　sex 성별　excluding ~을 제외하고　in spite of ~에도 불구하고　regardless of ~에 상관없이　2 join 가입하다 organization 기관, 조직　including ~을 포함하여　include 포함하다

V 전치사 vs. 접속사 p.145

A

1 although　　4 In spite of
2 by　　5 While
3 due to　　6 Because of

해설

1 접속사 뒤에는 절(주어 + 동사)이 오고, 전치사 뒤에는 명사(구), 동명사(구) 등이 온다. 'it looks real'은 절이므로 앞에 접속사가 와야 한다. despite는 전치사이며 although는 접속사이다.

2 Monday가 명사이므로 앞에 전치사(구)가 나와야 한다. by는 전치사이며 by the time은 접속사이다.

3 'Mr. Clark's resignation'이 명사구이므로 앞에 전치사(구)가 와야 한다. since는 접속사이며 due to가 전치사구이다.

4 'her illness'가 명사구이므로 앞에 전치사(구)가 와야 한다. though는 접속사이며 in spite of는 전치사구이다.

5 'the secretary was away'가 절이므로 앞에 접속사가 와야 한다. while은 접속사이며 during은 전치사이다.

6 'a lack of funds'가 명사구이므로 앞에 전치사(구)가 나와야 한다. because of는 전치사구이며 because는 접속사이다.

어휘 1 painting 그림　copy 모조품　despite ~에도 불구하고 although ~에도 불구하고　2 turn in 제출하다　by ~까지　by the time ~까지　3 disappointed 실망한　since ~ 때문에　due to ~ 때문에　resignation 사임, 사직　4 illness 병　5 be away 부재중이다　break into 침입하다　6 lack 부족, 결핍　fund 기금, 자금　might (불확실한 추측) ~할지도 모른다

B

1 Ⓑ　　2 Ⓓ

1 나쁜 상황에도 불구하고 그는 그 일을 성공적으로 끝냈다.

2 공연 시간 동안 휴대폰을 모두 꺼 두셔야 합니다.

해설

1 문맥상 '나쁜 상황에도 불구하고'라는 의미가 되어야 자연스럽다. 'the bad situation'이 명사구이므로 전치사구 in spite of 또는 despite를 써야 한다.

2 문맥상 '공연 시간 동안'이라는 의미가 되어야 자연스럽다. the performance가 명사이므로 전치사 during이 와야 알맞다.

어휘 1 situation 상황　2 performance 공연　mobile phone 휴대폰　switch off 끄다　while ~하는 동안

토익 실전 연습 p.147

1 (C)	2 (B)	3 (B)	4 (B)	5 (B)
6 (D)	7 (B)	8 (D)	9 (B)	10 (A)
11 (B)	12 (A)	13 (C)	14 (C)	15 (B)
16 (B)	17 (A)	18 (C)		

Part 5

1
이 공사가 끝날 때쯤이면 그 건물은 달라 보일 것이다.
(A) For
(B) By
(C) By the time
(D) During

해설 문맥상 '공사가 끝날 때쯤에'라는 의미가 되어야 하고, 빈칸 뒤에 절인 'this construction is over'가 나오므로 빈칸에는 접속사가 와야 한다. 이 조건에 맞는 선택지는 (C)의 'by the time (~할 때쯤, ~까지)'이다.

어휘 over 끝나서, 지나서　different 다른, 다르게

2
계약 협상과 관련된 이메일들은 가능한 한 빨리 삭제되어야 한다.
(A) regard
(B) regarding
(C) regarded
(D) regardless

해설 문맥상 '계약 협상과 관련된 이메일'이 가장 자연스럽다. 따라서 '~에 관하여'을 뜻하는 전치사 regarding이 알맞다.

3
회장은 두 명의 경호원 사이에 서 있었다.
(A) among
(B) between
(C) on
(D) as

해설 '두 명의 경호원 사이에' 서 있었다는 내용의 문장이다. between과 among이 '~ 사이에'라는 의미의 전치사인데, between은 둘 사이에, among은 셋 이상일 때 쓴다.

어휘 stand 서다　bodyguard 경호원

4
스미스 씨는 10년 동안 고객 불만 사항을 처리해 왔다.
(A) during
(B) for
(C) until
(D) by

해설 '~ 동안'을 의미하는 전치사에는 for와 during이 있지만, '10년 (ten years)'과 같이 구체적인 숫자와 함께 쓰일 수 있는 전치사는 for이다. while은 '~하는 동안'을 의미하는 접속사이다. 현재완료 시제는 기간을 나타내는 전치사 for와 잘 어울려 쓰인다.

5
공공 도서관과 시민 문화회관은 High 가에 있다.
(A) in
(B) on
(C) at
(D) of

해설 High Street는 도로 이름이므로 전치사 on이 정답이다.

어휘 public library 공공 도서관

6
저희 제품에 관해 문의해 주셔서 감사합니다.
(A) to
(B) as
(C) of
(D) for

해설 전치사 for를 써서 '이유·원인'을 나타내기도 한다. for 뒤에는 '원인'이 되는 명사(구), 동명사(구)가 온다. '목적어에게 ~에 대해 감사하다'라는 「thank + 목적어 + for + 이유」 구문을 알아 두자.

어휘 inquiry 문의

7
그는 많은 경험을 쌓았기 때문에 일자리를 쉽게 구할 수 있었다.
(A) Even though
(B) Because
(C) Due to
(D) In spite of

해설 문맥상 '그가 많은 경험을 쌓았기 때문에' 일을 쉽게 구할 수 있었다는 내용이 되어야 자연스럽다. 'he has a lot of experience'가 절이므로 빈칸에는 접속사가 와야 한다. 선택지가 모두 '~ 때문에'라는 의미이지만 그 중 접속사는 (B)의 because이다.

어휘 experience 경험　be able to V ~할 수 있다　because of / due to / owing to ~때문에

8
영업부서와 마케팅부서는 새로운 판촉 활동에 대해 논의할 것이다.
(A) to
(B) with
(C) from
(D) about

해설 문맥상 '새 캠페인에 대한 논의'라는 의미가 되어야 자연스럽기 때문에 '~에 대한'을 뜻하는 전치사 about이 알맞다.

어휘 campaign 캠페인, 활동

9
구입 후 30일 이내에는 전액 환불을 받으실 수 있습니다.
(A) to
(B) within
(C) for
(D) as

해설 문맥상 '30일 이내에' 전액 환불을 받을 수 있다는 의미의 문장이 되어야 자연스럽다. '~ 이내에'를 의미하는 전치사는 within이다.

어휘 full refund 전액 환불　purchase 구입

10
지원자들은 결과를 다음 주까지 기다려야 한다.
(A) until
(B) by

(C) despite

(D) at

해설 문맥상 '결과를 다음 주까지 기다려야 한다'라는 의미의 문장이 되어야 자연스럽다. '~까지'를 의미하는 전치사에는 by와 until이 있는데, 그 중 동작의 '계속'을 나타내는 전치사는 until이다.

어휘 applicant 신청자 have to ~해야 하다 wait 기다리다

11

그 기계는 매우 비싸기 때문에 우리 회사는 그것을 구매할 수 없다.

(A) Because of

(B) Since

(C) Owing to

(D) Also

해설 문맥상 '그 기계가 비싸기 때문에'라는 의미가 되어야 자연스럽다. 'the machine is extremely expensive'가 절이기 때문에 빈칸에는 접속사가 나와야 한다. '~ 때문에'라는 의미의 접속사는 because, since, as이다.

어휘 extremely 매우, 상당히 afford ~할 여유가 있다

12

개발 계획은 늦어도 수요일까지 제출되어야 한다.

(A) at

(B) on

(C) of

(D) by

해설 내용상 '아무리 늦어도 수요일까지 제출'이 되어야 하므로 '아무리 늦어도'를 뜻하는 전치사 표현 at the latest가 정답이다.

어휘 development 개발

13

김 씨는 곧 있을 프로젝트를 자세하게 설명하기 위해 이메일을 작성하는 중이다.

(A) with

(B) on

(C) in

(D) for

해설 in detail은 '자세하게'라는 뜻의 전치사 표현이므로 (C)의 in이 정답이다.

14

계약서를 두 부 준비하셔야 합니다.

(A) with

(B) on

(C) in

(D) for

해설 'in duplicate'는 '두 통으로'라는 의미의 숙어이다.

어휘 contract 계약서 in duplicate 두 통으로

Part 6

[15-18]

수신: 전 직원
발신: 인사부
제목: 지점 사무소 보수 공사

이 회람은 우리 지점이 냉방과 난방 시스템의 개선으로 인한 보수 공사를 하게 될 것임을 알리기 위해서입니다. 보수 공사는 10월 21일 토요일에 시작하여 11월 말까지 마무리될 예정입니다. 그러므로, 모든 직원들은 10월 23일 월요일부터 브로드웨이에 있는 작은 건물을 이용해야 합니다. 건물의 위치와 관련하여 질문이 있으면 777-0398로 인사부의 엔들리 씨에게 연락하시기 바랍니다. **또는 facilities@abcservice.co.uk로 그녀에게 이메일을 보낼 수 있습니다.**

어휘 branch office 지사, 지점 renovation 개조, 보수 inform ~에게 알리다, 통지하다 due to ~ 때문에

15

(A) as

(B) on

(C) in

(D) at

해설 날짜와 요일 앞에 쓰이는 전치사는 on이다.

16

(A) in

(B) on

(C) at

(D) to

해설 Broadway는 거리 이름이기 때문에 전치사 on이 알맞다.

어휘 therefore 그러므로 employee 직원

17

(A) concerning

(B) concerns

(C) concern

(D) concerned

해설 빈칸의 뒤에 명사가 있기 때문에 빈칸에는 전치사가 와야 한다. 따라서 '~에 관하여'를 뜻하는 전치사 concerning이 정답이다.

18

(A) 당신으로부터 곧 회신을 받게 되기를 고대합니다.

(B) 보수 공사 일자는 변경될 수 있습니다.

(C) 또는 facilities@abcservice.co.uk로 그녀에게 이메일을 보낼 수 있습니다.

(D) 문의 사항이 있을 경우 저에게 연락하시기 바랍니다.

해설 이전 문장에서 엔들리 씨에게 연락하는 방법 한 가지가 소개되었고, 또 다른 방법을 알려주는 문장이 바로 다음에 이어질 수 있다. 따라서 이메일 주소를 소개하는 문장 (C)가 정답이다.

Grammar **Step UP!** p.150

Let's Check!

1 since → for	2 within → by
3 for → since	4 prior → prior to

Unit 11 관계사

Ⅰ 관계대명사의 용법과 주격 관계대명사 p.153

A

1 who	4 which
2 that	5 that
3 who	

해설

1 선행사가 a man으로 사람이고, 선행사를 수식하는 관계대명사절 안의 관계대명사는 주어 역할을 해야 한다. 따라서 사람을 받는 주격 관계대명사 who가 정답이다.

2 선행사가 the products로 사물이고, 관계대명사가 주어의 역할을 하므로 that이 정답이다.

3 선행사가 someone으로 사람이고, 관계대명사가 주어 역할을 하므로 사람을 받는 주격 관계대명사인 who가 정답이다.

4 선행사가 사물인 the firm이고 관계대명사가 주어 역할을 하므로, 사물을 받는 주격 관계대명사 which가 정답이다.

5 선행사가 사물인 the new book이고, 관계대명사가 주어 역할을 하므로 사물을 받는 주격 관계대명사 that이 알맞다.

어휘 1 art 예술 2 display 전시하다, 진열하다 5 publish 출판하다, 출간하다 soon 곧

B

1 Ⓐ	2 Ⓑ

1 어제 그 프로그램에 등록한 사람들은 5% 할인을 받았다.

2 아이들 장난감을 파는 그 회사는 생산성을 늘렸다.

해설

1 빈칸을 포함한 'signed up for the program yesterday'는 앞의 명사 people을 수식하는 형용사절 역할을 한다. 선행사가 사람인 people이고, 관계대명사가 형용사절 (관계대명사절)의 주어 역할을 하므로 사람을 받는 주격 관계대명사 who가 정답이다.

2 빈칸을 포함한 'sells kids' toys'는 앞의 명사 the company를 수식하는 형용사절(관계대명사절) 역할을 한다. 선행사가 사물인 the company이고, 관계대명사가 주어 역할을 하므로 사물을 받는 주격 관계대명사 which가 와야 한다.

어휘 1 sign up for 등록하다 2 kid 아이 toy 장난감 productivity 생산성

Ⅱ 목적격 관계대명사 & 소유격 관계대명사 p.154

A

1 that → whose	3 whose → which[that]
2 X	

해설

1 소유격 관계대명사절은 주격과 목적격 관계대명사절과 다르게 주어나 목적어의 자리가 비어 있지 않은 완전한 문장이 오고 '(선행사)의 ~'로 해석된다. 문맥상 '그 여자의 영어'이므로 소유격 관계대명사 whose가 와야 한다.

2 선행사가 사람인 'the buyer'이고, 관계대명사가 동사 met의 목적어 역할을 하고 있으므로, 사람을 받는 목적격 관계대명사 who 또는 whom이 오는 것이 적절하다.

3 선행사가 사물인 'an agreement'이고 관계대명사가 동사 wanted의 목적어 역할을 하므로, 사물을 받는 목적격 관계대명사 which나 that을 써야 한다.

어휘 1 fluent 유창한 for a long time 오랫동안 3 reach an agreement 합의에 도달하다

B

1 Ⓑ	2 Ⓒ

1 명단에 이름이 있는 사람들은 인센티브를 받을 것이다.

2 우리가 어제 방문했던 전시회는 매우 흥미로웠다.

해설

1 'names are on the list'가 완전한 문장이고, 앞의 선행사 'the people'과는 '그 사람들의 이름'이라고 해석되는 소유 관계이므로 소유격 관계대명사 whose가 와야 한다.

2 빈칸을 포함한 'we visited yesterday'가 앞의 명사 'the exhibition'을 수식하고 있다. 선행사가 사물이고, 동사 visited의 목적어 역할을 할 수 있는 관계대명사가 필요하므로 that이나 which가 정답이다.

어휘 1 incentive 상여금, 인센티브 2 exhibition 전시회

Ⅲ 관계대명사 what p.155

A

1 What	4 that
2 that	5 that
3 what	6 What

해설

1 선행사가 없고, 주어 역할을 하는 명사절을 이끄는 관계대명사는 what이다.

2 선행사가 사람인 the CEO이고, 관계대명사가 동사 met의 목적어 역할을 하므로 목적격 관계대명사 that을 써야한다.

3 선행사가 없고, pointed out의 목적어 역할을 하는 명사절을 이끄는 관계대명사는 what이다.

4 선행사가 사물인 the money이고, 동사 deposited의 목적어 역할을 하는 목적격 관계대명사 that을 써야 한다.

5 선행사가 사물인 the proposal이고, 동사 made의 목적어 역할을 하는 목적격 관계대명사 that이 필요하다.

6 선행사가 없고, 문장의 주어 역할을 하는 명사절을 이끄는 관계대명사는 what이다.

어휘 1 sales figure 판매 수치 indicate 가리키다, 암시하다 2 brilliant 뛰어난, 멋진 3 expert 전문가 point out ~을 지적하다 focus on ~에 초점을 맞추다, ~에 주목하다 4 deposit 예금하다, 맡기다 disappear 사라지다 5 be pleased with ~에 만족하다, ~에 기뻐하다 6 analyst 분석가, 애널리스트 seriously 진지하게, 심각하게 consider 고려하다, 여기다

B

1 Ⓓ 2 Ⓑ

해설

1 선행사가 없고, 문장에서 보어 역할을 하는 명사절을 이끄는 관계대명사가 필요하므로 what을 써야 한다.

2 선행사가 없고, 주어 역할을 하는 명사절을 이끌어야 하므로 관계대명사 what이 정답이다.

어휘 1 economic situation 경제 상황 2 committee 위원회 persuasive 설득력 있는

Ⅳ 관계대명사의 생략 p.156

A

1 which → who[whom] / that 또는 which 생략
2 people are → people who[that] are 또는 people
3 which are → who[that] are 또는 which are 생략
4 which is → which[that] 또는 which is 생략
5 positions are → positions that[which] are 또는 positions

해설

1 선행사가 사람인 the people이고, 전치사 with의 목적어 역할을 할 수 있는 관계대명사가 필요하기 때문에 목적격 관계대명사 who나 whom 또는 that이 와야 한다. 또한 목적격 관계대명사는 생략이 가능하므로 관계대명사 없이 'They are the people I worked with.'라고 쓸 수도 있다.

2 선행사가 사람인 people이고, 관계대명사가 주어 역할을 하므로 주격 관계대명사 who 또는 that이 와야 한다. 'Hiring people who[that] are suitable for ~'로 쓸 수 있으며, 「주격 관계대명사 + be동사」는 생략 가능하므로 'Hiring people suitable for ~'로 쓸 수도 있다.

3 사람인 directors가 선행사이고, 주어 역할을 하는 관계대명사가 필요하므로 who 또는 that이 와야 한다. 따라서 'Directors who[that] are worried about ~'으로 쓸 수 있으며, 「주격 관계대명사 + be동사」는 생략할 수 있으므로 'Directors worried about ~'으로 쓸 수도 있다.

4 선행사가 사물인 a business plane이고, 동사 like의 목적어 역할을 하는 관계대명사가 필요하므로 which 또는 that이 와야 한다. 이미 동사 like가 있기 때문에 is는 나올 수가 없다. 따라서 'a business plan which[that] I really don't like'로 쓸 수 있으며, 목적격 관계대명사는 생략이 가능하므로 'a business plan I don't really like'로도 쓸 수 있다.

5 선행사가 사물인 five positions이고, 관계대명사절의 주어 역할을 하는 관계대명사가 필요하다. 따라서 사물을 받는 주격 관계대명사 that 또는 which가 나와서 'There are five positions that[which] are available ~'로 쓸 수 있다. 「주격 관계대명사 + be동사」는 생략이 가능하므로 'There are five positions available ~'로 쓸 수도 있다.

어휘 2 be suitable for ~에 적합하다 position 직, 자리, 위치 3 director 관리자, 국장, 이사, 감독 worry about ~에 대해 걱정하다 performance (업무) 실적[성과] 4 business plan 사업 계획 5 available 가능한, 여력이 있는

B

1 Ⓐ 2 Ⓓ

해설

1 선행사가 사람인 people이고, 주어 역할을 하는 관계대명사가 필요하므로 who나 that을 써야 한다. 'be concerned about'이 '~을 걱정하다'라는 표현이므로 'People who[that] are concerned about high taxes ~'라고 써야 한다. 「주격 관계대명사 + be동사」는 생략 가능하므로 'People concerned about high taxes ~'라고도 쓸 수 있다.

2 빈칸을 포함한 'eligible for the managerial position'이 명사 a person을 수식하는 형용사절(관계대명사절)이다. 선행사가 사람인 a person이고, 주어 역할을 하는 관계대명사가 필요하므로 who 또는 that이 와야 한다. 관계대명사절에 동사가 없는데, be eligible for가 '~할 자격이 있다'라는 숙어 표현이므로 관계대명사절의 동사는 be동사임을 알수 있다. 선행사인 a person이 3인칭 단수이므로 동사는 is가 된다. 따라서 '~ a person who is eligible for the managerial position'이 되어야 하는 문장임을 알 수 있다. 「주격 관계대명사 + be동사」는 생략 가능하므로 'a person eligible for the managerial position'이라고도 쓸 수 있음을 알아 두자.

어휘 1 tax 세금 accountant 회계사; 경리 사무원 be concerned about ~을 걱정하다; ~에 관심을 가지다 concerned 염려하는, 관심 있는 concern 걱정시키다; 근심 2 be eligible for ~할 자격이 있다 managerial position 관리직

Ⅴ 관계부사 p.157

A

1 where
2 Why
3 why
4 how
5 when

해설

1 관계부사는 선행사를 수식하는 형용사절(완전한 문장)을 이끈다. 관계부사절이 앞의 the bank를 수식하고 있다.

2 '이유'를 나타내는 관계부사 why가 와야 한다. 선행사 the reason이 생략된 형태인데, '이유'를 나타내는 관계부사가 쓰

일 경우, the reason why라고 쓰거나 the reason을 생략하고 why만 쓰거나 관계부사 why를 생략하고 the reason만 쓸 수 있다.

3 the reasons를 뒤의 절이 수식하고 있고, 선행사 reason은 이유를 나타내는 개념이므로 관계부사 why가 알맞다.

4 '방법'을 나타내는 관계부사는 how이다. '방법'의 선행사 the way는 how와 함께 쓰일 수 없다는 것을 반드시 기억해 두어야 한다.

5 시간의 선행사 the month를 수식하면서 관계부사절을 이끄는 관계부사는 when이다.

어휘 1 save money 돈을 저축하다 2 fire 해고하다 unknown 알려지지 않은, 알 수 없는 3 figure out ~을 알아내다[발견하다], ~을 이해하다 reason 이유 decrease 감소하다, 감소시키다 5 management meeting 경영진 회의

B

1 Ⓒ	2 Ⓑ

1 나는 그들이 우리의 제안을 받아들이지 않은 이유를 이해할 수 없다.

2 제가 모든 정보를 저장해 둔 컴퓨터 파일을 찾아보세요.

해설

1 '이유'의 선행사 the reason을 수식하는 관계부사절을 이끄는 관계부사는 why이다.

2 the computer file은 '장소'의 선행사로 볼 수 있고, 뒤에 완벽한 문장이 computer file을 수식하고 있으므로 '장소'의 개념을 나타내는 관계부사 where가 와야 한다.

어휘 1 understand 이해하다 accept 받아들이다 2 store 저장하다

토익 실전 연습 p.159

1 (D)	2 (A)	3 (D)	4 (A)	5 (C)
6 (C)	7 (B)	8 (B)	9 (D)	10 (A)
11 (D)	12 (B)	13 (B)	14 (C)	15 (C)
16 (B)	17 (D)	18 (A)		

Part 5

1

지금 발표하고 있는 남자는 나의 상사이다.

(A) which
(B) whom
(C) whose
(D) who

해설 사람(the man)을 선행사로 받으면서 관계대명사절 안에서 주어 역할을 하는 관계대명사는 who 또는 that이다.

어휘 give a presentation 발표하다 supervisor 상사

2

이 설명서는 모국어가 영어가 아닌 사람들을 위한 것이다.

(A) whose
(B) whom
(C) that
(D) what

해설 문맥상 '사람들의 모국어'라는 의미가 되어야 자연스러우므로 소유격 관계대명사 whose가 필요하다는 것을 알 수 있다.

어휘 manual 설명서 native language 모국어

3

가르시아 씨가 제안했던 해결책들은 판매를 증가시킬 것이다.

(A) whose
(B) who
(C) what
(D) that

해설 사물(the solutions)을 선행사로 받으면서 관계대명사절 안에서 suggested의 목적어 역할을 하는 관계대명사는 which 또는 that이다.

어휘 solution 해결책 suggest 제안하다 increase 증가시키다

4

나는 리브스 씨가 말한 그 대표를 만났다.

(A) that
(B) which
(C) what
(D) how

해설 선행사가 사람(the representative)이고, 관계대명사가 전치사 about의 목적어로 사용된 문장이다. 이 때 쓰일 수 있는 관계대명사는 who, whom, that이다.

어휘 representative 대표(자), 대리인

5

딜레이니 씨는 그녀가 관리직에 추천한 그 사람을 만났다.

(A) what
(B) which
(C) whom
(D) why

해설 사람(the person)을 선행사로 받으면서 관계대명사절 안에서 동사 recommended의 목적어 역할을 할 수 있는 관계대명사는 who, whom, that이다.

6

우리가 방금 만난 전문가가 우리 팀의 부장이 될 것이다.

(A) what
(B) whose
(C) who
(D) when

해설 사람(the specialist)을 선행사로 받으면서 관계대명사절 안에서 동사 met의 목적어 역할을 할 수 있는 관계대명사는 who, 또는 whom, that이다.

7
이 웹사이트는 집을 임차하려고 생각하는 사람들에게 유용하다.
(A) they
(B) who
(C) whom
(D) them

해설 사람(people)을 선행사로 받으면서 관계대명사절 안에서 주어 역할을 할 수 있는 관계대명사는 who 또는 that이다. 주격 관계대명사와 be동사는 생략할 수도 있다.

8
우리는 100명의 사람들을 수용할 수 있는 공간이 필요하다.
(A) when
(B) where
(C) why
(D) how

해설 선행사가 a room으로 장소이고, 뒤에 완전한 문장이 나오므로 관계부사 where을 쓰는 것이 가장 적절하다.

9
JW 사는 가구를 제조하는 대기업 중 하나이다.
(A) where
(B) whom
(C) whose
(D) which

해설 사물인 one of the major companies를 선행사로 받으면서 관계대명사절 안에서 주어 역할을 할 수 있는 관계대명사는 which나 that이다.

10
대통령이 기자회견에서 말한 것을 아무도 이해하지 못했다.
(A) what
(B) when
(C) which
(D) whose

해설 선행사를 포함하고 동사 understand의 목적어 역할을 하는 명사절을 이끌 수 있는 관계대명사는 what이다.

11
내가 모든 중요한 정보를 저장해 놓는 파일을 찾을 수가 없다.
(A) which
(B) why
(C) when
(D) where

해설 선행사가 the file이고, 뒤에 the file을 수식하는 형용사절(완전한 문장)이 나온다. 내용상 '정보를 저장해 놓는 파일'이라고 해석되며 이때의 the file은 '장소'의 개념이므로, 형용사절을 이끌면서 '장소'의 선행사와 함께 쓰이는 관계부사 where를 써야 한다.

어휘 save 저장하다

12
뉴욕 사무실에 방문한다면, 미리 알려 주시기 바랍니다.
(A) on
(B) in
(C) at
(D) for

해설 in advance는 '미리, 사전에'를 뜻하는 전치사 표현이다.

13
안건 상의 다음 사항으로 넘어가도록 하겠습니다.
(A) at
(B) on
(C) about
(D) for

해설 agenda와 어울리는 전치사는 on이다. on the agenda는 '안건에 있는'을 뜻한다. the menu(메뉴에 있는), on the list(리스트에 있는)와 같은 표현도 알아 두자.

어휘 move on 넘어가다, 이동하다

14
여기에 주차되어 있는 차는 어떤 것이든 차량 소유주의 비용으로 견인될 것이다.
(A) to
(B) on
(C) at
(D) for

해설 at one's expense는 '~의 비용으로'라는 의미의 숙어이다. 이 문장에서는 one 대신에 owner가 쓰였다.

어휘 any car 어떤 차라도 parked 주차되어 있는 tow 견인하다 owner 주인 expense 비용, 경비

Part 6

[15-18]

펠리칸 출판사는 3월에 *실제 이야기*라는 제목의 신간을 출간할 것이라고 발표했다. 이는 우주를 탐험했던 우주비행사들에 대한 실화를 다룬 책이다. 이 책은 우주비행사들이 우주선에서 겪은 어려움을 어떻게 해결해 나갔는지를 보여줄 것이다. 이 책의 저자는 말콤 모리스인데, 그는 2020년에 *섬*이라는 책으로 미국 문학상을 수상했다. *뉴욕 데일리*의 비평가인 모건 씨는 그가 그의 시대에서 가장 재능 있는 작가들 중 한 명이라고 언급했다. **그의 신간은 온라인으로 구매가 가능하다.** 이 책을 구입하는 데 관심이 있는 사람은 웹사이트 www.booknbook.com이나 www.chapters.com을 확인하면 된다.

어휘 publish 출간하다 entitled ~라는 제목의 nonfiction 논픽션, 실화 crew 승무원 spaceship 우주선 explore 탐험하다 universe 우주 handle 처리하다, 다루다, 해결하다 author 작가 talented (타고난) 재능이 있는

15
(A) where
(B) whom

(C) that
(D) when

해설 앞의 명사인 crew를 수식하는 관계대명사절에서 주어 역할을 하는 관계대명사가 빠져있는 문장이다. 따라서 주격 관계대명사 that이 정답이다.

16
(A) what
(B) how
(C) and
(D) also

해설 동사 show의 목적어를 이끄는 접속사를 찾아야 한다. 문맥상 '우주선에서 겪은 어려움을 '어떻게 해결해 나가는지를'의 의미가 가장 적절하므로 접속사 how가 정답이다.

17
(A) 책의 사인회는 일정이 변경되었다.
(B) 모든 책들은 매진되었다.
(C) 책 출간 초대장이 발송되었다.
(D) 그의 신간은 온라인으로 구매가 가능하다.

해설 책과 작가에 대한 내용이 마무리되고, 책 구매에 대한 내용으로 이어진다. 온라인 구매가 가능하다는 내용이 나온 다음에, 더 상세하게 온라인 서점 주소를 알려주는 흐름이 가장 자연스럽다.

18
(A) in
(B) on
(C) at
(D) about

해설 be interested in은 '~에 관심이 있다'는 표현이므로 (A)의 in이 정답이다.

Grammar Step UP!

p.162

Let's Check!

1 what	2 What	3 that
4 what	5 That	

Unit 12 가정법

I 가정법 과거

p.165

A

1 had	4 Were
2 would send	5 would
3 worked	

해설
[1-5] 가정법 과거는 현재 사실과 반대되거나 실현 가능성이 없는 일을 가정할 때 쓰고, '만약 …라면, ~할 텐데'로 해석한다. 가정법 과거는 「If + 주어 + (일반)동사 과거형[be동사는 were], 주어 + would[could / might / should] + 동사원형」으로 쓴다는 것을 기억해 두어야 한다. if절에서 if가 생략되면 주어와 동사가 도치되어 동사가 문장의 맨 앞으로 나오게 된다. be동사일 때는 문두에 Were가 나오고, 일반동사일 때는 조동사 do의 과거형 Did가 문장의 맨 앞으로 나온다. 그러나 가정법 과거 문장에서 if를 생략하는 경우는 동사가 were일 때가 대부분이다.

어휘 1 successfully 성공적으로 2 document 서류, 문서 3 team leader 팀장 5 give a raise 월급을 올려주다, 연봉을 인상하다

B

1 Ⓐ	2 Ⓓ

1 주식시장에 대해 안다면 거기에 돈을 조금 투자할 텐데.
2 가격이 더 싸다면 회사에서 그 건물을 매입할 텐데.

해설
1 주절이 「would + 동사원형」인 것으로 보아 가정법 과거 문장이라는 것을 알 수 있다. 따라서 if절에는 동사의 과거형인 knew가 와야 한다. 가정법 과거일때 if절에는 조동사가 오지 않는다는 것을 기억해 두어야 한다.
2 If가 생략되어 동사와 주어가 도치된 문장이다. Were가 문장의 맨 앞에 나온 것을 보아 원래 if절은 'If the price were cheaper,'라는 것을 알 수 있다. if절이 「If + 주어 + were,」이므로 가정법 과거이고, 따라서 주절은 「주어 + would[could / might / should] + 동사원형」 형태가 되어야 한다. 문장에서 주절의 동사 purchase가 이미 나와 있으므로 조동사인 would가 필요하다.

어휘 1 stock market 주식시장 invest 투자하다 2 purchase 사다, 구입하다

II 가정법 과거완료

p.166

A

1 could
2 had offered
3 would have fixed
4 Had
5 could have gotten

해설
[1-5] 가정법 과거완료는 과거 사실과 반대되거나 과거의 후회를 나타낼 때 사용하며 '만약 …였더라면, ~했었을 텐데'로 해석한다. 가정법 과거완료는 「If + 주어 + had p.p., 주어 + would[could / might / should] + have p.p.」로 쓴다는 것을 기억해 두어야 한다.. if절에서 if가 생략되면 had가 문장의 맨 앞으로 나와, 「Had + 주어 + p.p.,」 형태가 된다.

어휘 1 on time 시간에 맞게, 정각에 2 incentive 상여금, 인센티브 happier 더 행복한 (happy의 비교급) 3 budget 예산 tight 빠듯한 4 successful 성공한 5 degree in business 경영학위

B

1 Ⓑ	2 Ⓒ

1 만약 우리가 그 오찬에 초대되었더라면 더 많은 사람을 만날 수 있었을 텐데.

2 만약 그가 서둘렀더라면 마감일을 맞출 수 있었을 텐데.

해설

1 if절이 「If + 주어 + had + p.p.」인 가정법 과거완료이므로 주절은 「주어 + 조동사 과거형 + have p.p.」가 되어야 한다.

2 주절이 「주어 + 조동사 과거형 + have p.p.」이므로 가정법 과거완료 문장이라는 것을 알 수 있다. 가정법 과거완료의 if절은 「If + 주어 + had p.p.」로 쓴다.

어휘 1 luncheon 오찬 (모임)　2 meet the deadline 마감일을 맞추다　hurry 서두르다

Ⅲ 가정법 미래

p.167

A

1 If	3 will ask
2 should	4 Should

해설

[1-4] 가정법 미래는 미래에 거의 일어나지 않을 일을 가정할 때 쓰며, '혹시 만약 …한다면, ~할 텐데'로 해석한다. 가정법 미래는 「If + 주어 + should + 동사원형, 주어 + will[would] / can[could] / may[might] / shall[should] + 동사원형」으로 쓴다. if절에서 If가 생략되면 should가 문장의 앞으로 나와, 「Should + 주어 + 동사원형」 형태로 쓴다.

어휘 2 feel sick 몸이 아프다; 토할 것 같다　hospital 병원　immediately 즉시　4 free 한가한

B

1 Ⓑ	2 Ⓓ

1 만약 당신이 떠나야 한다면 제가 대신 그 보고서를 완성해 줄 수 있어요.

2 내일 비가 온다면 우리는 야외 행사를 연기할 것이다.

해설

1 주절에 「조동사 원형 + 동사원형」이 나온 것을 보아, 미래에 혹시라도 일어날 수도 있는 일을 가정할 때 쓰는 가정법 미래 문장이라는 것을 알 수 있다. 가정법 미래는 if절에 조동사 should가 온다.

2 가정법 미래 문장에서 if가 생략되면 조동사 should가 문장의 맨 앞으로 나오게 된다.

어휘 1 instead 대신에　2 postpone 연기하다　outdoor event 야외 행사

Ⅳ 혼합 가정법

p.168

A

1 had completed
2 would be
3 would not feel
4 had met
5 would be
6 had not received

해설

[1-6] 혼합 가정법은 if절과 주절의 시제가 다를 때 사용되는데, if절은 과거 사실과 반대인 가정법 과거완료를 쓰고 주절은 현재 사실과 반대인 가정법 과거를 쓴다. 따라서 함께 사용되는 시간 부사(구)도 if절에는 과거 시점을 나타내는 시간 부사(구)가 쓰이고, 주절에는 현재 시점을 나타내는 시간 부사 today나 now가 쓰인다. 문장에 시간의 부사가 사용되지 않았어도 if절과 주절을 살펴 시간차가 발생하면 혼합 가정문이라는 것을 알아야 한다. 혼합 가정문의 형태는 「If + 주어 + had p.p., 주어 + would[could / might / should] + 동사원형」이다.

어휘 2 earlier 더 일찍 (early의 비교급)　on a plane 비행기를 타고, 비행기

B

1 Ⓓ	2 Ⓐ

1 만약 우리가 그 문제를 신중하게 조사했었더라면, 지금 아무 문제가 없을 텐데.

2 만약 그가 영수증을 버리지 않았었다면, 그는 지금 환불을 받을 수 있을 텐데.

해설

1 if절은 가정법 과거완료이고 주절에는 현재의 시점을 나타내는 부사 now가 쓰였다. 이를 통해 주절과 if절의 시간 차이가 발생하고 있는 혼합 가정법 문장이라는 것을 알 수 있다. 문맥을 살펴봐도 if절은 '그 문제를 신중하게 조사했었더라면'이라고 과거 사실의 반대를 나타내고 있고, 주절은 '지금 문제가 없을 텐데'라고 현재 사실의 반대를 가정하고 있으므로 혼합 가정법 문장임을 알 수 있다. 따라서 주절은 가정법 과거인 would not have로 써야 한다.

2 if절에 과거에 대한 내용이라는 것을 알려주는 시간 부사 yesterday(어제)가 쓰였고, 주절에는 현재 시점을 나타내는 now(지금)가 쓰였으므로 혼합 가정법 문장이라는 것을 알 수 있다. 혼합 가정법은 if절을 가정법 과거완료로 쓰고 주절을 가정법 과거로 쓴다. 따라서 had not thrown이 알맞다.

어휘 1 investigate 조사하다　difficult 어려움　2 receipt 영수증　refund 환불

V I wish 가정법 p.169

A

1 X
2 have given → had given
3 would have come → would come
4 are → were
5 had → had had
6 X

해설

1 과거에 이루어지지 않은 소망을 나타내고 있으므로 I wish 가정법 과거완료로 쓰는 것이 적절하다. I wish 가정법 과거완료는 「I wish 주어 + had p.p.」로 쓴다. 따라서 이 문장은 올바르게 쓰인 문장이다.

2 과거에 이루어지지 않은 소망을 나타내고 있으므로 I wish 가정법 과거완료로 써야 한다. I wish 가정법 과거완료는 「I wish 주어 + had p.p.」 형태로 쓰므로 have given을 had given으로 고쳐야 한다.

3 '도와주면 좋을 텐데'는 현재와 반대되는 소망을 나타내므로 I wish 가정법 과거로 써야 한다. I wish 가정법 과거는 「I wish 주어 + would[could] + 동사원형」 또는 「I wish 주어 + 동사의 과거형 (be동사일 때는 were)」으로 쓴다. 따라서 would have come을 would come으로 고쳐야 한다.

4 '지금 있으면 좋을 텐데'라고 현재와 반대되는 소망을 나타내므로 I wish 가정법 과거로 써야 한다. be동사가 사용될 때는 항상 were로 쓴다.

5 '쉬었었다면 좋았을 텐데'라고 과거에 이루어지지 않은 소망을 나타내고 있으므로 I wish 가정법 과거완료로 쓴다. 따라서 had를 had had로 고쳐야 한다.

6 '수용할 수 있으면 좋을 텐데'라는 현재와 반대되는 소망을 나타내므로 I wish 가정법 과거로 써야 한다. I wish 가정법 과거는 「I wish 주어 + would[could] + 동사원형」으로 쓰므로 이 문장은 틀린 곳이 없다.

어휘 1 low 낮은 4 charity event 자선행사 5 off (일을) 쉬고; 비번인, 쉬는 6 accommodate 수용하다

B

1 Ⓐ 2 Ⓑ

해설

1 '상사에 대한 불평을 멈추면 좋을 텐데'라는 현재 사실과 반대되는 소망을 말하고 있으므로 I wish 가정법 과거로 써야 한다. I wish 가정법 과거는 「I wish 주어 + would[could] + 동사원형」으로 쓴다.

2 '지원했었다면 좋았을 텐데'라는 과거 사실과 반대되는 소망을 말하고 있으므로 I wish 가정법 과거완료로 써야 한다. I wish 가정법 과거완료는 「I wish 주어 + had p.p.」로 쓴다.

어휘 1 supervisor 상사, 관리자, 감독

토익 실전 연습 p.171

1 (C)	2 (B)	3 (C)	4 (D)	5 (D)
6 (B)	7 (D)	8 (D)	9 (A)	10 (D)
11 (A)	12 (C)	13 (C)	14 (C)	15 (B)
16 (C)	17 (D)	18 (C)		

Part 5

1
데이비스 씨가 프로젝트 담당자라면, 그는 상황을 더 잘 처리할 텐데.
(A) handle
(B) can handle
(C) could handle
(D) handled

해설 If절의 동사 were를 보아 현재사실의 반대를 가정하는 가정법 과거 문장임을 알 수 있다. 가정법 과거의 주절은 「주어 + 조동사의 과거형 + 동사원형」이므로 (C) could handle이 정답이다.

2
만약 그들이 신제품을 개발한다면 매출이 가파르게 증가할 텐데.
(A) developing
(B) developed
(C) develops
(D) will develop

해설 주절이 조동사 「과거형(might) + 동사원형(increase)」으로 쓰여진 것으로 보아 가정법 과거 문장 또는 가정법 미래 문장, 혼합 가정법 문장, 직설법 조건문 중 하나이다. 혼합 가정법이면 if절이 had p.p.로 쓰여야 하는데 선택지에는 had p.p.가 없으므로 혼합 가정법은 아니며, 가정법 미래라면 if절에 should가 쓰여야 하는데 should가 없으므로 가정법 미래도 아니다. 직설법 조건문이면 동사원형이 와야 하는데 선택지에는 동사원형이 없으므로 직설법 조건문도 아니다. 따라서 '만약 …라면, ~할 텐데'라는 의미의 가정법 과거 문장이라는 것을 알 수 있다. 가정법 과거는 if절에 동사의 과거형 또는 were를 쓰므로 (B) developed가 정답이다.

어휘 develop 개발하다 rapidly 빠르게

3
만약 그들이 설문 조사를 시행했었다면 고객들의 요구 사항을 알 수 있었을 텐데.
(A) If
(B) Were
(C) Had
(D) Also

해설 주절이 「조동사 과거형 + have p.p.」로 쓰였으므로 가정법 과거완료 문장이라는 것을 알 수 있다. 가정법 과거완료의 if절은 「If + 주어 + had p.p.」로 쓴다. 따라서 'If they had conducted the survey, ~'인 문장인데, conducted 앞에 had가 없는 것을 보아 if가 생략되고 had가 문장의 앞으로 나갔다는 것을 알 수 있다.

어휘 conduct the survey 설문 조사를 시행하다 needs 요구

4
혹시 내일 비가 심하게 내리면 출장이 취소될 텐데.
(A) Will
(B) Could
(C) Would
(D) Should

해설 가정법 미래 문장에는 if절에 조동사 should가 나오는데, if가 생략되면 should가 문장의 맨 앞으로 나간다.

어휘 rain heavily 비가 퍼붓다

5
당신이 병가 중이라는 사실을 알았더라면, 당신에게 전화하지 않았을 텐데.
(A) will not call
(B) will not have called
(C) would not call
(D) would not have called

해설 if절의 had known으로 보아 과거사실의 반대의 가정하는 가정법 과거완료 문장이다. 가정법 과거완료의 주절은 「주어 + 조동사의 과거형 + have p.p.」이므로 (D)가 정답이다.

6
그 사업 계획이 조금 더 타당하다면 좋을 텐데.
(A) is
(B) were
(C) are
(D) will be

해설 I wish가정법 과거의 형태는 「I wish 주어 + would[could] + 동사원형」, 또는 「I wish 주어 + were」이다. 따라서 (B) were가 정답이다.

7
내가 연초에 승진을 했다면 좋았을 텐데.
(A) get
(B) getting
(C) have gotten
(D) had gotten

해설 I wish 가정법 과거는 「I wish 주어 + would[could] + 동사원형」 또는 「I wish 주어 + 동사의 과거형(be동사일 때는 were)」으로 쓰고, I wish 가정법 과거완료는 「I wish 주어 + had p.p.」로 쓴다. 이것을 만족시키는 선택지는 (D)의 had gotten뿐이다.

어휘 at the beginning of the year 연초에

8
만약 그 회사가 의료 분야로까지 사업을 확장시켰다면 지금쯤 그 회사는 많은 돈을 벌고 있을 텐데.
(A) expands
(B) expanded
(C) will expand
(D) had expanded

해설 if절이 과거 사실과 반대되는 내용을 말하고 있고, 주절은 현재 사실에 반대되는 내용을 가정하고 있으므로 혼합 가정법 문장이다. 주절에 현재 시점을 나타내는 부사 now가 사용된 것을 보고 혼합 가정법 문장이라는 것을 유추할 수 있다. 혼합 가정법은 if절을 가정법 과거완료로 쓰고 주절을 가정법 과거로 쓴다.

어휘 medical sector 의료 분야 earn money 돈을 벌다 expand 넓히다, 확장하다

9
만약 내가 당신의 입장이라면 나는 유럽 지사로 전근 갈 텐데.
(A) Were
(B) Did
(C) Had
(D) If

해설 주절이 「would + 동사원형」 형태이며, '내가 당신 입장이라면 나는 유럽 지사로 전근을 갈 텐데'라는 현재 사실과 반대되는 소망을 말하는 내용이 이어지는 것이 가장 자연스러우므로 가정법 과거 문장이다. 가정법 과거의 if절은 「If + 주어 + 동사의 과거형 또는 were」로 쓰는데, 이 문장에서 동사는 be동사인 were이다. 따라서 원래의 if절은 'If I were in your position'이며, if를 생략하여 were을 문장의 맨 앞으로 보낸 문장이라고 볼 수 있다.

어휘 transfer 전근 가다 European division 유럽 지사

10
만약 우리 팀에서 좋은 성과를 올렸다면, 부장님께서 만족하셨을 텐데.
(A) Have
(B) Were
(C) If
(D) Had

해설 주절이 「would have p.p.」인 것으로 보아 가정법 과거완료 구문임을 알 수 있다. If our team had obtained some good results인 if절에서 if를 생략하고 had를 문장의 맨 앞으로 가져온 가정법 도치 문장이다.

어휘 obtain some good results 좋은 성과를 올리다 satisfy 만족시키다

11
더 필요한 것이 있다면, 즉시 저에게 연락하세요.
(A) contact
(B) contacting
(C) may contact
(D) would contact

해설 Should로 문장이 시작된 것으로 보아 if가 생략된 가정법 미래 문장이다. 가정법 미래의 주절은 명령문이 될 수 있으므로 (A)의 contact가 정답이다.

12
만약 월러스 씨가 사장으로 선출됐었다면 그 회사는 지금쯤 업계의 선두 기업일 텐데.
(A) will
(B) will have

(C) would
(D) would have

해설 If절의 시제와 주절의 시제가 다르다. 월러스 씨가 사장으로 선출되지 않았던 것이 과거이고, 업계의 선두기업이 되는 것은 지금의 일이므로 시제 차이가 있다. 또한, If절은 가정법 과거완료로 쓰여 있는데 주절에는 현재를 나타내는 부사 now가 있으므로 혼합 가정법 문장이라는 것을 알 수 있다. 따라서 if절은 가정법 과거완료, 주절은 가정법 과거인 「would[could / might / should] + 동사원형」 형태로 써야 한다.

어휘 elect 선출하다 market leader 업계 선두기업

13
태양에 무방비 상태로 노출되는 것은 피부암을 일으킬 수 있다.
(A) as
(B) on
(C) to
(D) by

해설 exposure는 to와 어울려 '~에의 노출'을 뜻한다.

어휘 cause 야기시키다

14
갑자기, 대사는 외교 정책에 대한 그의 입장을 바꿨다.
(A) access
(B) respect
(C) stance
(D) commitment

해설 문맥상 '외교 정책에 대한 그의 입장, 자세'가 자연스럽기 때문에 '입장, 자세'를 뜻하는 stance가 정답이다.

어휘 all of a sudden 갑자기 policy 정책 access 접근 respect 존경 commitment 약속, 헌신

Part 6

[15-18]

수신: customerserice@homedepo.com
발신: Susan77@topmail.com
날짜: 1월 2일
제목: 주문 번호 12543

담당자 님께,

저는 최근에 당신의 웹사이트인 홈 앤 키친에서 16피스 식기 세트를 주문했습니다. 주문번호는 12543입니다. 그것은 어제 도착했는데 실망스럽게도, 저는 12인치 정찬용 접시 하나가 없는 것을 발견했습니다. 문제는 이것만이 아닙니다. 저는 5인치 그릇이 깨진 것을 발견했습니다. 당신의 제품들이 이렇게 형편없다는 것을 알았더라면, 저는 당신의 웹사이트에서 주문을 하지 않았을 것입니다. **저는 당신이 이 문제를 신속하게 처리할 수 있기를 바랍니다.**

수잔 루이스

어휘 dinnerware 식기 disappointingly 실망스럽게도 discover 발견하다 plate 접시 chipped 깨진

15
(A) place
(B) placed
(C) had placed
(D) placing

해설 recently는 과거나 현재완료 시제와 잘 어울리는 부사이다. 이메일을 쓰기 전에 주문을 했으므로 place의 과거형 placed가 정답이다.

16
(A) arrive
(B) arrives
(C) arrived
(D) has arrived

해설 yesterday(어제)는 과거 시제와 어울리기 때문에 (C) arrived가 정답이다.

17
(A) know
(B) knew
(C) have known
(D) had known

해설 가정법 문장에서 적절한 동사의 형태를 묻는 문제이다. 과거의 일에 대한 가정이므로 가정법 과거완료 「If + 주어 + had p.p., 주어 + would have p.p.」 구문을 적용시켜야 한다. 따라서 정답은 had known이다.

18
(A) 당신과 다시 거래하게 되기를 희망합니다.
(B) 곧 다시 만나게 되기를 고대하고 있습니다.
(C) 저는 당신이 이 문제를 신속하게 처리할 수 있기를 바랍니다.
(D) 당신의 이메일에 감사합니다.

해설 제품에 대한 불만을 설명하고, 그에 대한 적절한 대응책을 촉구하는 이메일이다. 따라서 마지막 내용으로 가장 적절한 것은 대응책을 촉구하는 문장인 '이 문제를 신속하게 처리할 수 있기를 바랍니다.'이다.

Grammar **Step UP!**

p.174

Let's Check!

1 Without
2 could not have achieved
3 will buy
4 have

Unit 13 일치

I 시제의 일치와 예외 p.177

A

1 founded	4 works
2 was	5 had been fired
3 participated	

해설

1 found는 '설립하다, 세우다'라는 의미의 동사이다. 과거의 사실을 이야기하고 있으므로 과거 시제 founded로 써야한다.

2 작년의 생활비에 대해 이야기하고 있으므로 과거 시제가 사용되어야 한다.

3 '참가했다'는 과거의 의미를 나타내기 위해서는 participated를 써야 한다.

4 주절에서 과거형인 told가 사용되기는 했지만, 종속절이 현재의 습관을 나타내고 있으므로 종속절의 동사는 현재형이 되어야 한다.

5 동료들이 해고된 것은 내가 그 사실을 안 것보다 이전에 일어난 일이므로 과거완료 had been fired를 써야 한다.

어휘 1 president 장, 회장; 대통령 found 설립하다, 세우다 2 cost of living 생활비 5 colleague 동료 fire 해고하다

B

1 Ⓑ	2 Ⓒ

해설

1 자기 직원들을 돕는 경영자들이 유능한 경영자라는 '일반적인 사실/진리'에 대해 언급하고 있으므로 현재 시제로 써야 하며, managers가 복수이므로 help가 알맞다.

2 CEO가 발표한(announced) 주절의 시점보다 매출이 떨어진 것이 먼저 발생한 일이므로 종속절은 과거완료 시제로 써야 한다.

어휘 1 competent 유능한 manager 경영자 2 CEO 최고경영자 (chief executive officer) fall 떨어지다

II 주어와 동사의 수 일치 I (단수/복수 명사) p.178

A

1 are → is	4 X
2 X	5 are → is
3 are → is	

해설

1 design에 –s가 붙었기 때문에 주어를 복수로 오해하기 쉽지만 문장의 정확한 주어는 developing new product designs이다. developing은 동명사인데, 동명사가 이끄는 주어는 단수로 취급한다. 따라서 3인칭 단수 주어에 어울리는 is가 들어가야 한다.

2 CEO(최고 경영자)가 단수이므로 단수 동사로 써야 한다.

3 that으로 시작하는 명사절인 '그녀가 승진할 것이라는 사실(that she will get a promotion)'이 주어이므로 단수로 취급해야 한다.

4 주어가 '나의 동료들(my coworkers)'이므로 복수로 취급하여 복수 동사를 써야 한다.

5 statistics(통계학)은 끝에 s가 붙어서 이를 복수로 생각하기 쉽지만, 이와 같은 학문명은 단수로 취급한다. 따라서 단수에 어울리는 be동사 형태인 is로 써야 한다.

어휘 2 plan to ~을 계획하다 3 shocking 놀라운 5 accountant 회계사 statistics 통계학

B

1 Ⓓ	2 Ⓒ

1 한 달에 세 번 출장 가는 것은 너무 잦다.

2 전시된 그 가구는 판매용이 아니다.

해설

1 문장의 주어가 '한 달에 세 번 출장을 가는 것(going on a business trip three times a month)'인데, 동명사가 이끄는 주어는 단수로 취급해야 한다.

2 furniture는 셀 수 있는 '가구'가 아니라 '가구류' 전체를 의미하는 셀 수 없는 명사이다. 따라서 단수로 취급해야 한다.

어휘 1 frequent 잦은, 빈번한 2 displayed furniture 전시된 가구 for sale 판매용의, 판매 중인

III 주어와 동사의 수 일치 II (수량 표현 · 전체/부분 표현) p.179

A

1 look	4 has
2 are	5 has
3 were	6 are

해설

1 문장의 주어가 'a few proposals (몇몇 제안들)'이므로 복수로 취급해야 한다. a few는 '몇몇의'이라는 의미로 주로 복수 명사를 수식한다.

2 some of는 뒤에 오는 단어에 따라 단수와 복수가 결정된다. 이 문장에서는 some of 뒤에 복수 명사가 나왔으므로 복수 동사를 써야 한다.

3 주어가 '몇몇 영업부장들 (several sales managers)'이므로 복수 주어에 어울리는 동사가 뒤따라야 한다.

4 each와 every는 항상 단수로 취급한다.

5 부정대명사 something, somebody, someone 등은 단수로 취급한다.

6 many 혹은 many of는 그 의미상 복수 명사와 어울린다. 따라서 동사도 복수 동사로 써야 한다.

어휘 1 a few 몇몇의 3 several 몇몇의 4 different 다른 characteristic 특성, 성격 5 copy 복사하다; 사본 6 important 중요한 cabinet 장식장, 캐비닛

B

1 Ⓐ	2 Ⓑ

1 많은 사람들이 지난 2년간 해고되었다.
2 대부분의 정보는 신뢰할 수 없었다.

해설

1 'a number of'는 '많은, 다수의'라는 의미를 갖고 있으며, 복수로 취급한다. 따라서 has가 아닌 have가 뒤따라야 한다.
2 most of는 뒤에 오는 단어에 따라 단수로도, 또는 복수로도 사용될 수 있다. 여기에서는 information이라는 셀 수 없는 명사가 뒤따르고 있으므로 동사는 단수 동사인 was를 선택해야 한다.

어휘 1 a number of 많은 lay off 정리해고 하다 2 most of 대부분의 reliable 믿을 만한

Ⅳ 주어와 동사의 수 일치 Ⅲ (접속사 연결 표현) p.180

A

1 has → have
2 commutes → commute
3 is → are
4 is → are
5 have → has
6 are → is

해설

1 주어가 Jacky와 Sam 두 명이므로, 복수로 취급해야 한다.
2 'neither A or B' 구문에서는 B에 수를 일치시킨다. 여기서는 B의 자리에 I가 있으므로 동사 원형이 와야 한다.
3 or로 연결된 주어는 동사에 가까운 주어에 수를 일치시키므로, 여기에서는 you에 맞춰 is를 are로 고쳐야 한다.
4 주어가 '학력과 경력 (his education and his work experience)'이므로 복수로 취급해야 한다.
5 'either A or B' 구문에서는 B에 수를 일치시킨다. B가 your boss이므로 동사도 have가 아닌 has를 써야 한다.
6 'not only A but also B' 구문에서는 B에 수를 일치시킨다. French가 단수이므로 are를 is로 고쳐야 한다.

어휘 1 agree 동의하다 extend 연장하다, 확장시키다 2 commute 통근하다, 통학하다 by subway 지하철로 3 be expected to ~할 것으로 예상되다 do the presentation 발표하다, 프레젠테이션을 하다 4 education 교육 work experience 경력, 실무 경험 suitable for ~에 적합한 5 take responsibility 책임을 지다

B

1 Ⓐ	2 Ⓒ

1 도서관들뿐만 아니라 강당 역시 보수 중이다.
2 관리자들과 영업사원들은 매달 출장을 간다.

해설

1 'B as well as A' 구문은 B에 수를 일치시킨다. 여기서는 B의 자리에 'auditorium (강당)'이라는 단수 형태가 있으므로 이에 어울리는 be동사 is가 와야 한다. 현재진행형의 수동태 문장이다.
2 주어가 '관리자들과 영업사원들'이므로 복수로 취급해야 한다.

어휘 1 auditorium 강당, 대강의실 library 도서관

토익 실전 연습 p.182

1 (B)	2 (D)	3 (A)	4 (C)	5 (A)
6 (A)	7 (D)	8 (B)	9 (D)	10 (A)
11 (D)	12 (A)	13 (B)	14 (B)	15 (B)
16 (B)	17 (B)	18 (C)		

Part 5

1
그 기사는 세계 인구가 증가하고 있다고 말한다.
(A) saying
(B) says
(C) say
(D) is said

해설 주어가 article로 단수이기 때문에 says를 선택해야 한다. that절 내의 시제가 현재진행형이기 때문에 주절 또한 현재형이 되어야 의미가 자연스러워진다.

어휘 article 기사 increase 증가하다 population 인구

2
두 후보자 모두 그 직책에 대해 자격이 충분하다.
(A) to be
(B) was
(C) is
(D) are

해설 「Both of + 복수명사」가 주어로 쓰일 때에는 복수 동사를 써야 하기 때문에 are가 알맞다.

어휘 qualified 자격이 있는

3
시장과 부시장은 출장 중이다.
(A) are
(B) being
(C) is
(D) was

해설 주어가 시장과 부시장 두 명이므로 복수 동사 are가 알맞다.

어휘 be away on business 출장 중이다

4
모든 나라는 국제 교역 문제에 관심이 있다.
(A) have
(B) are

(C) is
(D) has

해설 every 및 each는 항상 단수로 취급한다. 또한 '~에 관심이 있다'라는 표현이 be interested in이라는 것도 알아 두자.

어휘 country 국가 global trade issue 국제 교역 문제

5
한국을 방문하는 관광객들의 수는 증가하고 있다.
(A) is
(B) are
(C) to be
(D) being

해설 the number of는 '~의 인원, 수'를 뜻하고 단수 취급한다. 따라서 단수 동사 is가 알맞다.

어휘 increase 증가하다

6
몇몇 짐들이 제시간에 도착하지 않았다.
(A) has
(B) have
(C) was
(D) were

해설 「some of the 단수명사」 뒤에는 단수 동사를 쓴다. 빈칸 뒤에 arrived가 있는데, arrive는 자동사이므로 수동태로 사용할 수 없다. 현재완료 시제를 완성시키는 (A)의 has가 정답이다.

어휘 luggage 짐 on time 제시간에

7
좋은 소식은 나의 급여가 인상될 것이라는 사실이다.
(A) have
(B) were
(C) are
(D) is

해설 news는 '소식', '뉴스'의 의미를 지니며 단수로 취급한다.

어휘 pay raise 임금 인상

8
대부분의 면접자들은 시간을 엄수한다.
(A) is
(B) are
(C) to be
(D) being

해설 most of는 뒤에 오는 명사에 따라 단수로도 또한 복수도로 취급할 수 있다. 여기에서는 most of 다음에 interviewees라는 복수 형태의 명사가 뒤따르고 있으므로 동사도 이에 맞는 형태가 들어가야 한다.

어휘 interviewee 면접 받는 사람 punctual 시간을 엄수하는

9
영업 회의는 2개월마다 강당에서 열린다.
(A) is taking
(B) is taken
(C) take
(D) takes

해설 주어가 단수인 '영업 회의 (sales meeting)'이므로 이에 어울리는 동사가 뒤따라야 한다. 'every two months (2개월마다)'와 같은 '반복'의 의미가 있는 시간의 부사구가 함께 쓰일 때 진행형보다는 현재형으로 쓰는 것이 더 자연스럽다는 사실을 알아 두자.

어휘 every two months 2개월마다, 격월로

10
회사의 설립자이자 최고경영자였던 팀 스캇은 2020년에 사망했다.
(A) died
(B) die
(C) is dying
(D) is died

해설 주어는 Tim Scott이며 the founder and the CEO of the company는 Tim Scott을 부연 설명해 주는 표현이다. Tim Scott이 '2020년에 사망했다'라는 과거의 사건을 나타내므로 동사는 과거형으로 써야 한다.

어휘 founder 설립자, 창립자 company 회사, 기업 die 사망하다

11
다행스럽게도, 운전사와 승객들 그 누구도 다치지 않았다.
(A) had
(B) has
(C) was
(D) were

해설 'neither A nor B' 구문은 B에 수를 일치시킨다. B 자리에 있는 것이 passengers라는 복수 명사이고, '다치지 않았다[부상을 입지 않았다]'라는 수동태 문장으로 해석되어야 자연스러우므로 were가 정답이다.

어휘 fortunately 다행히 driver 운전수, 기사 passenger 승객 injure 다치게 하다, 상처를 입히다

12
최고재무책임자는 부패에 깊이 연루되었다.
(A) involved
(B) improved
(C) equipped
(D) concerned

해설 문맥상 '부패와 관련되어 있다'가 자연스럽다. '~와 관련된'의 뜻을 갖고, 빈 칸 뒤에 나오는 전치사 in과 어울리는 것은 involved이다.

어휘 deeply 깊게 equipped 장비를 갖춘 concerned 걱정하는

13
이 휴대폰은 품질에 있어서 경쟁 제품들보다 뛰어나다.
(A) for
(B) to
(C) on
(D) than

해설 라틴어에서 파생된 단어 superior, inferior 등은 to를 사용하여 '~보다'라는 비교의 의미를 나타낸다.

어휘 mobile phone 휴대폰 superior to ~보다 우수한 competitor 경쟁 제품, 경쟁자 quality 질, 품질

14
첨부된 여행일정표는 공지 없이 변경될 수 있습니다.
(A) engaged
(B) subject
(C) payable
(D) conscious

해설 문맥상 '변경될 수 있다'라는 의미가 되어야 자연스럽다. 'be subject to + 명사'는 '~에 영향을 받는다'는 뜻으로 스케쥴 변경을 공지할 때 자주 등장하는 표현이다.

어휘 notice 공지 engaged ~하느라 바쁜 payable 지불할 수 있는 conscious 의식하다

Part 6

[15-18]

> 로젠버그 씨께,
>
> 본사의 많은 직원들이 최근에 해고되었습니다. 저는 그것이 회사의 나머지 직원들에게 좋지 않은 영향을 끼칠 것이라고 확신하고 있습니다. 몇몇 직원들이 벌써 사직서를 제출했다는 것을 알게 되었습니다. 따라서, 저는 회사의 좋지 않은 재정 상황에 대해 설명하기 위해서 긴급 회의를 개최할 것을 제안하는 바입니다. 이는 직원들이 회사의 결정을 이해하고 지지하는 데 도움이 될 것입니다. **우리가 겪고 있는 좋지 않은 상황을 극복할 수 있기를 바랍니다.**
>
> 윌리엄 무어
> 기업 자문

어휘 headquarters 본사 lay off 해고하다 effect 영향을 미치다 observe (~을 보고) 알다, 목격하다 resignation letter 사직서 urgent 긴급한

15
(A) has been laid
(B) have been laid
(C) are laying
(D) is laid

해설 'a number of'는 '많은'이라는 뜻으로 복수동사와 어울린다. 그리고 'lay off (해고하다)'는 수동의 의미로 쓰여야 한다. 따라서 현재완료 수동태 형태인 have been laid off가 정답이다.

16
(A) has already submitted
(B) have already submitted
(C) already submit
(D) already submitting

해설 주어인 'some of the employees'는 복수동사를 취하고 의미상 능동이므로 'have already submitted'가 정답이다. 보기 (C)는 복수동사이고, 능동태이기는 하지만 현재 시제이다. 그런데 '사직서를 제출했다'는 과거나 현재완료시제로 표현해야 하므로 (C)는 정답이 될 수 없다.

17
(A) efficient
(B) urgent
(C) amusing
(D) enclosed

해설 긴급 회의를 소집을 제안한다는 내용이 되어야 자연스러우므로 '긴급한'을 뜻하는 urgent가 정답이다.

18
(A) 여러분들이 직원들에게 추가적인 혜택을 제공하기를 권합니다.
(B) 가능한 한 빨리 사직서를 수리해야 합니다.
(C) 우리가 겪고 있는 좋지 않은 상황을 극복할 수 있기를 바랍니다.
(D) 이러한 회사의 일시적인 변화를 설명하고자 합니다.

해설 현재의 불안정한 회사의 상황을 설명하고 이를 극복하기 위한 바람의 내용을 마지막에 넣는 것이 자연스럽다. 따라서 '우리가 겪고 있는 좋지 않은 상황을 극복할 수 있기를 바랍니다'가 정답이다.

Grammar **Step UP!**

p.185

Let's Check!

1 is	2 agree
3 are	4 is

PART 7

독해

Unit 14 | 문제 유형별 연습

I 주제/목적 찾기 문제 p.190

A

> **새로운 침실 가구를 구입하셔야 하나요?**
>
> 여러분이 새로운 침실 가구를 찾고 계신다면 퍼니쳐 월드가 훌륭한 선택이 될 것입니다. 이 가구점의 훌륭한 점 중 하나는 이곳에서 판매하는 다양한 가구입니다. 가죽으로 된 침실 가구뿐 아니라 색이 칠해진 가구도 제공합니다. 방문하셔서 여러분이 늘 꿈꾸시던 가구를 찾아보세요.

어휘 bedroom furniture 침실 가구 option 옵션, 선택 range 범위 a wide range of 다양한 (범위의) colored 색이 있는 leather 가죽

Q Ⓑ

해설 'What is the purpose of ~?' 는 '목적'을 묻는 문제이다. '침실 가구를 사고 싶은가? (Do you need to buy new bedroom furniture?)'에 대한 답으로, '퍼니처 월드가 좋은 선택이 될 것이다 (Furniture World would be a good option)'와 '원하는 가구를 와서 찾으라 (Come and find the bedroom furniture)'고 했으므로 글의 목적은 가구점을 홍보하는 것임을 알 수 있다. 특정 제품을 홍보하고 있거나, 특정 제품이 신상품이라는 것을 알려주고 있지는 않다.

B

> 올해 우리의 영업 실적이 좋지 않았음을 알리게 되어 유감입니다. 이 문제를 해결하기 위해서 우리는 직원 일부를 정리 해고하기로 결정했습니다. 또한 우리는 회사의 체제도 바꿀 것입니다. 가능한 시기에 자세한 사항에 대해 알려 드리겠습니다.

어휘 regret to V ~하게 되어 유감스럽게 생각하다 possible 가능한 step 조치, 수단, 방법

Q Ⓑ

해설 'What is ~ mainly about?'은 '주제'를 묻는 문제이다. 올해 매출이 나빴다는 내용 뒤에 '이 문제 해결을 위해 (to solve this problem)' 정리 해고 및 회사의 시스템을 변경한다는 이야기가 이어진다. 따라서 회람의 주제는 회사의 어려운 경제 상황을 타파하기 위한 자구책에 대한 내용이다. 'to solve this problem'을 'to deal with the problem (문제를 처리하기 위하여)'이라고 바꿔 쓸 수 있다.

토익 실전 연습 p.191

1 (D) 2 (B)

[1-2]

> **마케팅 이사**
>
> 두리스 사는 전 세계 최고의 컴퓨터 제조업체 중 하나입니다. 이곳에서 역량 있는 마케팅 이사를 찾습니다.
>
> **직무**
> - 마케팅 예산의 관리
> - 효과적인 마케팅 전략 개발
>
> **자격 요건**
> - 최소 5년의 경력자
> - 뛰어난 서면 및 구두 의사소통 능력
> - 2개 국어(영어 / 스페인어) 구사 필수
>
> 지원하실 분들은 3월 1일까지 이력서와 자기소개서를 보내주세요.

어휘 marketing director 마케팅 이사 manufacturing company 제조업체 excellent 훌륭한, 탁월한 responsibility 직무; 책임 manage 관리하다 budget 예산 marketing strategy 마케팅 전략 minimum 최소한 oral 구두의, 구술의 bilingual 두 나라 언어를 구사하는 résumé 이력서 cover letter 자기소개서 reduce 줄이다 encourage 조장하다, 장려하다 requirement 자격 요건, 필요 조건 ability 능력

1

광고의 목적은 무엇인가?

(A) 마케팅 예산 줄이기 위하여

(B) 더 열심히 일하도록 직원들을 독려하기 위하여

(C) 마케팅 전략에 관해 보고하기 위하여

(D) 직원을 고용하기 위하여

해설 광고 두 번째 줄의 'We are now looking for an excellent marketing director.'라는 문장에서 이 광고는 '새로운 직원을 고용하기 위한 (to hire an employee)' 구인 광고임을 알 수 있다.

2

이 직책의 자격 요건이 아닌 것은?

(A) 최소 5년의 경력

(B) 회계 경력

(C) 뛰어난 의사소통 능력

(D) 영어와 스페인어를 구사할 수 있는 능력

해설 광고를 보면 '최소 5년의 경력 (at least 5 years of experience)', '뛰어난 서면·구두 의사소통 능력 (excellent written and oral communication skills)', '2개 국어 구사 (bilingual required)'가 자격 요건으로 언급되어 있다. '회계 경력 (accounting experience)'에 대한 언급은 없다.

Ⅱ 육하원칙 문제 p.192

A

새로운 직원 구내식당이 마침내 모든 직원들에게 개방되었음을 알려드리게 되어 기쁩니다. 직원 구내식당은 월 ~ 금 오전 6시부터 오후 9시까지 영업합니다. 이 새로운 구내식당은 지하에서 3층으로 이전하였습니다. 이제 여러분은 중식, 이탈리안식, 한식과 같은 더 다양한 음식을 즐길 수 있습니다.

어휘 staff cafeteria 직원 구내식당 relocate 이전[이동]시키다 basement 지하 a greater variety of 더 다양한 floor 층

Q Ⓑ

해설 문제에 장소를 묻는 where가 사용되었다. 밑줄 친 부분을 보면 '새로운 구내식당이 지하에서 3층으로 이전했다고 (has been relocated to the third floor from the basement)' 했으므로 구내식당은 현재 3층에 위치하고 있다는 사실을 알 수 있다.

B

동료 여러분께,

여러분도 아시다시피 우리 회사의 제품 담당 책임자인 제임스 리 씨가 다음 달에 퇴직할 예정입니다. 그는 지난 20년간 우리와 함께 일해왔습니다. 그는 우리 회사의 발전을 위해 헌신해왔습니다. 그래서 우리는 그를 위해 퇴임식을 열 예정입니다.

어휘 colleague 동료 product manager 제품 담당 책임자 devote 헌신하다 therefore 그러므로 retirement party 퇴임식

Q Ⓑ

해설 제품 담당 책임자인 제임스 리가 다음 달에 은퇴할 것이고, 그에 관해 간략히 소개한 후 그를 위한 은퇴 기념 파티를 한다고 하는 것으로 보아 제임스 리를 위한 파티임을 알 수 있다. product manager와 혼동하여 Ⓐ의 sales manager를 답으로 고르지 않도록 주의해야 한다.

토익 실전 연습 p.193

1 (A) 2 (C)

[1-2]

수신: 관리자 〈Culinary_ask@googler.com〉
발신: 주디 밀러 〈Jmiller@navy.com〉
제목: 요리 프로그램 문의

관계자 분께,

귀 학원의 요리 프로그램에 대해 문의하기 위해서 이메일을 작성하고 있습니다. 저는 아시아 요리에 대한 실용적인 지식을 쌓고 실력을 높이는 데 도움이 될 수 있는 수업을 찾고 있습니다. 따라서, 저는 귀 학원에서 가을에 제공하는 선택할 수 있는 과목에 대해 알고 싶습니다. 수업 기간, 등록 절차, 수업료 및 다른 비용 등과 함께 교육 과정에 대한 자세한 사항들을 공유해 주실 것을 정중하게 부탁드립니다.

저는 가능한 한 빨리 시작하고 싶기 때문에 귀하의 답신을 고대하고 있겠습니다.

감사합니다.

주디 밀러 드림

어휘 inquire 문의하다 cooking class 요리 수업 practical 실용적인 therefore 그래서 share 공유하다 duration 기간 enrollment 등록 procedure 절차 tuition 수강료 fee 수수료 in advance 미리

1
이메일의 목적은 무엇인가?
(A) 수업에 대한 정보를 얻기 위해서
(B) 수업 등록을 취소하기 위해서
(C) 이용 가능 여부에 대해 문의하기 위해서
(D) 학원의 인턴직에 지원하기 위해서

해설 'What is the purpose of ~?'는 '목적'을 묻는 문제이다. 보통 이메일의 '목적'은 이메일의 시작 부분에 제시되는 경우가 대부분인데, 이때 'I am writing to ~ (~하기 위해 이 이메일을 쓰고 있다)'와 같은 표현을 자주 쓴다. 이 글의 초반부에서 '귀하의 학원의 요리 수업에 대해 문의하기 위해 이 글을 쓴다 (I am writing this e-mail to inquire about cooking classes at your institute.)'라고 하였으므로 글의 목적은 '(A) 수업에 대한 정보를 얻기 위해서'임을 알 수 있다.

어휘 registration 등록 inquire 문의하다 availability 이용 가능성 apply for ~에 지원하다 institute 학원, 기관, 협회

2
주디 밀러가 관심 있어 하는 정보가 아닌 것은?
(A) 수업이 얼마나 오래 지속되는지
(B) 프로그램에 어떻게 등록해야 하는지
(C) 입학 자격을 어떻게 충족해야 하는지
(D) 수업에 지불해야 하는 비용이 얼마인지

해설 글의 후반부에서 '수업 기간, 등록 절차, 수업료 등과 함께 교육 과정에 대한 자세한 사항들을 공유해 줄 것을 부탁한다 (provide me with the details of the courses along with their duration, the enrollment procedure, and the price of tuition and any other fees)'라고 했다. (C)의 'How to meet admission requirements (입학 자격을 어떻게 충족해야 하는지)'에 대한 언급은 없다.

어휘 last 지속되다 sign up for ~을 신청하다 admission 입학, 입장 requirement 요구사항

Ⅲ True / NOT true 문제 p.194

A

마스터 랭귀지 스쿨에서는 훌륭한 경력과 가르치는 일에 대한 열정을 가진 영어 강사를 모집하고 있습니다. 지원자는 관련 분야에서 최소 3년의 경력이 있어야 합니다. 또한 지원자는 한국어와 영어에 능통해야 합니다.

어휘 instructor 강사, 교사 passion 열정 related field 관련 분야 fluent 능통한, 유창한 native speaker 원어민

Q Ⓐ

해설 지문에 영어 강사 지원자는 '최소 3년의 경력 (three years of experience)'이 있어야 하며 '한국어와 영어에 능통해야 한다 (be fluent both in Korean and English)'고 나와 있다. 따라서 정답은 Ⓐ이다.

B

폴 존슨 씨께,

고객님의 휴가로 럭키 세븐 크루즈를 선택해 주셔서 기쁩니다. 계약금 500불이 접수되었고, 고객님의 예약은 확정되었습니다. 고객님은 다음 주 금요일에 휴가를 떠나시게 됩니다. 여행과 관련해 궁금한 점이 있으시면 800-555-4444로 연락 주십시오.

어휘 deposit 계약금; 적립금 receive 접수하다, 수리하다 reservation 예약 confirm 확정하다, 확인하다 contact 연락하다 cruise 크루즈[유람선] 여행

Q Ⓐ

해설 '당신의 예약이 확인되었습니다 (your reservation has been confirmed)'라는 내용으로 보아 예약이 취소됐다는 Ⓐ가 지문의 내용과 다르다. cancel이 '취소하다'라는 의미의 단어라는 것을 알면 쉽게 풀 수 있다.

토익 실전 연습 p.195

1 (A) 2 (D)

[1-2]

수신: 전 직원
발신: 에드워드 하우
제목: 관리직 지원 가능, 파워 피트니스 - 마이애미 센터

관심 있는 분들을 위해, 우리는 마이애미에 있는 우리의 스포츠 센터의 관리자를 고용하려고 합니다. 현재의 관리자는 다음 달에 퇴직할 것입니다. 관리직에서의 과거 경력은 우대될 것입니다. 관심 있는 직원들은 이달 말일인 10월 31일 월요일까지 인사부 관리자인 에드워드 하우에게 지원서를 제출하셔야 합니다.

어휘 interested 관심이 있는 current 현재의 retire 은퇴하다 managerial 경영의 submit 제출하다 application 지원서

1
회람의 목적은 무엇인가?

(A) 관리자를 찾기 위해서
(B) 마이애미의 새로운 센터를 홍보하기 위해서
(C) 비서를 고용하기 위해서
(D) 관리자의 퇴사를 알리기 위해서

해설 보통 목적을 묻는 질문의 답은 글의 앞 부분에 등장한다. 'we are looking to hire a manager'라고 했으므로 (A)의 'To look for a manager (관리자를 찾기 위해서)'가 정답이다.

2
다음 중 회람에 대해 사실이 아닌 것은?
(A) 파워 피트니스는 스포츠 센터이다.
(B) 관리자 직책은 마이애미에 있다.
(C) 관리직 경력은 직책에 도움이 된다.
(D) 지원 마감일은 아직 정해지지 않았다.

해설 회람의 마지막 부분에 'Any staff members who are interested should submit their applications to Edward Howe (HR manager) by the end of this month, Monday, October 31.'라고 했으므로 지원 마감일은 10월 31일임을 알 수 있다. 따라서 (D)의 'The deadline for applications has not been fixed yet. (지원 마감일은 아직 정해지지 않았다.)'는 사실이 아니다.

Ⅳ 추론 문제 p.196

A

3개월 간의 보수 공사를 마치고 체육관이 이제 모든 직원들에게 개방되었습니다. 더 다양해진 시설물을 즐기실 수 있습니다. 게다가 좋은 소식은 체육관이 이제 토요일과 일요일에도 개방된다는 것입니다.

어휘 in addition 게다가, 더구나 frequently 자주

Q Ⓐ

해설 마지막 문장에서 이제 체육관이 토요일과 일요일에도 연다고 한 것으로 보아 이전에는 주말에 열지 않았음을 알 수 있다.

B

여러분이 생각하는 것과는 달리, 온라인 쇼핑은 이따금씩 매우 위험할 수도 있습니다. 여러분이 무엇인가를 구매하기 위해서 개인 정보를 입력할 때 누군가가 당신의 정보를 훔칠 수도 있습니다. 그리고 나서 이런 도둑들은 인터넷에서 물건을 사기 위해 당신의 개인정보를 이용하기도 합니다.

어휘 contrary to ~와 달리 dangerous 위험한 personal information 개인 정보 steal 훔치다 thief 도둑 (복수형: thieves) imply 암시하다, 함축하다 keep 지키다, 보존하다 private 비밀의; 사적인

Q Ⓐ

해설 이 글에서 당신의 개인 정보를 누군가가 훔쳐서 물건을 살 수도 있다고 했으므로 개인 정보가 지켜지지 않을 수도 있다는 사실을 추론할 수 있다.

토익 실전 연습 p.197

1 (B) 2 (C)

[1-2]

멜라니 바스케스	오전 10시 03분
저는 방금 지난 분기의 판매 보고서를 검토해 봤어요. 제 생각에 우리는 그에 대해 무엇인가를 해야 할 필요가 있어요.	
그렉 젠킨스	오전 10시 05분
무슨 의미인가요?	
멜라니 바스케스	오전 10시 06분
음, 판매가 감소하고 있어요. 손실 이윤을 만회하기 위해서 마케팅에 더 많은 자금을 쓰는 것을 고려해야 한다고 생각해요. 여러분의 생각은 어떤가요?	
그렉 젠킨스	오전 10시 09분
음, 저는 그것이 좋은 아이디어라고 생각해요. 마케팅을 더 많이 하는 것은 더 많은 판매를 의미하죠.	
마크 스펜서	오전 10시 12분
저는 당신의 의견에 동의할 수 없어요. 마케팅은 비용이 많이 들고 우리는 이러한 조치가 성공할 것이라고 확신할 수 없어요.	
멜라니 바스케스	오전 10시 13분
무슨 말인지 알겠어요, 마크. 하지만 마케팅에 더 많은 돈을 쓰는 것 이외에 우리에게 다른 대안이 있을까요?	
마크 스펜서	오전 10시 15분
영업 사원들을 더 고용하는 것은 어떨까요?	
멜라니 바스케스	오전 10시 17분
하지만 그것 또한 어쨌거나 더 많은 돈을 써야 한다는 것을 의미해요.	
그렉 젠킨스	오전 10시 20분
제 의견으로는, 이 문제를 메신저를 통해 이야기하는 것은 적절하지 않은 것 같아요. 다음 회의 때 이것을 더 자세히 논의하는 것이 어떨까요?	
멜라니 바스케스	오전 10시 21분
좋아요.	
그렉 젠킨스	오전 10시 22분
좋아요.	

어휘 look through 자세히 살펴보다 last quarter 지난 분기 sales report 영업 보고서 decline 감소 guarantee 보장하다 sales representative 영업부 직원 anyway 어쨌든 in detail 자세히 marketing strategy 마케팅 전략 make profits 이윤을 내다 work out 잘 해결되다 turn out ~로 판명되다 scout 스카우트하다 specialist 전문가 effective 효과적인

1

지난 분기에 대해 추론할 수 있는 것은?

(A) 그들은 새로운 마케팅 전략 때문에 금전적인 손실을 보았다.

(B) 그들은 지난 분기에 이익을 내지 못했다.

(C) 그들은 더 많은 판매 담당자를 고용했지만, 그것은 효과가 없었다.

(D) 그들은 새로운 마케팅 캠페인을 시작했고, 그것은 성공했다.

해설 초반부에서 바스케스 씨는 지난 분기의 보고서를 검토한 다음 손실 이윤을 만회하기 위한 방안을 제시하고 있다. 따라서 지난 분기에 이익을 내지 못했다는 것을 추론할 수 있다.

2

다음 중 마크 스펜서에 대해 사실이 아닌 것은?

(A) 그는 그렉 젠킨스와 다른 아이디어를 갖고 있다.

(B) 그는 회사에서 신규 직원들의 채용을 고려할 것을 제안했다.

(C) 그는 회사에서 마케팅 전문가를 스카우트하기를 원한다.

(D) 그는 판매 부서에 투자를 더 하는 것이 효과가 있을 것이라고 생각한다.

해설 스펜서 씨는 그렉 젠킨스의 의견에 반대하며 마케팅은 비용이 비싸고, 이러한 조치의 성공 여부를 알 수 없다고 했다. 그리고 나서 '더 많은 영업부 직원을 고용하는 것을 고려해 보자고 (How about hiring more sales representatives?)' 했다. (C)의 '그는 회사에서 마케팅 전문가를 스카우트하기를 원한다'라는 내용은 스펜서 씨의 의견에 해당하지 않는다.

V 동의어 찾기 문제 p.198

A

다음 주 화요일(6월 22일)부터 고객들을 위한 무료 주차 대행 서비스가 종료됩니다. 이는 이제 더 이상 무료 주차 대행 서비스를 실시하지 않을 것이라는 의미입니다. 이 조치는 어려운 경제 상황에서 비용을 절감하기 위한 것입니다. 이 일로 불편함을 끼칠 수 있는 점에 대해 사과의 말씀을 전합니다.

어휘 as of + (날짜) ~일 부로, ~로부터 free valet parking 무료 주차 대행 terminate 끝내다, 종결시키다 save 아끼다, 절감하다[절약하다] produce 생산하다 prohibit 금지하다

Q Ⓑ

해설 제시된 단어의 뜻을 모르는 경우에는 문맥과 주변 문장을 통해서 힌트를 얻을 수 있다. terminated 다음 문장에서 '이 말은 더 이상 무료 주차 서비스가 없을 것이라는 의미입니다'라고 한 것으로 보아 terminated가 finished와 비슷한 뜻임을 추측할 수 있다.

B

친애하는 담당자님,

귀사의 썸머 유스 캠프 중 한 곳에서 일할 봉사자 모집 광고를 보고 연락 드립니다. 저는 이 일에 관심이 많고, 이미 여러 캠프에서 스포츠 강사로 일한 경험이 있기 때문에 필요한 자격 요건을 갖추고 있다고 생각합니다. 이 일에 관해 더 많은 정보를 주시면 감사하겠습니다.

어휘 reply (to) 답변하다[회답하다 grateful 감사하는, 고마운 thankful 감사하는, 고맙게 여기는 meaningful 의미 있는

Q Ⓐ

해설 내게 필요한 정보를 상대가 준다면 당연히 상대에게 고마움을 느낄 것이다. 따라서 내용상 grateful은 '감사하는, 고맙게 여기는'이라는 의미를 가지는 thankful과 뜻이 비슷하다는 것을 알 수 있다.

토익 실전 연습 p.199

1 (A) 2 (D)

[1-2]

제레미 브라운 씨께,

*호놀룰루 애드버타이저*에 실린 귀하의 광고와 관련해서 저는 딜링햄 랭귀지 스쿨에 스페인어 교사로 지원하고 싶습니다. 저는 이 일에 적합한 자격 요건을 갖추고 있다고 생각합니다.

저는 대학에서 스페인어를 전공하고 3년 전에 우수한 성적으로 졸업했습니다. 또한 대학 졸업 후에 2년간 스페인어 전임 강사로 근무했습니다. 그러므로 제 이력서를 자세히 검토해 주시면 감사하겠습니다.

하루 근무 시간이 어떻게 되는지 알고 싶습니다. 또한 수업 시작일과 제가 머물 수 있는 거처에 관해서도 알려주시겠습니까?

답변을 기다리겠습니다.

폴 윌킨스 드림

어휘 with reference to ~와 관련하여, ~에 관하여 appropriate 적합한, 적절한 qualification 자격 (조건) major (in) 전공하다 graduate 졸업하다 mark 점수, 성적 full-time teacher 전임 강사 appreciate 감사하다 per day 하루(당) look forward to ~을 고대하다 arrange 정하다, ~의 예정을 세우다, 준비하다 unknown 알려지지 않은 manageable 다루기 쉬운; 순종하는 suitable 적절한, 적당한

1
편지의 목적은 무엇인가?
(A) **일자리에 지원하기 위해서**
(B) 면접 일정을 잡기 위해서
(C) 일자리 제안을 수락하기 위해서
(D) 서비스에 대해 불평하기 위해서

해설 편지의 목적은 초반부 'I would like to apply for the position of Spanish teacher ~'에 나와 있듯이 스페인어 교사 자리에 지원하기 위해서임을 알 수 있다.

2
첫 번째 단락 세 번째 줄에 있는 appropriate와 의미가 같은 것은?
(A) 어려운
(B) 알려지지 않은
(C) 다루기 쉬운
(D) **적절한**

해설 appropriate는 '적합한'이라는 의미로 suitable과 뜻이 가장 유사하다.

VI 인용 문제 p.200

A

제니퍼 헤이든 오후 3시 20분
당신에게 이번 주 금요일의 회의를 상기시켜 드리고 싶네요. 꼭 참석해 주시고 늦지 마세요.

섀런 클라인 오후 3시 22분
오, 죄송해요. 저는 그것에 대해 완전히 잊고 있었어요. 사실, 저는 그날 계획된 다른 일들이 있어요.

제니퍼 헤이든 오후 3시 24분
당신의 계획들의 일정을 변경해야 할 것 같군요. 이는 의무적인 것이에요. 우리는 내년도 우리의 홍보 활동을 위한 회사의 다음 조치에 대해 이야기할 예정이에요.

섀런 클라인 오후 3시 25분
알겠습니다. 제가 할 수 있는 일을 알아 보도록 할게요.

어휘 remind 상기시키다 on time 정시에 completely 완전히 reschedule 일정을 다시 잡다 a must 필수적인 일 promotional campaign 홍보 활동 in the coming year 내년에

Q Ⓑ

해설 must는 '필수적인 일'을 의미한다. 즉, 'The meeting is a must'는 '회의는 필수적인 것이다'라는 의미로 '회의에 반드시 참석해야 한다'는 내용이다. 그러므로 정답은 '모든 영업부 직원들이 의무적으로 미팅에 참석해야 한다'는 뜻의 Ⓑ이다.

토익 실전 연습 p.201

1 (B) 2 (D)

[1-2]

샘 머레이 오전 10시 01분
제가 당신에게 우리가 프린터 재고 물량을 보유하고 있지 않다고 말했을 때 제가 실수를 했어요.

지니 파크 오전 10시 02분
그렇다면, 우리가 제시간에 물품을 받을 수 있나요?

샘 머레이 오전 10시 04분
네, 물론이에요.

지니 파크 오전 10시 05분
도착 예정 시간은 언제인가요?

샘 머레이 오전 10시 08분
아마 이번 주 목요일일 거예요.

지니 파크 오전 10시 10분
정말 감사합니다. 다행이네요. 당신이 알고 있는 것처럼 우리는 이 프린터들의 배송 대기 물량이 상당히 많아요.

샘 머레이 오전 10시 13분
유감이군요. 하지만 이 프린터들은 요새 수요가 엄청나게 많아요. 저는 그것들의 재고가 소진되었다고 생각했었어요. 어쨌든, 문제들이 해결되어 기쁘네요.

어휘 mistaken 잘못 알고 있는 in stock 재고가 있는 shipment 배송, 수송품 estimated time of arrival 도착 예정 시간 back order 이월 주문 assume 가정하다 out of stock 재고가 없는 work out (일이) 잘 해결되다 major 주요한 supplier 공급 업체 for the past few months 지난 몇 달간 ahead of schedule 일정보다 앞서서 deliver 배달하다 on schedule 일정에 맞게

1
샘 머레이에 대해 유추할 수 있는 것은?
(A) 그는 상당히 오랜 시간 동안 주요 공급 업체였다.
(B) 그는 파크 씨에게 프린터에 대한 잘못된 정보를 주었다.
(C) 그는 지난 몇 개월 동안 몇 건의 선적 오류를 저질렀다.
(D) 그는 지니 파크를 만나러 가는 중이다.

해설 초반부에 'I was mistaken when I told you ~'라고 말한 것으로 보아, 머레이 씨는 재고에 관해 잘못 알고 있어서 파크 씨에게 올바르지 않은 정보를 주었다는 사실을 유추할 수 있다.

2
오전 10시 13분에, 머레이 씨가 "문제들이 해결되어 기쁘네요."라고 했을 때 그가 의미하는 바는 무엇인가?
(A) 프린터의 생산은 예정보다 앞당겨질 것이다.
(B) 머레이 씨와 파크 씨는 도착 시간에 합의할 것이다.
(C) 그들은 이 문제에 대해 더 많은 일을 해야 할 것이다.
(D) 프린터가 제시간에 파크 씨에게 배송될 것이다.

해설 대화의 초반부에서 파크 씨가 'can we get our shipment on time?'이라고 물었고, 이에 대해 머레이 씨가 'Yes, of course.' 라고 말했다. 따라서 '문제들이 잘 해결되었다'의 의미는 '파크 씨가 주문한 프린터가 제 시간에 배송될 것'이라는 뜻이다.

VII 문장 삽입 문제 p.202

A

—[1]—. <u>퍼스트 국립 은행은 어르신들을 위한 고용 프로그램을 지원하기 위한 계획들을 발표했다.</u> —[2]—. 그리고 이는 여러 해 동안의 근무 경력이 있는 수많은 은퇴한 사람들이 더 나은 직장을 구하는 데 도움이 될 것으로 예상된다. 지역 기업들과의 면접이 1월의 첫 두 주 동안 있을 것이다. —[3]—. 이 프로그램에 관심이 있는 어르신들은 이 은행의 지점들 중 한 곳에서 등록할 것을 권한다.

어휘 announce 발표하다 sponsor 후원하다 employment 고용 senior citizen 노인, 어르신 be expected to ~할 것으로 예상되다 retired 은퇴한 local 지역의, 지방의 be held 개최되다, 열리다 be encouraged to ~하도록 격려 받다, 권고 받다 branch 지점

Q Ⓑ

해설 주어진 문장은 프로그램을 소개하는 내용으로서 프로그램이 시행되는 시기를 알려주고 있다. 따라서 내용상 지문의 초반부에 들어가는 것이 적절한데, [2]번 뒤의 문장을 보면 등위접속사 and로 시작하고 있고, 내용 또한 프로그램의 내용을 소개하고 있으므로 주어진 문장은 [2]에 들어 가는 것이 글의 흐름상 가장 적절하다.

B

친애하는 담당자님,

8월 14일에, 저는 귀하의 상점에서 노트북 컴퓨터를 주문했습니다. —[1]—. 모델 번호는 MP350입니다. 제가 그것을 주문했을 때, 저는 가격이 920달러였던 것으로 기억하고 있습니다. —[2]—. 그러나, 8월 20일에, 제가 청구서를 받았는데 거기에는 노트북이 945달러로 적혀 있었습니다. —[3]—. 그러므로 제 계좌에 차액 25달러를 입금해 주시기 바랍니다. 이 문제에 관심을 가져 주셔서 감사합니다.

어휘 bill 청구서 credit (명) 신용, (동) 입금하다 discrepancy 차이, 불일치 appreciate 고마워하다 attention 관심

Q Ⓒ

해설 문장의 내용은 '생각했던 것보다 25달러 더 비싸다'는 내용이므로 노트북의 가격이 언급된 부분들 중에 정답이 있을 것이다. [3] 앞의 문장에서 노트북의 구체적인 가격이 명시되어 있고, 그 뒤의 문장이 결과의 접속사인 so로 시작하고 있으며, 문장의 내용은 문제에서 언급된 것과 동일한 액수인 '25달러'를 입금해 달라는 내용이므로 정답은 [3]이다.

토익 실전 연습 p.203

1 (C) 2 (D)

[1-2]

친애하는 담당자님,

저는 지난 금요일에 제가 탑승했었던 귀사의 라스베이거스행 비행기에 대한 불만을 제기하기 위해서 이 편지를 씁니다. 저는 귀사에서 제공했던 서비스에 매우 실망했습니다. —[1]—.

저는 라스베이거스에서 있었던 중요한 회의에 참가해야 했기 때문에, 오후 8시 비행기를 예매했습니다. —[2]—. 저는 공항에 도착하여 탑승 수속을 모두 마쳤습니다. —[3]—. 그리고 나서, 비행기가 이륙하기 전까지 2시간을 기다려야 했습니다. 그런데 이것은 단지 시작에 불과했습니다.

좌석이 너무 불편해서 비행하는 동안 한숨도 잘 수가 없었습니다. —[4]—. 제가 보기에, 그들은 승객들의 요구를 충족시키지 못했습니다. 저는 즉각적인 환불을 요구하며, 그렇게 되지 않을 경우 귀사에 대해 법적인 조치를 취할 수도 있습니다.

사이먼 리 드림

어휘 complain 불평하다 be disappointed with ~에 실망하다 provide 제공하다 book 예약하다 complete 완성하다 boarding procedures 탑승 수속, 절차 take off 이륙하다 fail to ~하지 못하다 immediate refund 즉각적인 환불 legal action 법적 조치

1
이 편지의 목적은 무엇인가?
(A) 티켓을 예약하기 위해서
(B) 고객 서비스에 대한 제안을 하기 위해서
(C) 환불을 요구하기 위해서
(D) 비행에 관한 추가 정보를 얻기 위해서

해설 편지의 마지막 부분에서 'I demand an immediate refund ~'라고 한 것으로 보아 비행기 값을 환불받기 위해 이 편지를 썼음을 알 수 있다.

2
[1], [2], [3], [4]로 표시된 곳들 중 아래 문장이 들어가기에 가장 알맞은 위치는?

"게다가, 승무원들은 승객 서비스에 관한 경험도 없는 것처럼 보였고 제대로 교육도 받지 못한 것 같았습니다."

(A) [1]

(B) [2]

(C) [3]

(D) [4]

해설 주어진 문장의 내용은 승무원들에 대한 불만 사항이다. 따라서 이 문장은 승무원들의 문제점을 언급하고 있는 문장 앞인 [4]에 들어가는 것이 가장 적절하다.

Unit 15 지문 유형별 연습

I 편지 & 이메일 p.206

A

> 맥스 사무용품
> 웨스턴가 433
> 뉴욕, 뉴욕 주 10987
>
> 존슨 씨께,
>
> 면접 때 만나 뵈어서 반가웠습니다. 함께 나눈 대화는 매우 즐거웠고, 특히 마케팅 부서의 요구사항에 대해서 들을 수 있어서 기뻤습니다.
>
> 채용 결정과 관련해 편지를 보내주시면 감사하겠습니다. 시간 내주셔서 다시 한 번 감사의 말씀을 드리고 곧 답장을 받게되길 기다리겠습니다.
>
> 제인 오말리 드림

어휘 office supplies 사무용품(점) especially 특히 appreciate 감사하다 concerning ~에 관한 hiring decision 채용[고용] 결정 hear (from) 편지[연락]를 받다 job applicant 구직자, 지원자 interviewer 면접관

1 Ⓐ

해설 Ms. Johnson은 편지를 받는 사람이고, 편지의 마지막에 나오는 Jane Omaley가 이 편지를 보낸 사람이다. 편지의 첫 부분, 'It was a pleasure meeting you at the interview.'와 두 번째 단락의 'I would appreciate it if you could send me a letter concerning your hiring decision.'을 통해 Jane Omaley가 맥스 사무용품에서 면접을 본 구직자이며, Ms. Johnson은 면접관이라는 것을 알 수 있다. 따라서 정답은 Ⓐ이다.

2 Ⓑ

해설 편지를 보낸 사람의 요청은 편지의 마지막 부분, 'I would appreciate it if you could send me a letter concerning your hiring decision.'에 나와 있다. 채용과 관련해 회사의 결정을 편지로 보내 달라고 부탁하고 있다.

토익 실전 연습 p.207

1 (B) 2 (B)

[1-2]

> 수신: editor_New York@newyork.net
> 발신: 브라이언 심슨 〈simpson@goolger.com〉
> 제목: PK사에 관한 기사
>
> 편집자님께,
>
> 저는 *PK사의 저조한 매출*이라는 제목의 기사에 관해서 편지를 쓰고 있습니다. 제 이름은 브라이언 심슨이고, 저는 PK 사의 홍보 이사입니다. 제 동료들과 저는 귀하의 기사를 읽고 나서 몇 가지 잘못된 정보를 발견했습니다. ─ [1] ─.
>
> 첫째로, 귀하의 기사에서 우리 회사가 이번 8월에 직원의 30%를 정리해고 할 계획이라고 했습니다. ─ [2] ─. 또한 우리 회사의 올해 1분기 매출이 10% 감소했다고 썼는데, 이것도 사실이 아닙니다. ─ [3] ─.
>
> 해당 기사에 대한 정정 기사를 즉각적으로 게재해 주시길 바라며, 우리 회사에 공식적으로 사과하실 것을 요구합니다. ─ [4] ─.
>
> 감사합니다.
> 브라이언 심슨 드림

어휘 subject 제목; 주제 article 기사 regarding ~에 관해서 editor 편집자, 편집장 entitled ~제목으로 된 negative 저조한; 부정적인 public relations 홍보 incorrect 부정확한 coming 오는, 다가오는 yet 아직 quarter 분기 publish a correction 정정 기사를 게재하다 official apology 공식 사과 request 요청하다 apologize 사과하다 introduce 소개하다; 도입하다 executive officer 임원 publisher 발행자, 출판업자

1

이메일은 왜 작성되었는가?

(A) 편집자에게 조언을 구하기 위하여

(B) (기사에 관해) 몇 가지 정정을 요청하기 위하여

(C) 기사와 관련해 편집자에게 사과하기 위하여

(D) 새로운 몇몇 직원을 소개하기 위하여

해설 편지의 첫 번째 단락을 보면 이메일 수신자인 편집자가 쓴 기사에 몇 가지 오류가 있다는 점을 지적하고 있다. 그리고 마지막 단락에서 'We would like you to publish a correction to the article immediately, and we need your official apology to our company.'라고 하며 잘못된 기사에 대한 정정 기사를 내고 공식적인 사과를 요구하고 있다. 따라서, 이 이메일은 편집자에게 정정 기사를 요구하기 위해 작성되었다는 것을 알 수 있다.

2

[1], [2], [3], [4]로 표시된 곳들 중 아래 문장이 들어가기에 가장 알맞은 위치는?

"하지만, 그것은 아직 결정되지 않은 사항입니다."

(A) [1]

(B) [2]

(C) [3]

(D) [4]

해설 주어진 문장은 '그것은 결정되지 않았다'는 내용인데, 이에 해당하는 내용은 [2] 앞의 '8월에 30%의 직원을 정리해고 할 계획'이라는 부분이다. '매출이 10% 감소했다'는 내용은 바로 뒤에 그것은 사실이 아니다(This is not true)라고 언급했으므로 [3]은 정답이 될 수 없다.

Ⅱ 공지문 & 회람

p.208

A

받는 이: 모든 직원들
보내는 이: 인사부 제시카 쉐이던
제목: 조 엔들리 씨의 승진

영업부 부장인 조 엔들리 씨가 회사의 부사장으로 승진했음을 알리게 되어 기쁩니다. 엔들리 씨는 지난 18년 동안 우리 회사를 위해서 일해왔습니다. 그는 회사의 매출을 증대시킨 것으로 2019년에는 '올해의 직원상'을 타기도 했죠. 우리는 신임 부사장으로서 그의 통솔력을 보게 될 것이라는 기대에 부풀어 있습니다.

어휘 leadership 통솔력, 지도력, 리더쉽 notify 통지[통보]하다 annual meeting 연례 회의

1 Ⓐ

해설 지문의 제목과 본문 내용에서도 알 수 있듯이 직원들에게 새로운 부사장을 알리는 내용의 회람이다.

2 Ⓐ

해설 회람의 상세내용을 묻는 지문으로 꼼꼼히 지문을 파악해야 풀 수 있는 문제이다. 'Mr. Endley has been working for our company for the last 18 years'라는 문장에서, 엔들리 씨는 18년간 근무했다는 것을 알 수 있다.

토익 실전 연습

p.209

1 (B)	2 (C)

[1-2]

수신: 모든 직원들
발신: 관리부 제시카 베네트
제목: 건물 안전 검사

9월 27일 월요일에 건물의 안전 검사가 예정되어 있었습니다. —[1]—. 그러나 회사 측은 날짜의 변경을 결정했습니다. —[2]—.

건물의 안전 검사를 실시하는 동안 본사에서 파견된 특별 검사팀이 여러분이 해야 할 일에 대한 모든 정보를 줄 것입니다. —[3]—. 그 팀은 준비를 하기 위해 수요일에 도착할 것입니다. 안전 검사에 협조해 주시면 감사하겠습니다. —[4]—.

어휘 Maintenance Department 관리부 safety inspection 안전 검사 be scheduled for ~으로 예정되다 take place 일어나다, 개최되다 headquarters 본사 make preparations 준비하다 cooperate 협조하다 inspect 점검하다[검사하다], 면밀하게 살피다

1
[1], [2], [3], [4]로 표시된 곳들 중 아래 문장이 들어가기에 가장 알맞은 위치는?
"안전 검사는 9월 30일 목요일에 실시될 것입니다."
(A) [1]
(B) [2]
(C) [3]
(D) [4]

해설 주어진 문장은 '안전 검사가 9월 30일 목요일에 실시될 것이다'라는 내용인데, 검사 일정이 변경되었다는 내용이 언급된 다음인 [2]에 오는 것이 글의 흐름상 가장 적절하다.

2
검사 기간에 직원들은 무엇을 하도록 요청 받고 있는가?
(A) 회사 건물에서 나가기
(B) (검사) 준비에 참여하기
(C) 특별 검사팀이 요청하는 것을 하기
(D) 정보를 점검하기

해설 두 번째 문단의 'a special team from the headquarters will give you all the information about what you have to do'에서 알 수 있듯이 직원들은 특별팀의 지시대로 하면 된다.

Ⅲ 광고

p.210

A

샤론 제조사 - 마케팅 직

샤론 제조사는 가전제품 분야의 국내 선두 제조사입니다. 저희는 지금 마케팅 담당자를 찾고 있습니다.

자격 요건:
- 학사 학위
- 마케팅 분야에서 최소 3년의 경력
- 원활한 대인관계 기술

이 일에 관심이 있으시다면 이력서와 자기소개서를 3월 1일까지 appliances@sharon.com으로 보내주시기 바랍니다.

어휘 home appliance 가전제품 marketer 마케팅 담당자 bachelor's degree 학사 학위 interpersonal skill 대인관계 기술 be interested in ~에 관심[흥미]이 있는 résumé 이력서 cover letter 자기소개서 fluency 유창함, 능통함 fax 팩스로 보내다

1 Ⓑ

해설 자격 요건을 살펴보면 언어에 대한 내용은 나와 있지 않다.

2 Ⓐ

해설 지원 방법은 가장 마지막에 언급되는 것이 일반적이다. 이메일 주소로 보내라고 하였으므로 정답은 Ⓐ이다.

토익 실전 연습 p.211

1 (D) 2 (C)

[1-2]

골든 사무용품점의 일자리

골든 사무용품에서는 경력 있는 매니저(운영자)를 찾고 있습니다. 모든 매니저는 시카고에서 일을 시작하게 되고 앞으로 다른 지사에서도 일할 기회를 갖게 될 것입니다. 자격을 갖춘 지원자들은

- 공급업자들과 계약을 처리할 수 있어야 하고,
- 마케팅 계획을 수립할 수 있어야 하며,
- 고객 설문조사를 수행할 수 있어야 합니다.

회사 웹사이트에서 지원서를 다운로드하여 모든 정보를 기입하십시오. 10월 10일까지 2장의 추천서와 함께 지원서를 아래 주소로 보내주시기 바랍니다.

골든 사무용품
브로드웨이 17번가
시카고, 일리노이 주 60602

어휘 opportunity 기회 qualified 자격 있는 candidate 지원자 supplier 공급업자 download 다운로드하다 application 지원서, 신청서 fill out 기입하다, 채우다 letter of recommendation 추천서 teller 은행원, 금전 출납계원 successful candidate 합격자

1

어떤 일자리가 광고되고 있는가?

(A) 은행원
(B) 비서
(C) 공급업자
(D) 매니저(운영자)

해설 구인광고의 경우, 제목이나 첫 부분에 어떤 자리(position)를 찾고 있는지 나온다. 첫째 문장에서 'Golden office Supplies is looking for experienced managers.'라고 했으므로 매니저(운영자)를 찾고 있음을 알 수 있다.

2

광고에 대한 내용 중 사실이 아닌 것은?

(A) 신청자는 회사 웹사이트에서 신청서를 다운로드 받을 수 있다.
(B) 지원서를 10월 10일까지 보내야 한다.
(C) 지원서는 이메일로 보내야 한다.
(D) 합격자는 시카고에서 일할 것이다.

해설 지원 방법은 마지막 부분에 나와 있다. 'Please send the form with two letters of recommendation by October 10 to the following address ~'라고 하며 주소를 알려주고 있으므로 지원서를 우편으로 보내야 한다는 것을 알 수 있다.

Ⅳ 송장 & 일정 p.212

A

송장
폴 가구 회사

고객명: 레이첼 밀러
101 오크가
포틀랜드, 오리건 주 84879

상품명	수량	총 가격
IU-184 중역용 의자	8	800달러
MX-77 목재 책상	2	1,790달러
	소계	2,590달러
	세금	206달러
	총계	2,796달러

대금 지불은 1월 13일까지이고, 지급 만기일까지 지불하지 않으면 100달러의 추가 요금이 부과될 것입니다.

어휘 invoice 송장 client 고객; 단골 quantity 수량 executive chair 중역용 의자 wooden 나무로 만든, 나무의 subtotal 소계 tax 세금 due 지불해야 하는 금액; 지불 기일이 된 payment 지불 due date 지급 만기일, 마감일 charge 부과하다, 청구하다 extra 추가 요금 intend 의도하다 shipping 배송[수송], 선적 late fee 연체료 delay 지체시키다, 연기하다

1 Ⓑ

해설 송장은 제품과 함께 배송되는 물품명세서이다. 고객명이 레이첼 밀러이므로 정답은 Ⓑ이다.

2 Ⓑ

해설 송장의 마지막에 대금 지불이 늦어지면 100달러의 추가 요금이 부과된다는 내용(if the payment is not made by the due date, 100 dollars will be charged)이 있으므로 연체료가 부과된다는 것을 알 수 있다.

토익 실전 연습 p.213

1 (C) 2 (D)

[1-2]

연례 회사 만찬
샤인 프로덕션

일시: 12월 28일 목요일 오후 5시 ~ 8시 30분
위치: 힐탑 호텔의 루비 연회실

오후 5:00 - 5:30	사장님 개회사
오후 5:30 - 6:30	'올해의 직원상' 발표
오후 6:30 - 8:30	저녁 식사

연회에 관한 질문이 있으신 분은 (176) 765-8765로 조이 무어에게 전화하거나 Joey@shine.com으로 이메일을 보내주세요.

어휘 banquet 연회 production 프로덕션, 영화 제작소 ballroom 연회실, 무도장 opening speech 개회사 presentation 발표, 수여식 welcoming remark 환영사

1
저녁식사는 몇 시에 시작할 예정인가?
(A) 오후 5:00
(B) 오후 5:30
(C) 오후 6:30
(D) 오후 8:30

해설 일정표를 보고 정답을 찾아야 한다. 저녁식사 시간이 오후 6시 30분부터 오후 8시 30분까지이므로 정답은 (C)이다.

2
오후 6시에는 무엇이 있을 예정인가?
(A) 환영사
(B) 저녁식사
(C) 개회사
(D) 올해의 직원상 발표

해설 일정표에 따르면 오후 5시 30분부터 6시 30분까지는 '올해의 직원상' 발표가 있다.

V 문자 메시지 & 온라인 채팅 p.214

A

짐 터너 오전 10시 39분
제가 방금 전화했었는데, 당신이 받지 않더군요. 바쁘신가요

닐 머피 오전 10시 42분
미안해요, 지금 회의 중이에요. 무슨 일인가요?

짐 터너 오전 10시 43분
부탁할 것이 있어요. 로페즈 씨가 마케팅 직원들에게 보낸 이메일을 기억하고 있나요?

닐 머피 오전 10시 45분
분기 마케팅 보고서가 첨부되었던 것 말이죠?

짐 터너 오전 10시 46분
맞아요! 가능한 한 빨리 그것을 저에게 보내 주실 수 있나요? 그것을 찾아보았지만 제가 실수로 삭제한 것 같아요.

닐 머피 오전 10시 48분
알겠어요. 15분 정도 기다릴 수 있어요? 곧 점심 식사 시간이에요. 그때 그 이메일을 당신에게 전달하도록 할게요.

짐 터너 오전 10시 49분
물론이죠. 고마워요.

어휘 conference 회의, 학회 favor 부탁 quarterly 분기별의 by mistake 실수로 forward (정보, 물건을) 보내다, 전달하다 I owe you one 고마워요, 신세를 졌어요

1 Ⓐ

해설 10시 43분에 터너 씨가 남긴 메시지를 보면, 'I have a favor to ask'라고 한 다음 구체적으로 부탁하는 내용을 말하고 있다. 즉, 이는 부탁을 하는 표현이므로 정답은 Ⓐ이다.

2 Ⓑ

해설 'I owe you one'이란 고마움을 나타내는 표현으로, 머피 씨가 터너 씨에게 이메일로 자료를 보내 줄 것이라는 메시지에 대한 응답으로 사용되었다. 그러므로 정답은 Ⓑ이다.

토익 실전 연습 p.215

1 (B) 2 (C)

[1-2]

톰 래스턴 오후 1시 17분
데이빗, 저는 회의에 가고 있는 중이에요. 불행하게도, 저는 약간 늦을 것 같아요. 교통이 혼잡해요. 정말 미안해요.

데이빗 콕스 오후 1시 19분
걱정하지 말아요. 회의는 오후 2시 30분으로 연기되었어요.

톰 래스턴 오후 1시 21분
정말 다행이에요! 제 생각에는 그곳에 늦어도 30분 안에 도착할 수 있을 것 같아요.

데이빗 콕스 오후 1시 23분
좋아요. 한 가지 더요. 우리는 발표를 위한 노트북이 스크린에 연결되지 않아서 회의실을 308호실에서 509호실로 회의실을 변경해야 했어요.

톰 래스턴 오후 1시 24분
알았어요. 시스템을 점검해 주어서 고마워요.

데이빗 콕스 오후 1시 26분
천만에요

톰 래스턴 오후 1시 27분
좋아요. 이따 봐요.

어휘 on the way to… …에 가는 중 unfortunately 불행히도 traffic 교통량 postpone 연기하다 what a relief 다행이네요 at the latest 늦어도

1
래스턴 씨에 대해 암시된 것은?
(A) 그는 회의실 변경을 준비했다.
(B) 그는 차가 막혀서 꼼짝하지 못하고 있다.
(C) 그는 다른 건물로 가야 한다.
(D) 그는 발표를 위한 시설을 점검했다.

해설 회의실 변경과 발표 시설을 점검한 것은 콕스 씨이다. 래스턴 씨는 혼잡한 교통 때문에 아직 미팅 장소에 도착하지 못하고 있으므로 정답은 (B)이다.

2

오후 1시 21분에, 래스턴 씨가 "정말 다행이네요"라고 쓴 의미는 무엇인가?

(A) 그는 교통 상황이 곧 좋아질 것이라고 들었다.

(B) 그는 장소가 변경되었다는 사실을 알게 되었다.

(C) 그는 자신이 도착하기 전까지 회의가 시작되지 않을 것이라는 사실을 알게 되었다.

(D) 그는 발표 준비가 완료되었다는 것을 확인했다.

해설 미팅에 늦은 래스턴 씨가 미팅이 연기되었다는 소식에 'What a relief (다행이네요)'라고 말했다. 미팅은 2시 30분으로 연기되었고, 래스턴 씨는 2시 이전에 도착할 가능성이 많기 때문에 정답은 (C)이다.

Ⅵ 두 개의 지문 p.216

A

의사일정

오전 10:00	등록 / 위치: 중앙 로비
오전 11:00	기조 연설: 마틴 윌슨 〈교육정책〉 위치: 웨스트 타워 306호
오후 12:00	발표: 랄프 해리스 〈중등교육〉 위치: 웨스트 타워 312호
오후 1:00	오찬 / 위치: 중앙 식당
오후 2:30	발표: 토드 클라크 〈고등교육〉 위치: 이스트 타워 213호

발신: 잭 소머즈
수신: 트레이시 리

친애하는 리 씨에게,

예전에 당신과 교육에 관해 토론하면서 즐거운 시간을 가졌습니다. 고등교육에 관심이 많다고 제게 말하셨죠. 제가 교육과 관련한 회의에 대한 정보를 찾았습니다. 그 회의는 1월 28일 월요일, 교육부에 의해 주최될 것입니다. 발표자인 토드 클라크는 특히 이 분야에서 유명하죠. 당신이 관심을 가질만한 정보라면 좋겠네요.

어휘 agenda 의사일정, 안건, 협의 사항 registration 등록 keynote address 기조 연설 secondary education 중등교육 luncheon 오찬, 점심 dining room 식당 higher education 고등교육 the other day 일전에, 며칠 전에 host 주최하다, 사회를 맡다 well known 유명한, 잘 알려진 field 분야

1 Ⓐ

해설 이메일의 목적은 보통 글의 앞에 쓰여 있다. 'You told me that you are very interested in higher education. I found some information about a conference on education.'을 보면 고등교육에 관심이 많은 트레이시에게 도움이 될 만한 정보를 찾았기 때문에 그 내용을 알려주는 것임을 알 수 있다.

2 Ⓑ

해설 의사 일정을 살펴보면 토드 클라크는 이스트 타워 213호에서 2시 30분부터 발표를 할 예정이라는 것을 알 수 있다.

토익 실전 연습 p.217

1 (D) 2 (C)

[1-2]

인사부 관리자 구함

저희는 열정적으로 인사부를 이끌 경력 있는 관리자를 찾고 있습니다. 합격자는 신입 직원 채용과 교육[연수]을 책임지게 될 것입니다. 관리자로서 효과적인 의사소통 능력을 갖추고 있어야 합니다. 영어와 불어에 있어서 유창함과 정확성 또한 요구됩니다. 이력서와 자기소개서를 저희 사무실로 보내주세요.

친애하는 가르시아 씨께,

저는 잡닷컴(job.com)에서 귀사의 구인 광고를 봤고, 그 일에 관심이 많습니다. 저는 19년 이상 인사부에서 일해왔고 직원 채용 및 운영, 그리고 직원 교육[연수]에서 중요한 역할을 담당해 왔습니다. 게다가 2017년도에는 회사의 파리 소재 사무실에서 일하면서 제 불어 실력을 향상시킬 기회도 가졌습니다.

귀하와 속히 면접을 볼 수 있게 되기를 고대합니다. 제 이력서에 관하여 질문이 있으시면 주저 말고 연락주세요. 시간 내주셔서 감사합니다.

수 베이커 드림

어휘 Human Resources 인사부(HR); 인적 자원 seek 찾다 enthusiasm 열정 in charge of ~을 맡는 [책임지는] recruit 모집하다 effective 효과적인 communication skill 의사소통 능력 accuracy 정확함 job opening 일자리 play a role in 역할을 하다[담당하다] in addition 덧붙여 hesitate 주저하다 reply 답변하다, 대답하다 stated 진술된; 정해진, 명백히 규정된 excellence at ~에서의 탁월함

1

명시되지 않은 자격 요건은 무엇인가?

(A) 영어와 불어의 유창함

(B) 인사부 경력

(C) 원활한 의사소통 능력

(D) 회사 경영의 탁월함

해설 구인 광고 지문을 살펴보아야 한다. 자격 요건 중에 '인사부를 이끌 경력직 관리자 (an experienced director who will lead HR Department)', '의사소통을 효과적으로 할 수 있어야 하며 (you need to have effective communication skills)', '영어와 불어를 유창하고 정확하게 해야 한다 (fluency and accuracy in English and French are required)'는 내용은 있지만 회사 경영을 탁월하게 해야 한다는 내용은 없다.

2

수는 왜 가르시아 씨에게 편지를 썼는가?

(A) 몇 가지 질문을 하기 위하여

(B) 취업 면접을 취소하기 위하여

(C) 일자리에 지원하기 위하여

(D) 가르시아 씨의 편지에 답장하기 위하여

해설 편지를 쓴 목적은 앞 부분에 나와 있다. 'I saw your job

opening on job.com and I am very interested in this position.'을 보면 구인 광고를 보고 지원하기 위해 쓴 편지임을 알 수 있다.

Ⅶ 세 개의 지문 p.218

A

시애틀 시민 회관
리더십 강좌

시애틀 시민 회관에서 올 가을에 아래의 리더십 강좌를 제공할 것입니다.

날짜	과목명	시간	비용
10월 10일	연설	오후 7시 - 오후 9시	30달러
10월 12일	의사소통기술	오후 6시 30분 - 오후 9시	40달러
10월 15일	스트레스관리	오후 7시 30분 - 오후 9시 30분	25달러

수업은 시애틀 에딩거 가 2766번지에 있는 시애틀 시민 회관에서 개최될 것입니다. 등록은 10월 1일에 시작될 것입니다. 수업을 위한 좌석이 제한되어 있습니다. 좌석을 예약하고 싶으시면, Alexisk@seattlecenter.com으로 알렉시스 김에게 이메일을 보내세요.

수신: Alexisk@seattlecenter.com
발신: jwc77@goodline.com
날짜: 10월 5일
제목: 등록

친애하는 김 씨께,

의사소통 기술이라는 이름의 리더십 강좌에 등록하고자 이 이메일을 씁니다. 제 이름은 제니 웡이며 제 전화번호는 (303) 984-2213입니다. 수업에 대한 정보를 저에게 보내주실 수 있다면, 매우 도움이 될 것 같습니다.

감사합니다.
제니 웡

수신: jwc77@goodline.com
발신: Alexisk@seattlecenter.com
날짜: 10월 6일
제목: 등록

친애하는 웡 씨께,

저는 어제 귀하의 이메일을 받았으며 귀하는 10월 12일에 예정되어 있는 저희의 리더십 강좌에 관심이 있다고 말씀하셨습니다. 귀하여 요청을 들어 드릴 수 없어서 유감스럽습니다. 이 강좌는 매우 인기가 있어서, 모든 좌석이 예약되었습니다. 연설 강좌에는 아직 약간의 좌석이 남아 있습니다. 이 강좌에 등록하기를 원하신다면, (303) 265-0009로 저에게 전화해 주세요.

알렉시스 김, 프로그램 담당자
시애틀 시민 회관

어휘 registration 등록 limited 제한된 reserve 예약하다 register 등록하다 receive 받다 book 예약하다 fulfill 만족시키다 request 요청, 요구 popular 인기 있는

1 Ⓐ

해설 공지에서는 리더십 강좌의 일정, 장소, 수강 시간, 그리고 수강료 등의 정보들을 소개하고 있다. 이어서 강좌를 예약할 수 있는 방법을 설명하고 있다. 그러므로 공지의 목적은 강좌를 광고하기 위해서이다.

2 Ⓐ

해설 세부 정보를 묻는 문제이다. 두 번째 지문 초반부에서 웡 씨는 'I am writing this e-mail for your leadership class called Communication Skills'라고 말하며 참석하기를 원하는 강좌를 언급하고 있다. 정답은 Ⓐ이다.

3 Ⓐ

해설 연계 정보 문제이다. 두 번째 지문인 첫 번째 이메일에서 웡 씨는 Communication Skills를 수강하고 싶다고 말했다. 이에 대한 답장에서 김 씨는 해당 강좌의 모든 좌석이 예약되어서 수강이 불가능하며, 대신에 Public Speaking에 등록할 것을 추천하고 있다. 첫 번째 지문인 공지의 표를 보면 Public Speaking이 10월 10일에 진행된다는 정보를 찾을 수 있으므로 정답은 Ⓐ이다.

4 Ⓐ

해설 fulfill은 '만족시키다'라는 뜻이다. 이 단어이 뜻을 모른다고 해도 문맥상 '당신의 요청을 ~할 수 없어서 죄송하다'라는 의미가 되어야 한다. Ⓐ의 accommodate는 '부응하다', Ⓑ의 suggest는 '제안하다'라는 의미인데, 문맥상 '부응하다'라는 뜻의 accommodate가 정답이다.

토익 실전 연습 p.220

1 (C)	2 (D)
3 (D)	4 (D)

[1-2]

온라인 전용
새해 복 많이 받으세요

저희는 온라인 고객들께 엄선된 스타일의 저희 겨울 코트에 대해 **50% 할인**을 제공하고 있습니다. 이 좋은 기회를 놓치지 마세요. 할인은 여러분들이 계산할 때 적용될 것입니다. 200달러 이상 구매하시는 분들은 무료 배송 서비스를 이용하실 수 있습니다.

본 할인은 1월 10일에 종료됩니다.

여기를 클릭하여 온라인 전용 할인의 혜택을 누리세요!

www.Jaejae.com/orderhistory				
나의 정보 켈리 스미스 Kellys@gnamail.com 계좌 번호: A2389-8777				
주문 번호 - 3669726 주문 일자 - 12월 28일				
품목	색상	사이즈	수량	총 가격
울랩 코트	갈색	12	1	230달러 → 115달러
알파카 쓰리 버튼 코트	검정색	12	1	180달러 → 90달러
		소계		205달러
		무료 배송 서비스		0달러
		총계		205달러

발신: Kellys@gnamail.com
수신: customerservice@Jaejae.com
제목: 주문품 교환

고객 서비스 담당자님께,

12월 28일에, 저는 귀사의 웹사이트에서 두 벌의 코트를 주문했고—주문 번호 3669726—그것들은 1월 2일에 도착했습니다. 그것들을 입어 본 후, 알파카 쓰리버튼 코트가 저에게는 약간 꽉 낀다는 것을 알게 되어서 그것을 더 큰 사이즈로 교환하고 싶습니다.

저는 귀사의 특별 할인 행사가 온라인 주문자들만을 위한 것이라는 점을 이해하고 있습니다. 하지만, 귀사의 상점들 중 한 곳이 저희 집에서 아주 가까운 곳에 있습니다. 그것을 교환하기 위해 귀하에게 우편으로 발송하는 대신에 그 상점에서 교환할 수 있을까요? 제가 그곳에서 사이즈 14를 입어볼 수 있으면 좋겠습니다.

감사합니다.
켈리 스미스 드림

어휘 exclusive 전용의, 독점의 treat 대하다, 취급하다 miss 놓치다 apply 적용되다 expire 만료되다 take advantage of ~을 이용하다 order 주문하다 try on (옷, 신발)을 입어보다, 신어보다 tight 꽉 조이는 exchange 교환하다 around the corner 아주 가까운 instead of ~ 대신에

1
광고에서, 첫 번째 단락 두 번째 줄에 있는 deal과 의미가 같은 것은?
(A) 계약
(B) 수량
(C) 거래
(D) 부분

해설 deal에는 여러 가지 뜻이 있지만 이 문제에서는 '거래'를 뜻한다. bargain은 '(정상가보다) 저렴하게 사는 물건'을 뜻하므로 유사한 의미로 쓰일 수 있다.

2
광고에서 언급되지 않은 것은 무엇인가?
(A) 온라인 할인
(B) 무료 배송 서비스
(C) 거래 종료 일자
(D) 코트의 재질

해설 광고에서 '50% off (50% 할인)', 'Free Super Saver deliver (무료 배송 서비스)', 'This offer expires on January 10 (1월 10일 혜택 종료)'에 대하여 모두 언급되었지만 코트의 재질에 대한 내용은 찾아볼 수 없다.

3
스미스 씨는 그녀가 교환하기를 원하는 코트에 얼마를 지불했는가?
(A) 230달러
(B) 115달러
(C) 180달러
(D) 90달러

해설 연계 정보 문제이다. 두 번째 이메일에서 스미스 씨가 교환하기를 원하는 코트는 알파카 쓰리버튼 코트라는 것을 알 수 있다. 온라인 주문서에서 이 코트의 가격 정보를 보면, 원래의 가격이 180달러이지만 90달러로 할인되었음을 알 수 있다. 따라서 정답은 (D)이다.

4
스미스 씨는 왜 고객 서비스 담당자에게 이메일을 보냈는가?
(A) 환불을 요청하기 위해서
(B) 우편으로 코트를 반품하기 위해서
(C) 배송에 대해 불만 사항을 제기하기 위해서
(D) 상점에서 물품을 교환하기 위해서

해설 스미스 씨는 알파카 쓰리버튼 코트가 작기 때문에 교환을 원하고 있다. 온라인 주문한 상품이지만 가까운 상점에서 직접 교환할 수 있는지 여부를 묻는 것이 가장 중요한 목적이다. 따라서 정답은 (D)이다.